国学经典

——竭宝峰/主编——

四库全书精华

中华传统文化最丰富最完备的集成之作

辽海出版社

【第四卷】

《四库全书精华》编委会

前　言

《四库全书精华》一书，汇集了《四库全书》中上起先秦，下迄清末两千多年来的文化典籍之精华。编者力图使它成为一部简括实用的文选本，目的是便于中等文化程度以上的读者，了解中国历代的治乱兴替、典章文物、学术思想、道德伦理以及治国治民之道。如何从古老文化传统中敞开一个新世界，这是一件非常需要做的而且很有意义的工作。

为读书和藏书的方便，古人把书籍分为经、史、子、集四大门类。其中，经部包括儒家经典著述，如"十三经"，即《周易》《尚书》《诗经》《周礼》《仪礼》《礼记》《左传》《公羊传》《谷梁传》《论语》《孝经》《尔雅》《孟子》。史部包括各种体裁的历史著作，其中，尤以《史记》和《资治通鉴》为代表。此外，野史、法典、地志、职官、政书、时令等，凡记事书籍均归入史部。子部包括哲学、名学、法学、医学、算学、兵学、天文学、农学等，后人视其仅次于经书，故称之为子书。此外，道教、宋明理学、清代的考据学亦归于子部。集部包括历代作家的散文、骈文、诗、词、曲等作品和文学评论著述。

面对这浩如烟海之典籍，人们不免有望洋兴叹之慨！如何既节省时间，又能获得深入四库堂奥之锁钥？编者几经运筹，从中精选近百部代表著作进行爬梳剔抉，删繁就简，编成《四库全书精华》，仍遵循四部分类法，辑为四部，共分六册。《四库全书》不仅卷帙浩繁，而且古文字的障碍更令当代读者望而却步。有鉴于此，编选时全部参照社会广为流传，较有定评的现代名家选本；力避干燥枯涩，繁冗杂芜，以便于诵读为宗旨；其文不仅经世致用，而且能笔触豪迈，博综古今，阐幽表微，为学渊广，是值得一读再读的好文章。短者数字，长者万言，但都照顾到整体，其脉络清晰，篇章连贯分明。学人倘寻此路径反复熟读，则对于各种艺文必然，皆有所得，继而精进，不难收弘扬传统文化之宏功。

今经有关专家学者细加校勘、标点，篇前加有简明扼要之著录，以说明该书每部著作著者生平、主要内容、思想价值及版本流传情况等，并对专用术语和疑难生词加以注释。

参加本书选编、校点、注释的有魏琳、吴志樵、张林、周桂芬、于慈云、毛明华、任素琴等同志。

尽管如此，编者亦觉力所不逮，选本能否受读家重视，智者见智，仁者见仁，只有实践去检验了。敬希方家批评指正。

前言

目　录

子 部

《明史》精华

【著录】

　　《明史》三百三十二卷，系清代张廷玉（1672~1755）等修撰。张廷玉字衡臣，号研斋（或作砚斋）。安徽桐城人。康熙三十九年（1700）进士，改庶吉士，雍正时官至保和殿大学士，居官五十年，卒谥文和。著有《澄怀园全集》三十七卷。清朝顺治二年（1645）下诏设立明史馆，为修撰《明史》进行准备，康熙十八年（1679）正式开始撰修，至雍正十三年（1735）《明史》定稿，乾隆四年（1739）正式刊行，历经九十五年，是二十四史中修撰时间最长的一部。《明史》先后由张玉书、王鸿绪、张廷玉等任总裁。先后参加撰修者很多，其中以万斯同出力最多。万斯同（1638~1702），字季野，浙江鄞县人，是明末清初著名学者黄宗羲的弟子。万氏博学多才，对明史用力尤勤。他不肯入清廷做官，以布衣身份参修《明史稿》。明史馆臣所撰的文稿均由万氏审定，他是实际上的《明史稿》总裁。万氏卒后，王鸿绪在万斯同《明史稿》的基础上修订删补，《明史》大体修成，但仍未完善。特别是清初西南地区和东南沿海一带抗清战争不断，明清之间的关系难于处理，福、唐、鲁、桂诸王的名位问题也使馆臣感到棘手。修史者对当时的文字狱心有余悸，害怕因修史罹祸，故迟迟不敢下笔，这是《明史》一再拖延，不能定稿的重要原因。雍正元年，由张廷玉任总裁，选聘二十五人再次对王鸿绪修订的《明史稿》进行修改删削，又历时十四年，至雍正十三年（1735）才最后定稿。因定稿时张廷玉任总裁，故署张廷玉之名。《明史》包括本纪二十四卷，志七十五卷，表十三卷，列传二百二十卷，目录四卷。记事上起明太祖洪武元年（1368），下至明思宗崇祯十七年（1644），共计二七七年的历史。本纪记载明朝十六个皇帝的史事，其中明太祖朱元璋和明成祖朱棣的本纪各分为三卷，宪宗、神宗和庄烈帝的本纪各分为二卷，其余每帝一卷。志分十五目，在二十四史中名目最全，内容也较充实。表分为五类，其中《七卿表》记载明朝官制较详备。列传中分类传二十目，新增了其他各史所没有的类目。未标类目的列传也按人物的类别划分，把相同或相近的列在一起。《明史》撰修时间长，经撰人很多，但体例严谨，内容充实，文字精练，是二十四史中较好的一部。《明史》版本较多，有武英殿本、江苏翻刻本、同文局本、竹简斋本、百衲本、《四部丛刊》本、《四部备要》本、中华书局标点本。

太祖本纪

太祖，开天行道肇纪立极大圣至神仁文义武俊德功高皇帝，讳元璋，字国端，姓朱氏。先世家沛，徙句容，再徙泗州。父世珍，始徙濠州之钟离。生四子，太祖其季①也。母陈氏，方娠，梦神授药一丸，置掌中有光，吞之寤，口余香气。及产，红光满室。自是，夜数有光起。邻里望见，惊以为火，辄奔救，至则无有。比长，姿貌雄杰，奇骨贯顶。志意廓然②，人莫能测。

至正四年，旱蝗，大饥疫。太祖时年十七，父、母、兄相继殁③，贫不克葬。里人刘继祖与之地，乃克葬，即凤阳陵也。太祖孤无所依，乃入皇觉寺为僧。逾月，游食合肥。道病，二紫衣人与俱，护视甚至。病已，失所凡在。历光、固、汝、颍诸州三年，复还寺。当是时，元政不纲④，盗贼四起。刘福通奉韩山童假⑤宋后起颍，徐寿辉僭帝号起蕲⑥，李二、彭大、赵均用起徐，众各数万，并置将帅，杀吏，侵略郡县，而方国珍已先起海上。他盗拥兵据地，寇掠甚众。天下大乱。

十二年春二月，定远人郭子兴与其党孙德崖等起兵濠州。元将撒里不花惮⑦不敢攻，而日俘良民以邀赏。太祖时年二十五，谋避兵。卜于神，去留皆不吉。乃曰："得毋当举大事乎？"卜之吉，大喜，遂以闰三月甲戌朔入濠见子兴。子兴奇其状貌，留为亲兵。战辄胜。遂妻以所抚马公女，即高皇后也。子兴与德崖龃龉[8]，太祖屡调护之。

……

十四年冬十月，元丞相脱脱大败士诚于高邮，分兵围六合。太祖曰："六合破，滁[9]县不免。"与耿再成军瓦梁垒，救之。力战，卫老弱还滁。元兵寻[10]大至，攻滁，太祖设伏诱败之。然度元兵势盛且再至，乃还所获马，遣父老具牛酒谢元将曰："守城备他盗耳。奈何舍巨寇戮[11]良民？"元兵引去，城赖以完。脱脱既破士诚，军声大振，会中谗，遽解兵柄，江、淮乱益炽。

十五年春正月，子兴用太祖计，遣张天佑等拔和州，檄[12]太祖总其军。太祖虑诸将不相下，秘其檄，期旦日会厅事。时席尚右，诸将先入，皆踞右，太祖故后至就左。比视事，剖决如流，众瞠目[13]不能发一语，始稍稍屈。议分工甓[14]城，期三日。太祖工竣，诸将皆后。于是始出檄，南面坐曰："奉命总诸公兵，今甓城皆后期，如军法何？"诸将皆惶恐谢。乃搜军中所掠妇女纵[15]还家，民大悦。元兵十万攻和，拒守三月，食且尽。而太子秃坚、枢密副使绊住马、民兵元帅陈野先分屯新塘、高望、鸡笼山，以绝饷道。太祖率众破之，元兵皆走渡江。三月，郭子兴卒。时刘福通迎立韩山童子林儿于亳[16]，国号宋，建元龙凤。檄子兴子天叙为都元帅，张天佑、太祖为左右副元帅。太祖慨然曰："大丈夫宁能[17]受制于人耶？"遂不受。然念林儿势盛可倚藉[18]，乃用其年号，以令军中。

……

诸将以和州饥，争取资粮谋归。太祖谓徐达曰："渡江幸捷，若舍而归，江东非吾有也。"乃悉断舟缆，放急流中，谓诸将曰："太平甚近，当与公等取之。"遂乘胜拔太平，执[19]万户纳哈出。总管靳义赴水死，太祖曰："义士也。"礼葬之。揭榜[20]禁剽掠。有卒违令，斩以徇[21]，军中肃然。改路曰府。置太平兴国翼元帅府，自领元帅事，召陶安参幕府事，李习为知府。时太平四面皆元兵。右丞阿鲁灰、中丞蛮子海牙等严师截姑孰口，陈野先水军帅康茂才以数万众攻城。太祖遣徐达、邓愈、汤和逆[22]战，别将潜出其后，夹击之，擒野先并降其众，阿鲁灰等引去。

……

十六年春二月丙子，大破海牙于采石。三月癸未，进攻集庆，擒兆先，降其众三万六千人，皆疑惧不自保。太祖择骁健^㉓者五百人入卫，解甲酣寝达旦，众心始安。庚寅，再败元兵于蒋山。元御史大夫福寿力战死亡，蛮子海牙循归张士诚，康茂才降。太祖入城，悉召官吏、父老谕之曰："元政溃^㉔扰，干戈蜂起，我来为民除乱耳，其各安堵^㉕如故。贤士，吾礼用之；旧政不便者，除之。吏毋贪暴殃吾民。"民乃大喜望。改集庆路为应天府，辟夏煜、孙炎、杨宪等十余人。葬御史大夫福寿，以旌^㉖其忠。

……

二十四年春正月丙寅朔，李善长等率群臣劝进，不允。固请，乃即吴王位。建百官，以善长为右相国，徐达为左相国，常遇春、俞通海为平章政事。谕之曰："立国之初，当先正纪纲^㉗。元氏暗弱^㉘，威福下移，驯至^㉙于乱，今宜鉴之。"立子标为世子。二月乙未，复自将征武昌，陈理降，汉、沔、荆、岳皆下。三月乙丑，还应天。丁卯，置起居注。庚午，罢诸翼元帅府，置十七卫亲军指挥使司，命中书省辟^㉚文武人材。

……

秋八月庚戌，改筑应天城，作新宫钟山之阳^㉛。辛亥，命徐达为大将军，常遇春为副将军，帅师二十万讨张士诚。御戟门^㉜誓师曰："城下之日，毋杀掠，毋毁庐舍，毋发丘垄^㉝。士诚母葬平江城外，毋侵毁。"既而召问达、遇春，用兵当何先。遇春欲直捣平江。太祖曰："湖州张天骐、杭州潘原明为士诚臂指，平江穷蹙^㉞，两人悉力赴援，难以取胜。不若先攻湖州，使疲于奔命。羽翼即披^㉟，平江势孤，立破矣。"甲戌，败张天骐于湖州，士诚亲率兵来援，复败之于皂林。九月乙未，李文忠攻杭州。

冬十月壬子，遇春败士诚兵于乌镇。十一月甲申，张天骐降。辛卯，李文忠下余杭，潘原明降，帝郡悉下。癸卯，围平江。十二月，韩林儿卒。以明年为吴元年，建庙社宫室，祭告山川。所司进宫殿图，命去雕琢奇丽者。

……

二十七年春正月戊戌，谕中书省曰："东南久罹兵革^㊱，民生凋敝，吾甚悯之。且太平、应天诸郡，吾渡江开创地，供亿^㊲烦久矣。今比户^㊳空虚，有司急催科^㊿，重困吾民，将何以堪？其赐太平田租二年，应天、镇江、宁国、广德各一年。"二月丁未，傅友德败扩廓将李二于徐州，执^⑩之。三月丁丑，始设文武科取士。

夏四月，方国珍阴遣人通扩廓及陈友定。移书责之。五月己亥，初置翰林院。是月，以旱减膳素食，复^⑪徐、宿、濠、泗、寿、邳、东海、安东、襄阳、安陆及新附地田租三年。六月戊辰，大雨，群臣请复膳。太祖曰："虽雨，伤禾已多，其赐民今年田租。"癸酉，命朝驾罢女乐。

秋七月丙子，给府、州、县官之任费^⑫，赐绮帛及其父母、妻、长子有差，著为令。己丑，雷震宫门兽吻^⑬，赦罪囚。庚寅，遣使责方国珍贡粮。八月癸丑，圆丘、方丘社稷坛成。九月甲戌，太庙成。朱亮祖帅师讨国珍。戊寅，诏曰："先王之政，罪不及孥^⑭。自今除大逆不道，毋连坐。"辛巳，徐达克平江，执士诚，吴地平。戊戌，遣使致书于元主，送其宗室神保大王等北还。辛丑，论平吴功，封李善长宣国公，徐达信国公，常遇春鄂国公，将士赐赉^⑮有差。朱亮祖克台州。癸卯，新宫成。

冬十月甲辰，遣起居注吴琳、魏观以币求遣贤于四方。丙午，令百官礼仪尚左。改李善长左相国，徐达右相国。辛亥，祀元臣余阙于安庆，李黼于江州。壬子，置御史台。癸丑，汤和为征南将军，吴祯副之，讨国珍。甲寅，定律令。戊午，正郊社、太庙雅乐。

………

洪武元年春正月乙亥，祀天地于南郊，即皇帝位。定有天下之号曰明，建元洪武。

【注释】

①季：兄弟排行最小的叫季。

②廓然：广大的样子。

③殁：死。

④纲：法度，法纪。不纲，指政治腐败，法度大乱。

⑤假：借。

⑥僭：超越本分冒用名义。蕲：今属湖北蕲春县。

⑦惮：害怕。

⑧龃龉：不干净。此指有矛盾。

⑨滁：今属安徽滁县。

⑩寻：不久。

⑪戮：杀。

⑫檄：古代用于征召或声讨等的文书。

⑬瞠目：瞪着眼。

⑭甓：砖，这里是用砖修筑的意思。

⑮纵：放。

⑯亳：亳州，今属安徽亳县。

⑰宁能：岂能。

⑱倚藉：依仗，借助。

⑲执：俘获。

⑳揭榜：分开张榜，使众人知晓。

㉑徇：向众人宣示。

㉒逆：迎。

㉓骁健：勇健。

㉔溃：败坏。

㉕安堵：安居，安定。

㉖旌：表彰。

㉗纪纲：法度。

㉘暗弱：昏庸而懦弱。

㉙驯至：即"驯致"，逐渐达到。

㉚辟：征召。

㉛阳：山的南面。

㉜御：指朱元璋亲临。戟门：宫门。

㉝发：挖掘。丘垄：坟墓。

㉞穷蹙：困逼，紧迫。

㉟披：分开。

㊱罹：遭受困难或不幸。兵革：指战争。

㊲供亿：按需要而供应。亿，估量。

㊳比户：家家户户。

㊴科：赋税。

㊵执：逮捕。

㊶复：免除赋税或劳役。

㊷任费：赴任所需费用。

㊸兽吻：门环上的装饰，形状似狮子。

㊹孥：妻和子。

㊺赉：赐。

庄烈帝本纪

十七年春正月庚寅朔，大风霾①，凤阳地震。庚子，李建泰自请措饷治兵讨贼，许之。乙卯，幸正阳门楼，饯李建泰出师。南京地震。丙辰，工部尚书范景文、礼部侍郎邱瑜并兼东阁大学士，预机务。是月，张献忠入四川。二月辛酉，李自成陷汾州，别贼陷怀庆。丙寅，陷太原，执晋王求桂，巡抚都御史蔡懋德等死之。壬申，下诏罪己。癸酉，潞安陷。乙亥，议京师城守。李自成攻代州，总兵官周遇吉力战，食尽，退守宁武关。丁丑。贼别将陷固关，犯畿南。己卯，遣内臣高起潜、杜勋等十人监视诸边及近畿要害。壬午，真定知府丘茂华杀总督侍郎徐标，檄②所属降贼。甲申，贼至彰德，赵王常澂降。

丁亥，诏天下勤王③。命廷臣上战守事宜。左都御史李邦华、右庶子李明睿④请南迁及太子抚军江南，皆不许。戊子，陈演致仕。李自成陷宁武，周遇吉力战死之。三月庚寅，贼至大同，总兵官姜瓖⑤降贼，代王传烆⑥遇害，巡抚都御史卫景瑗被执，自缢死。辛卯，李建泰疏请南迁。壬辰，召廷臣于平台，示建泰疏，曰："国君死社稷，朕将焉往？"李邦华等复请太子抚军南京，不听。蒋德璟⑦致仕。癸巳，封总兵官吴三桂、左良玉、唐通、黄得功俱为伯。甲午，征诸镇兵入援。乙未，总兵官唐通入卫，命偕内臣杜之秩守居庸关。戊戌，太监王承恩提督城守。己亥，李自成至宣府，监视太监杜勋降，巡抚都御史朱之冯等死之。癸卯，唐通、杜之秩降于自成，贼遂入关。甲辰，陷昌平。乙巳，贼犯京师，京营后溃。丙午，日晡⑧，外城陷。是夕，皇后周氏崩。丁未，昧爽⑨，内城陷。帝崩于万岁山，王承恩从死。御书衣襟曰："朕凉德藐躬⑩，上干天咎⑪，然皆诸臣误朕。朕死无面目见祖宗，自去冠冕，以发覆面。任贼分裂，无伤百姓一人。"自大学士范景文而下死者数十人。丙辰，贼迁帝、后梓宫⑫于昌平。昌平人启田贵妃墓以葬。明亡。

是年夏四月，我大清兵破贼于山海关。五月，入京师，以帝礼改葬，令臣民为服丧三日，谥曰庄烈愍皇帝，陵曰思陵。

【注释】

①霾：阴霾。

②檄：檄文，用于征召或声讨等的文书。

③勤王：发兵救援君王。

④睿：音 ruì。

⑤姜瓖：明末清初将领。

⑥朕：音 jì。

⑦璟：音 jǐng。

⑧晡：申时，即午后三时至五时。

⑨昧爽：拂晓。

⑩凉德：薄德。藐躬：轻礼自己。

⑪干：触犯。天咎：天降的灾祸。

⑫梓宫：帝、后所用的以梓木制成的棺材。

太祖孝教慈高皇后传

洪武元年正月，太祖即帝位，册为皇后。初，后从帝军中，值岁大歉，帝又为郭氏所疑，尝乏食①。后窃炊饼，怀以进，肉为焦。居常贮糗糒脯②修供帝，无所乏绝，而己不宿③饱。及贵，帝比之"芜蒌④豆粥'，"滹沱麦饭⑤"。每对群臣述后贤，同于唐长孙皇后。退以语后，后曰："妾闻夫妇相保⑥易，君臣相保难。陛下不忘妾同贫贱，愿无忘群臣同艰难。且妾何敢比长孙皇后也。"

后勤于内治，暇则讲求古训。告六宫，以宋多贤后，命女史录其家法，朝夕省览⑦。或言宋过仁厚，后曰："过仁厚，不愈于刻薄乎？"一日，问女史："黄老何教也，而窦太后好之？"女史曰："清净无为为本。若绝仁弃义，民复孝慈，是其教矣。"后曰："孝慈即仁义也，讵⑧有绝仁义而为孝慈者哉？"后尝诵《小学》，求帝表章焉。

……

一日，问帝："今天下民安乎？"帝曰："此非尔所宜问也。"后曰："陛下天下父，妾辱天下母，子之安否，何可不问？"遇岁旱，辄率宫人蔬食，助⑨祈祷；岁凶，则设麦饭野羹，帝或告以振恤⑩。后曰："振恤不如蓄积之先备也。"奏事官朝散，会食廷中，后命中官取饮食亲尝之。味弗甘，遂启帝曰："人主自奉欲薄，养贤宜厚。"帝为饬⑪光禄官。帝幸太学还，后问生徒几何，帝曰："数千。"后曰："人才众矣。诸生有廪食⑫，妻子将何所仰给⑬？"于是立红板仓，积粮赐其家。太学生家粮自后始。诸将克元都，浮⑭宝玉至。后曰："元有是而不能守，意者帝王自有宝欤？"帝曰："朕知后谓得贤为宝耳。"后拜谢曰："诚如陛下言。妾与陛下起贫贱，至今日，恒恐骄纵生于奢侈，危亡起于细微，故愿得贤人共理天下。"又曰："法屡更⑮必弊，法弊则奸生；民数扰必困，民困则乱生。"帝叹曰："至言也。"命女史书之册。其规正，类如此。

【注释】

①尝：通"常"。

②贮：储存。糗：干粮。脯：干肉。

③宿：夜晚。

④芜蒌：芜蒌亭，古迹名。东汉刘秀称帝前，从蓟东南下，到饶阳芜蒌亭，天寒饥疲，仅以豆粥为食。

⑤滹沱麦饭：刘秀等人食豆粥后，又至南宫，遇上大风雨，冯异进奉麦饭，食后才得以渡过滹沱河。以上二事均见《后汉书·冯异传》。

⑥保：扶助。

⑦省览：考虑，鉴察。

⑧讵：岂，难道。

⑨助：求助。

⑩振恤：救济。

⑪饬：告诫。

⑫廪食：官府供给粮食。

⑬仰给：依赖。

⑭俘：掳获。

⑮更：改变。

徐达传

每岁春出，冬暮召还，以为常。还辄上将印，赐休沐①，宴见欢饮，有布衣兄弟称，而达愈恭慎。帝尝从容言："徐兄功大，未有宁居，可赐以旧邸。"旧邸者，太祖为吴王时所居也。达固辞②。一日，帝与达之③邸，强饮之醉，而蒙之被，舁④卧正寝。达醒，惊趋下阶，俯伏呼死罪。帝觇⑤之，大悦。乃命有司即旧邸前治甲第，表其坊曰"大功"。胡惟庸为丞相，欲结好于达，达薄⑥其人，不答，则赂达阍者⑦福寿使图达。福寿发之，达亦不问；惟时时为帝言惟庸不任⑧相。后果败，帝益重达。

十七年，太阴犯上将⑨，帝心恶之。达在北平病背疽，稍愈，帝遣达长子辉祖赍⑩敕往劳，寻召还。明年二月，病笃，遂卒，年五十四。帝为辍朝，临丧悲恸不已。追封中山王，谥武宁，赠三世皆王爵。赐葬钟山之阴，御制神道碑文。配享太庙，肖像功臣庙，位皆第一。

达言简虑精。在军，令出不二。诸将奉持凛凛⑪，而帝前恭谨如不能言。善拊循⑫，与下同甘苦，士无不感恩效死，以故所向克捷。尤严戢⑬部伍，所平大都二，省会三，郡邑百数，闾井宴然⑭，民不苦兵。归朝之日，单车就舍，延礼儒生⑮，谈议终日，雍雍⑯如也。帝尝称之曰："受命而出，成功而旋，不矜不伐⑰，妇女无所爱，财宝无所取，中正无疵，昭明乎日月，大将军一人而已。"

【注释】

①休沐：休息，沐浴。指官吏的例假。

②辞：推辞。

③之：去、到。

④舁：抬。

⑤觇：偷看。

⑥薄：鄙薄。

⑦阍者：看门的人。

⑧任：胜任。

⑨太阴：月亮。上将：星名。

⑩赍：怀着。

⑪凛凛：敬畏的样子。

⑫拊循：抚慰，安抚。

⑬戢：收敛，约束。

⑭闾井：村落。宴然：平静的样子。

⑮延礼：接待，礼遇。

⑯雍雍：和谐的样子。

⑰矜：自负贤能。伐：自夸。

常遇春传

　　常遇春，字伯仁，怀远人，貌奇伟，勇力绝人，猿臂①善射。初从刘聚为盗，察聚终无成，归太祖于和阳。未至，困卧田间，梦神人被甲拥②盾呼曰："起起，主君来！"惊寤，而太祖适至，即迎拜。时至正十五年四月也。无何③，自请为前锋。太祖曰："汝特饥来就食耳，吾安得汝留也！"遇春固请。太祖曰："俟渡江，事我未晚也。"及兵薄④牛渚矶，元兵陈矶上，舟距岸且三丈余，莫能登。遇春飞舸⑤至，太祖麾⑥之前。遇春应声，奋戈直前。敌接其戈，乘势跃而上，大呼跳荡⑦，元军披靡。诸将乘之，遂拔采石，进取太平。授总管府先锋，进总管都督。

　　……

　　遇春沉鸷⑧果敢，善抚士卒，摧锋陷阵，未尝败北。虽不习书史，用兵辄与古合。长于大将军达二岁，数从征伐，听约束惟谨，一时名将称徐、常。遇春尝自言能将十万众，横行天下，军中又称"常十万"云。

【注释】

①猿臂：猿臂长，喻人臂长如猿。

②被：同"披"。拥：持。

③无何：不久。

④薄：逼近。

⑤舸：大船。

⑥麾：指挥。

⑦跳荡：古代临战时突袭破敌，叫跳荡。

⑧鸷：鸷鸟，一种凶猛的鸟，这里比喻凶猛。

刘基传

刘基，字伯温，青田人。曾祖濠，仕宋为翰林掌书。宋亡，邑子林融倡义旅。事败，元遣使簿录其党，多连染。使道宿濠家，濠醉使者而焚其庐，籍悉毁。使者计无所出，乃为其更其籍，连染者皆得免。基幼颖异，其师郑复初谓其父爚①曰："君祖德厚，此子必大君之门矣。"元至顺间，举进士，除高安丞，有廉直声。行省辟之，谢去。起为江浙儒学副提举，论御史失职，为台臣所阻，再投劾②归。基博通经史，于书无不窥，尤精象纬③之学。西蜀赵天泽论江左④人物，首称基，以为诸葛孔明俦⑤也。

方国珍起海上，掠郡县，有司不能制。行省复辟基为元帅府都事。基议筑庆元诸城以逼贼，国珍气沮⑥。及左丞帖里帖木儿招谕国珍，基言方氏兄弟首乱，不诛无以惩后。国珍惧，厚赂基。基不受。国珍乃使人浮海至京，贿用事者。遂招抚国珍，授以官，而责基擅威福，羁管⑦绍兴，方氏遂愈横。亡何，山寇蜂起，行省复辟基剿捕，与行院判石抹宜孙守处州。经略使李国凤上其功，执政以方氏故抑之，授总管府判，不与兵事。基遂弃官还青田，著《郁离子》以见志。时避方氏者争依基，基稍为部署，寇不敢犯。

　　及太祖下金华，定括苍，闻基及宋濂等名，以币聘。基未应，总制孙炎再致书固邀之，基始出。既至，陈时务十八策。太祖大喜，筑礼贤馆以处基等，宠礼甚至。初，太祖以韩林儿称宋后，遥奉之。岁首，中书省设御座行礼，基独不拜，曰："牧竖⑧耳，奉之何为？"因见太祖，陈天命所在。太祖问征取汁，基曰："士诚自守虏，不足虑。友谅劫主胁下，名号不正，地据上流，其心无日忘我，宜先图之。陈氏灭，张氏势孤，一举可定。然后北向中原，王业可成也。"太祖大悦曰："先生有至计，勿惜尽言。"会陈友谅陷太平，谋东下，势张⑨甚，诸将或议降，或议奔据钟山，基张目不言。太祖召入内，基奋曰："主降及奔者，可斩也。"太祖曰："先生计安出？"基曰："贼骄矣，待其深入，伏兵邀⑩取之，易耳。天道后举者胜，取威制敌以成王业，在此举矣。"太祖用其策，诱友谅至，大破之，以克敌赏赏基。基辞。友谅兵复陷安庆，太祖欲自将讨之，以问基。基力赞，遂出师攻安庆。自旦及暮不下，基请径趋江州，捣友谅巢穴，遂悉军西上。友谅出不意，帅妻子奔武昌，江州降。其龙兴守将胡美遣子通款⑪，请勿散其部曲。太祖有难色。基从后蹑胡床。太祖悟，许之。美降，西江诸郡皆下。

　　基丧母，值兵事未敢言，至是请还葬。会苗军反，杀金、处守将胡大海、耿再成等，浙东摇动。基至衢，为守将夏毅谕安诸属邑，复与平章邵荣等谋复处州，乱遂定。国珍素畏基，致书唁。基答书，宣示太祖威德，国珍遂入贡。太祖数以书即⑫家访军国事，基条答悉中机宜⑬。寻赴京。太祖方亲援安丰。基曰："汉、吴伺隙⑭，未可动也。"不听。友谅闻之，乘间围洪都。太祖曰："不听君言，几失计。"遂自将救洪都，与友谅大战鄱阳湖，一日数十接。太祖坐胡床督战，基侍侧，忽跃起大呼，趣⑮太祖更舟。太祖仓卒徙别舸，坐未定，飞炮击旧所御舟立碎。友谅乘高见之，大喜。而太祖舟更进，汉军皆失色。时湖中相持，三日未决，基请移军湖口扼之，以金木相犯⑯日决胜，友谅走死。其后太祖取士诚，北伐中原，遂成帝业，略如基谋。

　　吴元年以基为太史令，上《戊申大统历》。荧惑守心⑰，请下诏罪己。大旱，请决滞狱。即命基平反，雨随注。因请立法定制，以止滥杀。太祖方欲刑人，基请其故，太祖语之以梦。基曰："此得土得众之象，宜停刑以待。"后三日，海宁降。太祖喜，悉以囚付基纵之。寻拜御史中丞兼太史令。

太祖即皇帝位，基奏立军卫法。初定处州税粮，视宋制亩加五合[18]，唯青田命毋加，曰："令伯温乡里世世为美谈也。"帝幸汴梁，基与左丞相善长居守。基谓宋、元宽纵失天下，今宜肃[19]纪纲。令御史纠劾[20]无所避，宿卫宦侍有过者，皆启皇太子置之法，人惮[21]其严。中书省都事李彬坐贪纵抵罪，善长素昵[22]之，请缓其狱。基不听，驰奏。报可。方祈雨，即斩之。由是与善长忤[23]。帝归，愬基僇人坛壝[24]下，不敬。请愬基者亦交谮[25]之。会以旱求言，基奏："士卒物故[26]者，其妻悉处别营，凡数万人，阴气郁结。工匠死，胔[27]骸暴露，吴将吏降者皆编军户，足干[28]和气。"帝纳其言，旬日仍不雨，帝怒。会基有妻丧，遂请告归。时帝方营中都，又锐意灭扩廓。基濒[29]行，奏曰："凤阳虽帝乡，非建都地。王保保未可轻也。"已而定西失利，扩郭竟走沙漠，迄[30]为边患。其冬，帝手诏叙基勋伐[31]，召赴京，赐赉[32]甚厚，追赠基祖、父皆永嘉郡公。累欲进基爵，基固辞不受。

初，太祖以事责丞相李善长，基言："善长勋旧[33]，能调和诸将。"太祖曰："是数欲害君，君乃为之地耶？吾行相[34]君矣。"基顿首曰："是如易柱，须得大木。若束小木为之，且立覆。"及善长罢，帝欲相杨宪。宪素善基，基力言不可，曰："宪有相才无相器[35]。夫宰相者，持心如水，以义理为权衡，而己无与者也，宪则不然。"帝问汪广洋，曰："此褊浅殆甚于宪。"又问胡惟庸，曰："譬之驾，惧其偾[36]辕也。"帝曰："吾之相，诚无逾先生。"基曰："臣疾恶太甚，又不耐繁剧，为之且孤[37]上恩。天下何患无才，惟明主悉心求之，目前诸人诚未见其可也。"后宪、广洋、惟庸皆败。三年授弘文馆学士。十一月大封功臣，授基开国翊运守正文臣、资善大夫、上护军，封诚意伯，禄二百四十石。明年赐归老于乡。

帝尝手书问天象。基条答甚悉而焚其草[38]。大要言霜雪之后，必有阳春，今国威已立，宜少济以宽大。基佐定天下，料事如神。性刚嫉恶，与物多忤[39]。至是还隐山中，惟饮酒弈棋，口不言功。邑令求见不得，微服为野人谒基。基方濯足，令从子引入茅舍，炊黍饮令。令告曰："某青田知县也。"基惊起称民，谢去，终不复见。其韬迹如此，然究为惟庸所中⁴⁰。

初，基言瓯、括间有隙地曰谈洋，南抵闽界，为盐盗薮⁴¹，方氏所由乱，请设巡检司守之。奸民弗便也。会茗洋逃军反，吏匿不以闻。基令长子琏奏其事，不先白中书省。胡惟庸方以左丞掌省事，挟前憾⁴²，使吏讦⁴³基，谓谈洋地有王气，基图为墓，民弗与，则请立巡检逐民。帝虽不罪基，然颇为所动，遂夺基禄。基惧入谢，乃留京，不敢归。未几，惟庸相，基大戚⁴⁴曰："使吾言不验，苍生福也。"忧愤疾作。八年三月，帝亲制文赐之，遣使护归。抵家，疾笃，以《天文书》授子琏曰："亟上之，毋令后人习也。"又谓次子璟曰："夫为政，宽猛如循环。当今之务在修德省刑，祈天永命。诸形胜要害之地，宜与京师声势连络。我欲为遗表，惟庸在，无益也。惟庸败后，上必思我，有所问，以是密奏之。"居一月而卒，年六十五。基在京病时，惟庸以医来，饮其药，有物积腹中如拳石。其后中丞涂节首⁴⁵惟庸逆谋，并谓其毒基致死云。

基虬髯⁴⁶，貌修伟⁴⁷，慷慨有大节，论天下安危，义形于色。帝察其至诚，任以心膂⁴⁸。每召基，辄屏人密语移时⁴⁹。基亦自谓不世⁵⁰遇，知无不言。遇急难，勇气奋发，计画立定，人莫能测。暇则敷陈王道。帝每恭己以听，常呼为老先生而不名，曰："吾子房也。"又曰："数以孔子之言导予。"顾⁵¹帷幄语秘莫能详，而世所传为神奇，多阴阳风角之说，非其至也。所为文章，气昌而奇，与宋濂并为一代之宗。所著有《覆瓿⁵²集》，《犁眉公集》传于世。子琏、璟。

【注释】

①爚：音 yuè。

②劾：揭发。

③象：星象。纬：谶（chèn）纬。迷信的人指将来要应验的预言、预兆叫做谶，用迷信解释经书叫做纬。

④江左：古代称长江下游一带为江左。

⑤俦：同伴。此指同类的人。

⑥沮：沮丧。

⑦羁管：拘管。

⑧牧竖：放牧小儿。

⑨张：嚣张。

⑩邀：阻截。

⑪通款：降服，通好言和。

⑫即：到。

⑬机宜：依据时机所采取的适宜决策。

⑭伺隙：窥测可乘之机。

⑮趣：催促。

⑯金：金星。木：木星。金木相犯，指二星同度。

⑰荧惑：火星的别名。心：心宿，二十八宿之一。

⑱合：量词，十合为一升。

⑲肃：整肃。

⑳纠劾：纠察弹劾。

㉑惮：害怕。

㉒昵：亲近。

㉓忤：忤逆，不顺。

㉔僇：侮辱。坛墠：土筑的高台叫坛，坛周围的短墙叫墠。

㉕谮：诬陷。

㉖物故：去世。

㉗胔：腐肉。

㉘干：干扰。

㉙濒：将近。

㉚迄：始终。

㉛勋伐：功绩。

㉜赉：赐。

㉝勋旧：有功绩的旧臣。

㉞相：视。

㉟器：器度。

㊱偾：倒覆。

㊲孤：辜负。

㊳草：草稿。

㊴物：别人，众人。忤：逆忤，不顺从。

㊵中：中伤。

㊶薮：人物聚集的地方。

㊷憾：恨。

㊸讦：揭发。

㊹感：忧愁，悲哀。

㊺首：告发罪行。

㊻虬髯：卷曲如虬的胡须。虬，传说中的无角龙。

㊼修伟：身材魁梧高大。

㊽膂：脊梁骨。心膂：喻亲信应作为骨干的人。

㊾屏：屏退。移时：少顷，一段时间。

㊿不世：罕有，非常。

51顾：不过。

52瓿：音 bù。

方孝孺传

　　方孝孺，字希直，一字希古，宁海人。父克勤，洪武中循吏①，自有传。孝孺幼警敏，双眸炯炯，读书日盈寸，乡人目为"小韩子②"。长从宋濂学，濂门下知名士皆出其下。先辈胡翰、苏伯衡亦自谓弗如。孝孺顾③末视文艺，恒以明王道、致太平为己任。尝卧病，绝粮。家人以告，笑曰："古人三旬九食，贫岂独我哉？"父克勤坐"空印"事诛，扶丧归葬，哀动行路。既免丧，得从濂卒业。

　　洪武十五年，以吴沉、揭枢荐，召见。太祖喜其举止端整，谓皇太子曰："此庄士，当老其才。"礼遣还。后为仇家所连，逮至京，太祖见其名，释之。二十五年，又以荐召至。太祖曰："今非用孝孺时。"除汉中教授，日与诸生讲学不倦。蜀献王闻其贤，聘为世子④师。每见，陈述道德。王尊以殊礼，名其读书之庐曰"正学"。

……

及惠帝即位，召为翰林侍讲。明年迁侍讲学士，国家大政事辄咨之。帝好读书，每有疑即召使讲解。临朝奏事，臣僚面议可否，或命孝孺就扆⑤前批答。时修《太祖实录》及《类要》诸书，孝孺皆为总裁。更定官制，孝孺改文学博士。燕兵⑥起，廷议讨之，诏檄皆出其手。

建文三年，燕兵掠大名。王闻齐、黄已窜，上书请罢盛庸、吴杰、平安兵。孝孺建议曰："燕兵久顿⑦大名，天暑雨，当不战自疲。急令辽东诸将入山海关攻永平，真定诸将渡卢沟捣北平，彼必归救。我以大兵蹑⑧其后，可成擒也。今其奏事适至，宜且与报书，往返逾月，使其将士心懈。我谋定势合，进而蹴⑨之，不难矣。"帝以为然，命孝孺草诏，遣大理寺少卿薛岩驰报燕，尽赦燕罪，使罢兵归藩。又为宣谕数千言授岩，持至燕军中，密散诸将士。比至，岩匿宣谕不敢出。燕王亦不奉诏。

五月，吴杰、平安、盛庸发兵扰燕饷道。燕王复遣指挥武胜上书伸前请。帝将许之。孝孺曰："兵罢，不可复聚，愿毋为所惑。"帝乃诛胜以绝燕。未几，燕兵掠沛县，烧粮艘。时河北师老无功，而德州又馈饷⑩道绝，孝孺深以为忧。以燕世子仁厚，其弟高煦狡谲⑪，有宠于燕王，尝欲夺嫡，谋以计间之，使内乱。乃建议白⑫帝，遣锦衣卫千户张安赍⑬玺书往北平赐世子。世子得书不启封，并安送燕军前，间不得行。

明年五月，燕兵至江北，帝下诏征四方兵。孝孺曰："事急矣。遣人许以割地，稽延⑭数日，东南募兵渐集，北军不长舟楫，决战江上，胜负未可知也。"帝遣庆成郡主往燕军，陈其说。燕王不听。帝命诸将集舟师江上，而陈瑄以战舰降燕，燕兵遂渡江，时六月乙卯也。帝忧惧，或劝帝他幸，图兴复。孝孺力请守京城以待援兵，即事不济，当死社稷。乙丑，金川门启，燕兵入，帝自焚。是日，孝孺被执下狱。

……

先是，成祖发⑮北平，姚广孝以孝孺为托，曰："城下之日，彼必不降，幸勿杀之。杀孝孺，天下读书种子绝矣。"成祖颔⑯之。至是欲使草诏。

召至，悲恸声彻殿陛。成祖降榻劳曰："先生毋自苦，予欲法周公辅成王耳。"孝孺曰："成王安在？"成祖曰："彼自焚死。"孝孺曰："何不立成王之子？"成祖曰："国赖长君。"孝孺曰："何不立成王之弟？"成祖曰："此朕家事。"顾左右授笔札，曰："诏天下，非先王草不可。"孝孺投笔于地，且哭且骂曰："死即死耳，诏不可草。"成祖怒，命磔[17]诸市。孝孺慨然就死，作绝命词曰："天降乱离兮孰[18]知其由，奸臣得计兮谋国用犹[19]。忠臣发愤兮血泪交流，以此殉君兮抑又何求！呜呼哀哉兮，庶不我尤[20]。"时年四十有六。

【注释】

①循吏：奉职守法的官吏。

②韩子：唐代文学家韩愈。

③顾：反而。

④世子：诸侯王正妻所生的长子。

⑤扆：古代的一种屏风。

⑥燕兵：燕王朱棣（朱元璋第四子）的军队。惠帝以皇太孙继位，用齐泰、黄子澄的计策削藩，以加强中央集权，朱棣借口"靖难"（平定变乱），起兵攻讨。

⑦顿：停留。

⑧蹑：紧跟在后。

⑨蹴：践踏。

⑩馈饷：军粮。

⑪狡谲：狡诈。

⑫白：禀告。

⑬赍：怀抱着，带着。

⑭稽延：拖延。

⑮发：发兵。

⑯颔：点头。

⑰磔：分裂肢体，古代一种酷刑。

⑱孰：谁。

⑲犹：谋划。

⑳尤：过错。

杨士奇传

永乐二年选官僚。以士奇为左中允。五年进左谕德。士奇奉职甚谨，私居不言公事，虽至亲厚①不得闻。在帝前举止恭慎，善应对，言事辄中。人有小过，尝为揜覆之。广东布政使徐奇载岭南土物馈廷臣，或得其目籍以进。帝阅无士奇名，召问。对曰："奇赴广时，群臣作诗文赠行，臣适病弗预。以故独不及。今受否未可知。且物微，当无他意。"帝遽命毁②籍。

时藩司守令来朝，尚书李庆建议发军伍余马给有司，岁课③其驹。士奇曰："朝廷赞贤授官，乃④使牧马，是贵畜而贱士也，何以示天下后世？"帝许中旨罢之，已而寂然。士奇复力言，又不报。有顷，帝御思善门，召士奇谓曰："朕向者岂真忘之？闻吕震、李庆辈皆不喜卿，朕念卿孤立，恐为所伤，不欲因卿言罢耳，今有辞矣。"手出陕西按察使陈智言养马不便疏，使草敕行之。士奇顿首谢。群臣习朝正旦仪，吕震请用乐。士奇与黄淮疏止，未报。士奇复奏，待庭中至夜漏⑤十刻，报可。越日，帝召谓曰："震每事误朕，非卿等言，悔无及。"命兼兵部尚书，并食三禄。士奇辞尚书禄。

帝监国时，憾⑥御史舒仲成，至是欲罪之。士奇曰："陛下即位，诏向忤旨者皆得宥⑦。若治仲成，则诏书不信，惧者众矣。如汉景帝之侍卫绾，不亦可乎？"帝即罢弗治。或有言大理卿虞谦言事不密，帝怒，降一官。士奇为白其罔⑧，得复秩。又大理少卿弋谦以言事得罪，士奇曰："谦应诏陈言，若加之罪，则群臣自此结舌矣。"帝立进谦副都御史，而下敕引过⑨。

帝以四方屡水旱，召士奇议下诏宽恤，免灾伤租税及官马亏额者。士奇因请并蠲逋⑩赋、薪刍钱，减官田额，理冤滞⑪，汰工役⑫，以广德意。民大悦。逾二年，帝谓士奇曰："恤民诏下已久，今更有可恤者乎？"士奇曰："前诏减官田租，户部征如故。"帝怫然⑬曰："今首行之。废格^⑭者论如法。"士奇复请抚逃民，察墨吏^⑮，举文学武勇之士，令极刑家子孙皆得仕进。又请廷臣三品以上及二司官，各举所知，备方面郡守选。皆报可。当时是，帝励精图治，士奇等同心辅佐，海内号为治平。

【注释】

①亲厚：亲近，关系深。

②毁：烧掉。

③岁：每年。课：使交纳。

④乃：却。

⑤夜漏：夜间的时刻。古代用铜壶滴漏记时，故称夜漏。

⑥憾：恨。

⑦向：过去。宥：宽恕。

⑧罔：冤枉。

⑨引过：自认过失。

⑩蠲：免除。逋：拖欠。

⑪冤滞：长期不决的冤案。

⑫汰：除去，减省。

⑬怫然：愤怒的样子。

⑭废格：停止，搁置，指对诏令搁置，行之不力。

⑮墨吏：贪官污吏。

杨继宗传

杨继宗，字承芳，阳城人。天顺初进士，授刑部主事。囚多疫死，为时^①其食饮，令三日一栉沐^②，全活甚众。又善辨疑狱。河间获盗，遣里民张文、郭礼送京师，盗逸^③。文谓礼曰："吾二人并当死。汝母老，鲜^④兄弟，以我代盗，庶全汝母子命。"礼泣谢，从之。文桎梏^⑤诣部。继宗察非盗，竟辨出之。

成化初，用王翱荐，擢嘉兴知府。以一仆自随，署斋萧然^⑥。性刚廉孤峭，人莫敢犯。而时时集父老问疾苦，为祛除[7]之。大兴社学。民间子弟八岁不就学者，罚其父兄。遇学官以宾礼。师儒竞劝，文教大兴。

御史孔儒清军，里老多挞[8]死。继宗榜曰："御史杖人至死者，诣府报名。"儒怒。继宗入见曰："为治有体。公但剔奸弊，劝惩官吏，若比户稽核[9]，则有司事，非宪体[10]也。"儒不能难，而心甚衔[11]之。濒[12]行，突入府署，发箧[13]视之，敝衣数袭[14]而已。儒惭而去。中官过者，继宗遗以菱芡[15]、历书。中官索钱，继宗即发牒取库金，曰："金具在，与我印券[16]。"中官咋舌不敢受。入觐，汪直欲见之，不可。宪宗问直："朝觐官孰廉？"直对曰："天下不爱钱者，惟杨继宗一人耳。"

九载秩满，超迁浙江按察使。数与中官张庆忤。庆兄敏在司礼，每于帝前毁继宗。帝曰："得非不私一钱之杨继宗乎？"敏惶恐，遗书庆曰："善遇之，上已知其人矣。"

闻母丧，立出，止驿亭下，尽籍廨[17]中器物付有司。惟携一仆、书数卷而还。服除[18]，以右佥都御史巡抚顺天。畿内多权贵庄田，有侵民业者，辄夺还之。按行关塞，武备大饬[19]。星变，应诏陈言，历指中官及文武诸臣贪残状，且请召还中官出镇者，益为权贵所嫉。治中陈翼讦[20]其过，权贵因中之，左迁云南副使。

孝宗立，迁湖广按察使。既至，命汲水百斛，洗涤厅事而后视事，曰："吾以除秽也。"居无何，复以佥都御史巡抚云南。三司多旧僚，相见欢然。既而出位，揖之曰："明日有公事，诸君幸相谅。"遂劾罢不职者八人。未几卒。

继宗力持风节，而居心慈厚，自处必以礼。为知府，谒上官必衣绣服。朝觐谒吏部亦然。或言不可，笑曰："此朝廷法服也，此而不服，将安用之？"为浙江按察时，仓官十余人坐缺粮系狱，至鬻[21]子女以偿。继宗欲宽之而无由。一日，送月俸至，命量之，则溢[22]原数。较[23]他司亦然。因悟仓吏缺粮之由，将具实以闻。众惧，请于继宗，愿捐俸代偿。由是十人者获释。尝监乡试得二卷，具朝服再拜曰："二子当大魁天下，吾为朝廷得人贺耳。"及拆卷，王华、李旻也，后果相继为状元。人服其鉴[24]。天启初，谥贞肃。

【注释】

①时：按时。

②栉：梳头。沐：洗头。

③逸：逃跑。

④鲜：缺少。

⑤桎梏：脚镣和手铐。

⑥萧然：冷落的样子。

⑦祛除：除去。

⑧挞：鞭打。

⑨比户：挨家挨户。稽核：稽查考核。

⑩宪体：御史的本分职事。宪，御史别称。

⑪衔：怀恨。

⑫濒：将近。

⑬箧：箱子。

⑭袭：量词，指成套的衣服。

⑮菱芡：菱角，芡实。

⑯印券：盖有官印的凭证。

⑰廨：官舍。

⑱服：服丧，为父母守丧。除：结束。

⑲饬：整顿。

⑳讦：揭发。

㉑鬻：卖。

㉒溢：超出。

㉓较：比较。

㉔鉴：鉴察，识别。

况钟传

苏州赋役繁重，豪猾舞文为奸利，最号难治。钟乘传①至府。初视事，群吏环立请判牒②。钟佯不省，左右顾问，惟吏所欲行止。吏大喜，谓太守暗易欺。越三日，召诘之曰："前某事宜行，若止我；某事宜止，若强我行。若辈舞文久，罪当死。"立捶杀数人，尽斥属僚之贪虐庸懦者。一府大震，皆奉法。

其为政，纤悉周密③。尝置二簿识民善恶，以行劝惩。又置通关勘合簿，防出纳奸伪；置纲运簿，防运夫侵盗；置馆夫簿，防非理需求。兴利除害，不遗余力。锄豪强，植良善，民奉之若神。先是，中使织造采办及购花木禽鸟者踵至，郡佐以下，动遭笞④缚。而卫所将卒，时凌虐⑤小民。钟在，敛⑥迹不敢肆。虽上官及他省吏过其地者，咸心惮之。

钟虽起刀笔⑦，然重学校，礼文儒，单门寒士多见振赡⑧。有邹亮者，献诗于钟，钟欲荐之。或为匿名书毁亮。钟曰："是欲我速成亮名耳。"立奏之朝。召授吏、刑二部司务，迁御史。初，钟为吏时，吴江平思忠亦以吏起家，为吏部司务。遇钟有恩。至是钟数延见，执礼甚恭，且令二子给侍，曰："非无仆隶，欲籍⑨是报公耳。"思忠家素贫，未尝缘故谊有所干。人两贤之。

钟尝丁⑩母忧，郡民谐阙乞留。诏起复。正统六年，秩满当迁，部民二万余人走诉巡按御史张文昌，乞再任。诏进正三品俸，仍视府事。明年十二月卒于官，吏民聚哭，为立祠。

【注释】

①传：驿站车马。

②判牍：处理办事文书。

③纤悉：细微详尽。周密：周到缜密。

④笞：鞭打。

⑤凌虐：欺凌，虐待。

⑥敛：收敛。

⑦刀笔：刀笔吏，主办文案的官吏。

⑧单门：孤寒门第。振赡：救济。

⑨籍：借。

⑩丁：遭逢。

《资治通鉴》精华

【著录】

　　《资治通鉴》是北宋司马光主撰的一部大型编年体通史。全书共二百九十四卷，另有《考异》《目录》各三十卷。《考异》是对有分歧的记载加以考订，《目录》是为了备查阅之用。

　　《通鉴》记事上起周威烈王二十三年（前403），下迄五代后周世宗显德六年（959），共记载了一三六二年的历史。司马光原来曾仿照《左传》体裁撰写《通志》八卷，记载了战国到秦二世时期的历史。宋英宗看后，令其再编《历代君臣事迹》一书，治平三年（1066），诏置书局于崇文院，以便编纂。神宗即位后，以其"鉴于往事，有资于治道"，改名为《资治通鉴》。熙宁三年（1070），司马光因反对王安石变法，出知永兴军（今陕西西安），不久又退居西京洛阳，专心修史，元丰七年（1084），《资治通鉴》书成，历时十九年。

　　《通鉴》的作者，除司马光总其大成外，有刘恕、刘置、范祖禹三人协助编修。征引资料极为宏富，除十七史外，还有野史、行状、文集、别传、谱牒、墓志、碑碣等。在叙事之外，还以"臣光曰"的形式撰写了史论一百一十八篇，收录了前人的史论九十七篇。

　　《通鉴》的内容以政治、军事史实为主，借以展示历代君臣治乱、成败、安危之迹，作为历史的借鉴，而经济、文化方面的记载较少。《通鉴》的史料价值很高，尤以《隋纪》《唐纪》《五代纪》的史料价值为最高。编纂目的在于供封建统治者从历代治乱兴亡中取得经验教训。本书在叙述历代统治阶级活动的同时，也记载了被压迫人民和被压迫民族的生活和斗争。

《资治通鉴》在中国史学史上占有极其重要的地位，可与司马迁的《史记》相媲美。而且，该书由司马光一人精心定稿，统一修辞，所以文字极其优美，具有很高的文学价值，故有"文章前后两司马"之说。《通鉴》对历史上有关图谶、占卜、佛道等宗教迷信，采取了批判的态度，这是史学思想上的重大进步。

对《资治通鉴》的注释已有南宋史炤的《通鉴释文》、王应麟的《通鉴地理通释》，宋末元初胡三省的《资治通鉴音注》二百九十四卷，以及明末清初严衍的《资治通鉴补》等。其中以胡注最为详备。现代史学家陈垣著《通鉴胡注表微》一书，专对胡注进行研究。《资治通鉴》自宋以来，刻本颇多，1956 年由上海古籍出版社排印出版的校勘整理标点本，颇便阅读和使用。

赤壁之战

初，鲁肃闻刘表卒，言于孙权曰："荆州与国邻接，江山险固，沃野万里，士民殷富。若据而有之，此帝王之资也。今刘表新亡，二子不协，军中诸将，各有彼此。刘备天下枭雄，与操有隙，寄寓于表，表恶其能而不能用也。若备与彼协心，上下齐同，则宜抚安，与结盟好。如有离违，宜别图之，以济大事。肃请得奉命吊表二子，并慰劳其军中用事者，及说备使抚表众，同心一意，共治曹操。备必喜而从命。如其克谐，天下可定也。今不速往，恐为操所先。"权即遣肃行。

到夏口①，闻操已向荆州，晨夜兼道，比至南郡②，而琮已降，备南走。肃径迎之，与备会于当阳长坂③。肃宣权旨，论天下事势，致殷勤之意，且问备曰："豫州今欲何至？"备曰："与苍梧④太守吴巨有旧，欲往投之。"肃曰："孙讨虏聪明仁惠，敬贤礼士，江表英豪咸归附之。已据有六郡，兵精粮多，足以立事。今为君计，莫若遣腹心自结于东，以共济世业。而欲投吴巨，巨是凡人，偏在远郡，行将为人所并，岂足托乎？"备甚悦。肃又谓诸葛亮曰："我，子瑜友也。"即共定交。子瑜者，亮兄瑾也，避乱江东，为孙权长史。备用肃计，进住鄂县之樊口⑤。

曹操自江陵将顺江东下。诸葛亮谓刘备曰："事急矣，请奉命求救于孙将军。"遂与鲁肃俱诣孙权。亮见权于柴桑⑥，说权曰："海内大乱，将军起兵江东，刘豫州收众汉南，与曹操共争天下。今操芟夷大难，略已平矣，遂破荆州，威震四海。英雄无用武之地，故豫州遁逃至此，愿将军量力而处之。若能以吴越之众，与中国抗衡，不如早与之绝。若不能，何不按兵束甲北面而事之？今将军外托服从之名，而内怀犹豫之计，事急而不断，祸至无日矣。"权曰："苟如君言，刘豫州何不遂事之乎？"亮曰："田横，齐之壮士耳，犹守义不辱。况刘豫州王室之胄，英才盖世，众士慕仰，若水之归海。若事之不济，此乃天也。安能复为之下乎？"权勃然曰："吾不能举全吴之地，十万之众，受制于人，吾计决矣！非刘豫州莫可以当曹操者。然豫州新败之后，安能抗此难乎？"亮曰："豫州军虽败于长坂，今战士还者，及关羽水军，精甲万人，刘琦合江夏⑦战士亦不下万人。曹操之众，远来疲敝，闻追豫州，轻骑一日一夜行三百余里，此所谓'强弩之末，势不能穿鲁缟'者也，故兵法忌之，曰：'必蹶上将军。'且北方之人不习水战。又荆州之民附操者，逼兵势耳，非心服也。今将军诚能命猛将统兵数万，与豫州协规同力，破操军必矣！操军破，必北还。如此，则荆、吴之势强，鼎足之形成矣。成败之机，在于今日。"权大悦，与其群下谋之。

是时，曹操遗权书曰："近者奉辞伐罪，旌麾南指，刘琮束手。今治水军八十万众，方与将军会猎于吴。"权以示臣下，莫不响震失色。长史张昭⑧等曰："曹公，豺虎也，挟天子以征四方，动以朝廷为辞。今日拒之，事更不顺。且将军大势可以拒操者，长江也。今操得荆州，奄有其地。刘表治水军，蒙冲斗舰乃以千数，操悉浮以沿江，兼有步兵，水陆俱下。此为长江之险已与我共之矣，而势力众寡又不可论。愚谓大计不如迎之。"鲁肃独不言。权起更衣，肃追于宇下。权知其意，执肃手曰："卿欲何言？"肃曰："向察众人之议，专欲误将军，不足与图大事。今肃可迎操耳，如将军不可也！何以言之？今肃迎操，操当以肃还付乡党，品其名位，犹不失下曹从事，乘犊车，从吏卒，交游士林，累官故不失州郡也。将军迎操，欲安所归乎？愿早定大计，莫用众人之议也！"权叹息曰："诸人持议，甚失孤望！今卿廓开大计，正与孤同。"

四库全书精华

史部

时周瑜受使至番阳⑨，肃劝权召瑜还。瑜至，谓权曰："操虽托名汉相，其实汉贼也。将军以神武雄才，兼仗父兄之烈，割据江东，地方数千里，兵精足用，英雄乐业，当横行天下，为汉家除残去秽。况操自送死，而可迎之邪？请为将军筹之。今北土未平，马超⑩、韩遂⑪尚在关西，为操后患。而操舍鞍马，仗舟楫，与吴越争衡。今又盛寒，马无藁草，驱中国士众远涉江湖之间，不习水土，必生疾病。此数者，用兵之患也，而操皆冒行之。将军禽操，宜在今日。瑜请得精兵数万人，进住夏口，保为将军破之。"权曰："老贼欲废汉自立久矣，徒忌二袁、吕布、刘表与孤耳。今数雄已灭，惟孤尚存。孤与老贼势不两立，君言当击，甚与孤合，此天以君授孤也。"因拔刀斫前奏案，曰："诸将吏敢复有言当迎操者，与此案同！"乃罢会。

是夜，瑜复见权，曰："诸人徒见操书言水步八十万，而各恐慑，不复料其虚实，便开此议，甚无谓也。今以实校之，彼所将中国人，不过十五六万，且已久疲。所得表众，亦极七八万耳，尚怀狐疑。夫以疲病之卒，御狐疑之众，众数虽多，甚未足畏。瑜得精兵五万，自足制之，愿将军勿虑。"权抚其背曰："公瑾⑫，卿言至此，甚合孤心。子布、元表诸人，各顾妻子，挟持私虑，深失所望。独卿与子敬⑬与孤同耳，此天以卿二人赞孤也！五万兵难卒合，已选三万人，船粮战具俱办。卿与子敬、程公⑭，便在前发，孤当续发人众，多载资粮，为卿后援。卿能办之者诚决，邂逅不如意，便还就孤，孤当与孟德决之。"

遂以周瑜、程普为左右督，将兵与备并力逆操；以鲁肃为赞军校尉，助画方略。刘备在樊口，且遣逻吏于水次候望权军。吏望见瑜船，驰往白备，备遣人慰劳之。瑜曰："有军任，不可得委署，傥能屈威，诚副其所望。"备乃乘单舸往见瑜，曰："今拒曹公，深为得计。战卒有几？"瑜曰："三万人。"备曰："恨少。"瑜曰："此自足用。豫州但观瑜破之。"备欲呼鲁肃等共会语，瑜曰："受命不得妄委署，若欲见子敬，可别过之。"备深愧喜。

进，与操遇于赤壁。时操军众已有疾疫，初一交战，操军不利，引次江北，瑜等在南岸。瑜部将黄盖⑮曰："今寇众我寡，难与持久。操军方连船舰，首尾相接，可烧而走也。"乃取蒙冲⑯斗舰十艘，载燥荻枯柴，灌油其中，裹以帷幕，上建旌旗，豫备走舸系于其尾，先以书遗操，诈云欲降。时东南风作，盖以十舰最著前，中江举帆，余船以次俱进。操军吏士皆出营立观，指言盖降。去北军二里余，同时发火，火烈风猛，船往如箭，烧尽北船，延及岸上营落。顷之，烟炎张天，人马烧溺死者甚众。瑜等率轻锐继其后，雷鼓大震，北军大坏。操引军从华容[17]道步走，遇泥泞道不通，天又大风，悉使羸兵负草填之，骑乃得过，羸兵为人马所蹈藉，陷泥中死者甚众。刘备、周瑜水陆并进，追操至南郡。时操军兼以饥疫，死者大半。操乃留征南将军曹仁[18]、横野将军徐晃[19]守江陵，折冲将军乐进[20]守襄阳，引军北还。

周瑜、程普将数万众，与曹仁隔江未战，甘宁[21]请先径进取夷陵[22]。往，即得其城，因入守之。益州将袭肃举军降，周瑜表以肃兵益横野中郎将吕蒙[23]。蒙盛称"肃有胆用，且慕化远来，于义宜益，不宜夺也。"权善其言，还肃兵。曹仁遣兵围甘宁，宁困急，求救于周瑜。诸将以为兵少不足分，吕蒙谓周瑜、程普曰："留凌公绩[24]于江陵，蒙与君行，解围释急，势亦不久，蒙保公绩能十日守也。"瑜从之，大破仁兵于夷陵，获马三百匹而还。于是将士形势自倍，瑜乃渡江屯北岸，与仁相拒。

【注释】

①夏口：地名，今湖北武汉市黄鹤山上。

②南郡：在今湖北江陵县北。

③长坂：地名，今湖北当阳市东北。

④苍梧：郡名，治今广西梧州市。

⑤樊口：地名，今湖北云梦西南。

⑥柴桑：县名，故城在今江西九江县西南。

⑦江夏：县名，今湖北云梦西南。

⑧张昭：字子布，彭城（今江苏徐州市）人。

⑨番阳：县名，今江西鄱阳县。

⑩马超：腾子，字孟起，与曹操战于潼关，败奔汉中。

⑪韩遂：字文约，金城（今甘肃兰州西北）人。

⑫公瑾：周瑜字。

⑬子敬：鲁肃字。

⑭程公：即程普，字德谋，土垠（今河北唐山市丰润区东）人。

⑮黄盖：字公覆，泉陵（今湖南零陵县北）人。

⑯蒙冲：古之战舰，其制以生牛皮蒙船覆背，两厢开掣棹孔，前后左右有弩窗矛穴，敌不得近。

⑰华容：县名，故城位于今湖北潜江县西南。

⑱曹仁：操从弟，字子孝。为将严整奉法令。

⑲徐晃：河东（今山西夏县西北）人，字公明。

⑳乐进：卫国人，字文谦。容貌短小，有胆略。

㉑甘宁：临江（今四川忠县）人，字兴霸。先依刘表，后归吴。

㉒夷陵：今湖北宜昌市。

㉓吕蒙：富陂（今安徽阜南东南）人，字子明。果敢有胆，学问开益，筹略奇至。

㉔凌公绩：名统，凌操子。亲贤接士，轻财重义，有国士之风。

曹操不敢称帝论

　　教化，国家之急务也，而俗吏慢之；风俗，天下之大事也，而庸君忽之。夫惟明智君子深识长虑，然后知其为益之大而收功之远也。

　　光武遭汉中衰，群雄糜沸，奋起布衣，绍恢先绪。征伐四方，日不暇给，乃能敦尚经术，宾延儒雅，开广学校，修明礼乐。武功既成，文德亦治。继以孝明、孝章，遹追先志，临雍拜老，横经问道。自公卿大夫至于郡县之吏，咸选用经明行修之人；虎贲卫士，皆习《孝经》；匈奴子弟，亦游太学。是以教立于上，俗成于下。其忠厚清修之士，岂唯取重于缙绅，亦见慕于众庶；愚鄙污秽之人，岂唯不容于朝廷，亦见弃于乡里。自三代既亡，风化之美未有若东汉之盛者也。

　　及至孝和以降，贵戚擅权，嬖幸用事，赏罚无章，贿赂公行，贤愚浑袄，是非颠倒，可谓乱矣。然犹绵绵不至于亡者，上则有公卿大夫袁安[①]、杨震[②]、李固[③]、杜乔[④]、陈蕃、李膺之徒，面引廷争，用公义以扶其危；下则有布衣之士符融[⑤]、郭泰、范滂、许劭[⑥]之流，立私论以救其败。是以政治虽浊，而风俗不衰，至有触冒斧钺，僵仆于前，而忠义奋发，继起于后，随踵就戮，视死如归，夫岂特数子之贤哉？亦光武、明、章之遗化也。

当是之时，苟有明君作而振之，则汉氏之祚犹未可量也。不幸承陵夷颓敝之余，重以桓、灵之昏虐，保养奸回，过于骨肉；殄灭忠良，甚于寇仇。积多士之愤，蓄四海之怒。于是何进⑦召戎，董卓⑧乘衅，袁绍⑨之徒从而构难，遂使乘舆播越，宗庙丘墟，王室荡覆，烝民涂炭，大命陨绝，不可复救。然州郡拥兵专地者，虽互相吞噬，犹未尝不以尊汉为辞。以魏武之暴戾强伉，加有大功于天下，其蓄无君之心久矣，乃至没身不敢废汉而自立，岂其志之不欲哉？犹畏名义而自抑也。由是观之，教化安可慢，风俗安可忽哉！

【注释】

①袁安：汝阳（今河南商水县西北）人，字邵公。举孝廉，累拜楚郡太守，政号严明，和帝时，窦宪擅权，安与宪屡相难折，守正不移。

②杨震：宝子，字伯起。少好学，明经博览，诸儒称为"关西孔子"。年五十始举茂才，四迁荆州刺史，延光初为太尉。时乳母王氏及中常侍樊丰等更相扇动，震屡上疏切谏，丰等进谗言之，饮毒酒死。

③李固：字子坚。少博学，嘉阳初对策，顺帝多所采纳，即时出赵阿母还舍，诸常侍悉叩头谢罪，朝廷肃然。后为梁冀所害。

④杜乔：林虑（今河南林县）人，字叔荣，顺帝时上书切谏，不省。与梁冀忤，为冀所谮，死狱中。

⑤符融：浚仪（今河南开封市）人，字伟明。游太学，师事李膺。膺每见融，辄绝他宾客听其言论。融幅巾奋袖，谈辞如云，膺每捧手叹息，由是知名。公府连辟不应，以寿终。

⑥许劭：平舆（今河南汝南县东南）人，字子将。少峻名节，好核论乡党人物，每月辄更其品题，故汝南有月旦评。

⑦何进：宛（今河南南阳市）人，字遂高，官至太傅，以谋诛宦官，反为所害。

⑧董卓：临洮（今甘肃岷县）人，字仲颖。性粗猛有谋，灵帝时拜前将军。

帝崩，将兵入朝，废少帝，立献帝，弒何太后。袁绍等起兵讨卓，卓拥帝入长安，自为太师，凶暴滋甚。

⑨袁绍：字本初。灵帝时为佐军校尉，后据河北，为曹操所败，疾作而死。

汉中王即皇帝位论

天生烝民，其势不能自治，必相与戴君以治之。苟能禁暴除害以保全其生，赏善罚恶使不至于乱，斯可谓之君矣。是以三代之前，海内诸侯何啻万国？有民人社稷者，通谓之君。合万国而君之，立法度，班号令，而天下莫敢违者，乃谓之王。王德既衰，强大之国能帅诸侯以尊天子者，则谓之霸。故自古天下无道，诸侯力争，或旷世无王者，固亦多矣。秦焚书坑儒，汉兴，学者始推五德生胜，以秦为闰位，在木火之间，霸而不王，于是正闰之论兴矣。及汉室颠覆，三国鼎峙，晋氏失驭，五胡①云扰。宋、魏以降，南北分治，各有国史，互相排黜，南谓北为索虏②，北谓南为岛夷③。朱氏代唐，四方幅裂，朱邪④入汴，比之穷新⑤，运历年纪，皆弃而不数。此皆私己之偏辞，非大公之通论也。

臣愚诚不足以识前代之正闰，窃以为苟不能使九州合为一统，皆有天子之名，而无其实者也。虽华夏仁暴大小强弱，或时不同，要皆与古之列国无异，岂得独尊奖一国谓之正统，而其余皆为僭伪哉？若以自上相授受者为正邪，则陈氏⑥何所受？拓拔氏⑦何所受？若以居中夏者为正邪，则刘、石、慕容、苻、姚、赫连⑧所得之土，皆五帝三王之旧都也。若以有道德者为正邪，则蕞尔之国，必有令主，三代之季，岂无僻王？是以正闰之论，自古及今，未有能通其义，确然使人不可移夺者也。

臣今所述，止欲叙国家之兴衰，著生民之休戚，使观者自择其善恶得失以为劝戒，非若《春秋》立褒贬之法，拨乱世反诸正也。正闰之际，非所敢知，但据其功业之实而言之。周、秦、汉、晋、隋、唐，皆尝混一九州，传祚于后，子孙虽微弱播迁，犹承祖宗之业，有绍复之望。四方与之争衡者，皆其故臣也，故全用天子之制以临之。其余地丑德齐⑨，莫能相壹，名号不异，本非君臣者，皆以列国之制处之。彼此均敌，无所抑扬，庶几不诬事实，近于至公。然天下离析之际，不可无岁时日月以识事之先后。

据汉传于魏，而晋受之；晋传于宋以至于陈，而隋取之；唐传于梁以至于周，而大宋承之。故不得不取魏、宋、齐、梁、陈、后梁、后唐、后晋、后汉、后周年号，以纪诸国之事，非尊此而卑彼，有正闰之辨也。昭烈之于汉，虽云中山靖王⑩之后，而族属疏远，不能纪其世数名位，亦犹宋高祖⑪称楚元王后，南唐烈祖⑫称吴王恪后，是非难辨。故不敢以光武及晋元帝为比，使得绍汉氏之遗统也。

【注释】

①五胡：匈奴、羯、鲜卑、氐、羌。

②索虏：亦称索头虏，以其编发为辫，故名。

③岛夷：海岛之夷。

④朱邪：朱温。

⑤穷新：王莽。

⑥陈氏：陈武帝霸先。

⑦拓拔氏：即魏道武帝拓跋珪。

⑧刘、石、慕容、符、姚、赫连：即刘渊、刘曜、石勒、慕容皝、慕容垂、符坚、姚苌、赫连勃勃。

⑨地丑德齐：丑，类。谓地相类而德相齐。

⑩中山靖王：汉景帝子刘胜。

⑪宋高祖：即刘裕，自称汉楚元王之后。

⑫南唐烈祖：即李绲，自称唐宪宗子李恪之后。

曹爽之难

大将军爽骄奢无度，饮食衣服，拟于乘舆，尚方①珍玩，充牣其家，又私取先帝才人以为伎乐，作窟室，绮疏四周，数与其党何晏②等纵酒其中。弟羲深以为忧，数涕泣谏止之，爽不听。爽兄弟数俱出游，司农沛国桓范③谓曰："总万机，典禁兵，不宜并出。若有闭城门，谁复内入者？"爽曰："谁敢尔邪！"

初，清河、平原④争界，八年不能决。冀州刺史孙礼⑤请天府所藏烈祖封平原时图以决之，爽信清河之诉，云图不可用。礼上疏自辨，辞颇刚切。爽大怒，劾礼怨望，结刑五岁。

久之复为并州刺史，往见太傅懿，有忿色而无言。懿曰："卿得并州，少邪？恚理分界失分乎？"礼曰："何明公言之乖也？礼虽不德，岂以官位往事为意邪？本谓明公齐踪伊、吕，匡辅魏室，上报明帝之托，下建万世之勋。今社稷将危，天下汹汹，此礼之所以不悦也。"因涕泣横流，懿曰："且止，忍不可忍！"

冬，河南尹李胜⑥出为荆州刺史，过辞太傅懿。懿令两婢侍，持衣，衣落；指口言渴，婢进粥，懿不持杯而饮，粥皆流出沾胸。胜曰："众情谓明公旧风发动，何意尊体乃尔？"懿使声气才属，说："年老枕疾，死在旦夕，君当屈并州，并州近胡，好为之备。恐不复相见，以子师、昭兄弟为托。"胜曰："当还忝本州，非并州。"懿乃错乱其辞曰："君方到并州？"胜复曰："当忝荆州。"懿曰；"年老意荒，不解君言。今还为本州，盛德壮烈，好建功勋。"胜退，告爽曰："司马公尸居余气，形神已离，不足虑矣。"他日，又向爽等垂泣曰："太傅病不可复济，令人怆然！"故爽等不复设备。

何晏闻平原管辂⑦明于术数，请与相见。正始九年十二月丙戌，辂往诣晏，晏与之论《易》。明邓飏⑧在坐，谓辂曰："君自谓善《易》，而语初不及《易》中辞义，何也？"辂曰："夫善《易》者不言《易》也。"晏含笑赞之曰："可谓要言不烦也。"因谓辂曰："试为作一卦，知位当至三公不？"又问："连梦青蝇数十来集鼻上，驱之不去，何也？"辂曰："昔元、凯⑨辅舜，周公佐周，皆以和惠谦恭，享有多福，此非卜筮所能明也。今君侯位尊势重，而怀德者鲜，畏威者众，殆非小心求福之道也。又鼻者天中之山，'高而不危，所以长守贵'。今青蝇臭恶而集之，位峻者颠，轻豪者亡，不可不深思也。愿君侯裒多益寡，非礼勿履，然后三公可至，青蝇可驱也。"飏曰："此老生之常谭！"辂曰："夫老生者见不生，常谭者见不谭。"辂还邑舍，具以语其舅，舅责辂言太切至，辂曰："与死人语，何足畏耶？"舅大怒，以辂为狂。

太傅懿阴与其子中护军师、散骑常侍昭谋诛曹爽。嘉平⑩元年，春，正月，甲午，帝谒高平陵⑪，大将军爽与弟中领军羲、武卫将军训、散骑常侍彦皆从。太傅懿以皇太后令闭诸城门，勒兵据武库，授兵出屯洛水浮桥。召司徒高柔⑫假节行大将军事，据爽营；太仆王观⑬行中领军事，据羲营。因奏爽罪恶于帝曰："臣昔从辽东还，先帝诏陛下、秦王及臣升御床，把臣臂，深以后事为念。臣言：'太祖、高祖亦属臣以后事，此自陛下所见，无所忧苦。万一有不如意，臣当以死奉明诏。'今大将军爽背弃顾命，败乱国典，内则僭拟，外则专权，破坏诸营，尽据禁兵，群官要职，皆置所亲。殿中宿卫，易以私人，根据盘互，纵恣日甚。又以黄门张当为都监，伺察至尊，离间二宫，伤害骨肉。天下汹汹，人怀畏惧，陛下便为寄坐，岂得久安？此非先帝诏陛下及臣升御床之本意也。臣虽朽迈，敢忘往言？太尉臣济等皆以爽为有无君之心，兄弟不宜典兵宿卫，奏永宁宫，皇太后令敕臣如奏施行。臣辄敕主者及黄门令：'罢爽、羲、训吏兵，以侯就第，不得逗留，以稽车驾。敢有稽留，便以军法从事。'臣辄力疾将兵屯洛水浮桥，伺察非常。"

爽得懿奏事，不通，迫窘不知所为。留车驾宿伊水南，伐木为鹿角⑭，发屯田兵数千人以为卫。懿使侍中高阳、许允及尚书陈泰⑮，说爽宜早自归罪，又使爽所信殿中校尉尹大目谓爽："唯免官而已，以洛水为誓。"泰，群之子也。初，爽以桓范乡里老宿，于九卿中特礼之，然不甚亲也。及懿起兵，以太后令召范，欲使行中领军。范欲应命，其子止之曰："车驾在外，不如南出。"范乃出，至平昌城门，城门已闭。门侯司蕃，故范举吏也。范举手中版示之，矫曰："有诏召我，卿促开门。"蕃欲求见诏书，范呵之曰："卿非我故吏耶？何以敢尔？"乃开之。范出城，顾谓蕃曰："太傅图逆，卿从我去！"蕃徒行不能及，遂避侧。懿谓蒋济⑯曰："智囊往矣。"济曰："范则智矣，然驽马恋栈豆，爽必不能用也。"范至，劝爽兄弟以天子诣许昌⑰，发四方兵以自辅。爽疑，未决。范谓羲曰："此事昭然，卿用读书何为邪？于今日卿等门户求贫贱，复可得乎？且匹夫质一人尚欲望活，卿天子相随，令于天下，谁敢不应也？"俱不言。范又谓羲曰："卿别营近在阙南，洛阳典农治在城外，呼召如意。今诣许昌，不过中宿。许昌别库足相被假，所忧当在谷食，而大司农印章在我身。"羲兄弟默然不从，自甲夜至五鼓，爽乃投刀于地，曰："我亦不失作富家翁！"

范哭曰："曹子丹佳人，生汝兄弟，犊犊耳！何图今日坐汝等族灭也！"爽乃通懿奏事，白帝下诏免己官，奉帝还宫。

爽兄弟归家，懿发洛阳吏卒围守之。四角作高楼，令人在楼上察视爽兄弟举动。爽挟弹到后园中，楼上便唱言："故大将军东南行。"爽愁闷不知为计。戊戌，有司奏："黄门张当私以所择才人与爽，疑有奸。"收当付廷尉，考实，辞云："爽与尚书何晏、邓飏、丁谧[18]、司隶校尉毕轨[19]、荆州刺史李胜等，阴谋反逆，须三月中发。"于是收爽、羲、训、晏、飏、谧、轨、胜并桓范，皆下狱，劾以大逆不道，与张当俱夷三族。

初，爽之出也，司马鲁芝[20]留在府。闻有变，将营骑斫津门出赴爽。及爽解印绶将出，主簿杨综止之，曰："公挟主握权，舍此以至东市乎？"有司奏收芝、综治罪，太傅懿曰："彼各为其主也，宥之！"顷之，以芝为御史中丞，综为尚书郎。鲁芝将出，呼参军辛敞[21]欲与俱去。敞，毗之子也，其姊宪英为太常羊耽妻。敞与之谋曰："天子在外，太傅闭城门，人云将不利国家，于事可得尔乎？"宪英曰："以吾度之，太傅此举不过以诛曹爽耳。"敞曰："然则事就乎？"宪英曰："得无殆就。爽之才，非太傅之偶也。"敞曰："然则敞可以无出乎？"宪英曰："安可以不出？职守，人之大义也。凡人在难，犹或恤之；为人执鞭而弃其事，不祥莫大焉。且为人任，为人死，亲昵之职也。从众而已！"敞遂出。事定之后，敞叹曰："吾不谋于姊，几不获于义！"

先是，爽辟王沈及太山羊祜[22]，沈劝祜应命，祜曰："委质事人，复何容易！"沈遂行。及爽败，沈以故吏免，乃谓祜曰："吾不忘卿前语。"祜曰："此非始虑所及也。"爽从弟文叔妻夏侯令女，早寡而无子，其父文宁欲嫁之。令女刀截两耳以自誓，居常依爽。爽诛，其家上书绝昏，强迎以归，复将嫁之。令女窃入寝室，引刀自断其鼻。其家惊惋，谓之曰："人生世间，如轻尘栖弱草耳，何至自苦乃尔？且夫家夷灭已尽，守此欲谁为哉？"令女曰："吾闻'仁者不以盛衰改节，义者不以存亡易心'。曹氏前盛之时，尚欲保终；况今衰亡，何忍弃之？此禽兽之行，吾岂为乎！"司马懿闻而贤之，听使乞子字养为曹氏后。

何晏等方用事，自以为一时才杰，人莫能及。晏尝为名士品目，曰："惟深也，故能通天下之志，夏侯泰初[23]是也。惟几也，故能成天下之务，司马子元^㉔是也。惟神也，不疾而速，不行而至，吾闻其语，未见其人。"盖欲以神况诸己也。选部郎刘陶，晔之子也，少有口辩，邓飏之徒称之以为伊、吕。陶尝谓傅玄曰："仲尼不圣！何以知之？智者于群愚，如弄一丸于掌中；而不能得天下，何以为圣？"玄不复难，但语之曰："天下之变无常也，今见卿穷！"及曹爽败，陶退居里舍，乃谢其言之过。管辂之舅谓辂曰："尔前何以知何、邓之败？"辂曰："邓之行步，筋不束骨，脉不制肉，起立倾倚，若无手足，此为鬼躁。何之视候，则魂不守宅，血不华色，精爽烟浮，容若槁木，此为鬼幽。二者皆非遐福之象也。"何晏性自喜，粉白不去手，行步顾影。尤好老、庄之书，与夏侯玄、荀粲^㉕及山阳王弼^㉖之徒，竞为清谈，祖尚虚无，谓六经为圣人糟粕。由是天下士大夫争慕效之，遂成风流，不可复制焉。

【注释】

①尚方：官名，主作禁器物。

②何晏：何进孙，字平叔。性自喜，行步顾影，美姿仪而绝白。有《论语集解》传世。

③桓范：沛国（今安徽濉溪县西北）人，字元则，有文学，正始中拜大司农，以清省称。

④清河、平原：二郡名，在今河北、山东二省境。

⑤孙礼：容城（今河北容城县西北）人，字德达。

⑥李胜：南阳（今河南省西南部一带）人，字公昭。有才智。明帝以其浮华，抑黜之，曹爽任为心腹。

⑦管辂：字公明，年八九岁，便喜仰视星辰，及成人，风角占相之道，无不精微。体性宽大，每欲以德报怨。

⑧邓飏：南阳（今河南西南部）人，邓禹之后人，字玄茂。为人浮华而好货。

⑨元、凯：谓八元、八凯。

⑩嘉平：三国魏废帝年号。

⑪高平陵：魏明帝陵。在洛阳东南大石山。

⑫高柔：圉（今河南杞县）人，字文惠。

⑬王观：廪丘（今山东范县东南）人，字伟台。治身清素，所在称治。

⑭鹿角：旧时阵地营寨守卫的工事。

⑮陈泰：群子，字玄伯。为人沉勇能断，后征尚书仆射。高贵乡公被弑，泰枕帝于股，号哭尽哀，呕血而卒，谥穆。

⑯蒋济：平阿（今安徽怀远县西南）人，字子通。

⑰许昌：县名，故城在今河南许昌东。

⑱丁谧：斐子，字彦靖。为人外似疏略，而内多忌。

⑲毕轨：东平（今山东东平东）人，字昭先。

⑳鲁芝：字世英。曹爽辅政，引为司马，屡有谠言嘉谋，爽弗能纳。

㉑辛敞：字泰雍。

㉒羊祜：泰山（今山东泰安东北）南城人，字叔子。

㉓夏侯泰初：名玄，曹爽姑子。司马懿权重，他谋诛之，事泄，夷三族，玄规格局度，负一时重名，临斩东市，颜色不变，举动自若。

㉔司马子元：名师，懿长子。

㉕荀粲：字奉倩。

㉖王弼：山阳（今江苏淮安）人，字辅嗣。少知名，好论儒道。

谢玄肥水破秦之战

晋太元①八年，七月，秦王坚下诏大举入寇，民每十丁遣一兵，其良家子年二十已下有材勇者，皆拜羽林郎。又曰："其以司马昌明为尚书左仆射，谢安②为吏部尚书，桓冲③为侍中。势还不远，可先为起第。"良家子至者三万余骑，拜秦州主簿赵盛之为少年都统。是时朝臣皆不欲坚行。独慕容垂④、姚苌⑤及良家子劝之。阳平公融⑥言于坚曰："鲜卑羌虏，我之仇雠，常思风尘之变以逞其志，所陈策画，何可从也？良家少年，皆富饶子弟，不闲军旅，苟为谄谀之言，以会陛下之意。今陛下信而用之，轻举大事，臣恐功既不成，仍有后患，悔无及也！"坚不听。

八月，戊午，坚遣阳平公融督张蚝、慕容垂等步骑二十五万为前锋，以兖州刺史姚苌为龙骧将军，督益、梁州诸军事。坚谓苌曰："昔朕以龙骧建业，未尝轻以授人，卿其勉之！"左将军窦冲曰："王者无戏言，此不祥之征也！"坚默然。慕容楷、慕容绍言于慕容垂曰："主上骄矜已甚，叔父建中兴之业，在此行也。"垂曰："然。非汝，谁与成之？"甲子，坚发长安，戎卒六十余万，骑二十七万，旗鼓相望，前后千里。九月，坚至项城，凉州之兵始达咸阳，蜀、汉之兵方顺流而下，幽、冀之兵至于彭城。东西万里，水陆齐进，运漕万艘。阳平公融等兵三十万，先至颍口⑦。

诏以尚书仆射谢石⑧为征虏将军、征讨大都督，以徐、兖二州刺史谢玄⑨为前锋都督，与辅国将军谢琰、西中郎将桓伊⑩等众共八万拒之，使龙骧将军胡彬以水军五千援寿阳⑪。琰，安之子也。

是时，秦兵既盛，都下震恐。谢玄入，问计于谢安，安夷然答曰："已别有旨。"既而寂然，玄不敢复言。乃令张玄重请，安遂命驾出游山墅，亲朋毕集，与玄围棋赌墅。安棋常劣于玄，是日玄惧，便为敌手，而又不胜。安遂游陟，至夜乃还。桓冲深以根本为忧，遣精锐三千人卫京师，谢安固却之，曰："朝廷处分已定，兵甲无阙，西藩宜留以为防。"冲对佐吏叹曰："谢安石有庙堂之量，不闲将略。今大敌垂至，方游谈不暇，遣诸不经事少年拒之，众又寡弱。天下事已可知，吾其左衽矣！"

冬，十月，秦阳平公融等攻寿阳。癸酉，克之，执平虏将军徐元喜等。融以其参军河南郭褒为淮南太守。慕容垂拔郧城⑫。胡彬闻寿阳陷，退保硖石⑬，融进攻之。秦卫将军梁成等帅众五万屯于洛涧⑭，栅淮以遏东兵。谢石、谢玄等去洛涧二十五里而军，惮成不敢进。胡彬粮尽，潜遣使告石等曰："今贼盛粮尽，恐不复见大军。"秦人获之，送于阳平公融，融驰使白秦王坚曰："贼少易擒，但恐逃去，宜速赴之。"坚乃留大军于项城，引轻骑八千，兼道就融于寿阳。遣尚书朱序⑮来说谢石等，以为强弱异势，不如速降。序私谓石等曰："若秦百万之众尽至，诚难与为敌。今乘诸军未集，宜速击之。若败其前锋，则彼已夺气，可遂破也。"石闻坚在寿阳，甚惧，欲不战以老秦师。谢琰劝石从序言。

十一月，谢玄遣广陵相刘牢之⑯帅精兵五千趣洛涧。未至十里，梁成阻涧为阵以待之。牢之直前渡水击成，大破之，斩成及弋阳太守王咏，又分兵断其归津。秦步骑崩溃，争赴淮水，士卒死者万五千人。执秦扬州刺史王显等，尽收其器械军实。

于是谢石等诸军水陆继进。秦王坚与阳平公融登寿阳城望之，见晋兵部阵严整，又望见八公山[17]上草木，皆以为晋兵，顾谓融曰："此亦劲敌，何谓弱也！"怃然始有惧色。秦兵逼肥水而陈，晋兵不得渡。谢玄遣使谓阳平公融曰："君悬军深入，而置陈逼水，此乃持久之计，非欲速战者也。若移陈少却，使晋兵得渡以决胜负，不亦善乎？"秦诸将皆曰："我众彼寡，不如遏之，使不得上，可以万全。"坚曰："但引兵少却，使之半渡，我以铁骑蹙而杀之，蔑不胜矣。"融亦以为然，遂麾兵使却。秦兵遂退，不可复止。谢玄、谢琰、桓伊等引兵渡水击之。融驰骑略陈，欲以帅退者，马倒，为晋兵所杀，秦兵遂溃。玄等乘胜追击，至于青冈。秦兵大败，自相蹈藉而死者，蔽野塞川。其走者闻风声鹤唳，皆以为晋兵且至。昼夜不敢息，草行露宿。重以饥冻，死者什七八。

初，秦兵少却，朱序在陈后呼曰："秦兵败矣！"众遂大奔。序因与张天锡、徐元喜皆来奔。获秦王坚所乘云母车，及仪服器械军资珍宝，不可胜数。复取寿阳，执其淮南太守郭褒。坚中流矢，单骑走至淮北，饥甚，民有进壶飧豚髀者，坚食之，赐帛十匹，绵十斤，辞曰："陛下厌苦安乐，自取危困。臣为陛下子，陛下为臣父，安有子饲其父而求报乎？"弗顾而去。坚谓张夫人[18]曰："吾今复何面目治天下乎！"潸然流涕。

是时，诸军皆溃，惟慕容垂所将三万人独全，坚以千余骑赴之。世子宝[19]言于垂曰："家国倾覆，天命人心皆归至尊，但时运未至，故晦迹自藏耳。今秦主兵败，委身于我，是天借之便，以复燕祚，此时不可失也。愿不以意气微恩忘社稷之重！"垂曰："汝言是也。然彼以赤心投命于我，若之何害之？天苟弃之，不患不亡。不若保护其危以报德，徐俟其衅而图之，既不负宿心，且可以义取天下。"奋威将军慕容德[20]曰："秦强而并燕，秦弱而图之，此为报仇雪耻，非负宿心也，兄奈何得而不取，释数万之众以授人乎！"垂曰："吾昔为太傅所不容，置身无所，逃死于秦，秦主以国士遇我，恩礼备至。后复为王猛[21]所卖，无以自明，秦王独能明之。此恩何可忘也？若氏运必穷，吾当怀集关东，以复先业耳，关西会非吾有也。"冠军行参军赵秋曰："明公当绍复燕祚，著于图谶。

今天时已至，尚复何待？若杀秦王，据邺都，鼓行而西，三秦亦非苻氏之有也。"垂亲党多劝垂杀坚，垂皆不从，悉以兵授坚。平南将军慕容暐^⑫屯郧城，闻坚败，弃其众遁去。至荥阳，慕容德复说暐起兵以复燕祚，暐不从。

谢安得驿书，知秦兵已败，时方与客围棋，摄书置床上，了无喜色，围棋如故。客问之，徐答曰："小儿辈遂已破贼。"既罢，还内，过户限，不觉屐齿之折。丁亥，谢石等归建康。得秦乐工，能习旧声，于是宗庙始备金石之乐。乙未，以张天锡为散骑常侍，朱序为琅琊^㉓内史。

【注释】

①太元：东晋孝武帝年号。

②谢安：谢尚从弟，字安石。少时神识沉敏，风宇条畅。以败苻坚功，拜太保，出镇广陵，疾笃还都卒。赠太傅，谥文靖。

③桓冲：桓彝第五子，字幼。

④慕容垂：皝第五子，字道明。为太傅慕容评所谮，惧诛，奔苻坚，封宾都侯。坚为晋败，遂叛秦，称帝于中山。

⑤姚苌：弋仲第二十四子，字景茂。少聪哲多权略，兄襄死，率诸弟降坚。及坚败，奔渭北，自称秦王。败秦兵，执杀苻坚于五将山，取长安，僭称帝。国号大秦。

⑥阳平公融：即苻融，苻坚季弟，字博休。有将略，好施爱士。

⑦颍口：地名，今安徽颍上县东南之西正阳镇。

⑧谢石：万弟，字石奴，以败苻坚功。迁尚书令，封南康郡公。

⑨谢玄：谢奕子，字幼度。少颖悟，及长，有经国才略。

⑩桓伊：桓宣族子，字叔夏，有武干。

⑪寿阳：即寿春，晋时避讳，改春为阳，名为寿阳，今安徽寿县。

⑫郧城：今湖北安陆市境。

⑬硖石：今河南孟津西。

⑭洛涧：水名，今安徽洛河。

⑮朱序：义阳（今河南新野南）人，字次伦。世为名将，兴宁中为梁州刺史，镇襄阳。苻坚遣将来攻，城陷，被执。

⑯刘牢之：彭城（今江苏徐州市）人，字道坚。沉毅多计画，其军百战百胜，号北府兵。

⑰八公山：今安徽省淮南市西。

⑱张夫人：符坚妻。明辨有才识，坚将入寇江左，张氏切谏，不听。及坚死，自杀。

⑲世子宝：慕容垂第四子。少轻果无志操，及为太子，砥砺自修。

⑳慕容德：皝少子，字元明。

㉑王猛：剧（今山东寿光南）人，字景略，少贫贱，博学好兵书，隐居华山。桓温入关，猛被谒诣之，谈当世之务，扪虱而谈，旁若无人。后事符坚为丞相，秦日强盛，削平诸国，封清河郡侯。

㉒慕容暐：俊三子，字景茂。

㉓琅琊：郡名，今山东新泰市；一说为今山东临沂县。

魏灭北凉

宋文帝元嘉七年，冬，十一月，河西王蒙逊遣尚书郎宗舒等人贡于魏。魏主与之宴; 执崔浩①之手以示舒等曰："汝所闻崔公，此则是也。才略之美，于今无比，朕动止咨之，豫陈成败，若合符契，未尝失也。"

八年，秋八月，乙酉，河西王蒙逊遣子安周入侍于魏。九月，魏主欲选使者诣河西，崔浩荐尚书李顺②。乃以顺为太常，拜河西王蒙逊为侍中、都督凉州、西域、羌戎诸军事、太傅、行征西大将军、凉州牧、凉王，王武威、张掖、敦煌、酒泉、西海、金城、西平七郡，册曰："盛衰存亡，与魏升降。北尽穷发③，南极庸岷④，西被崐岭⑤，东至河曲⑥。王实征之，以夹辅皇室。"置将相群卿百官，承制假授，建天子旌旗，出入警跸，如汉初诸侯王故事。

九年，冬十二月，魏李顺复奉使至凉。凉王蒙逊遣中兵校郎杨定归谓顺曰："年衰多疾，腰髀不随，不堪拜伏。比三五日消息小差，当相见。"顺曰："王之老疾，朝廷所知，岂得自安不见诏使？"明日，蒙逊延顺入至庭中，蒙逊箕坐隐几，无动起之状。顺正色大言曰："不谓此叟无礼乃至于此！今不忧覆亡，而敢陵侮天地，魂魄逝矣，何用见之？"握节将出，凉王使定归追止之，曰："太常既雅恕衰疾，传闻朝廷有不拜之诏，是以敢自安耳。"顺曰："齐桓公九合诸侯，一匡天下，周天子赐胙，命无下拜，桓公犹不敢失臣礼，下拜登受。今王虽功高，未如齐桓，朝廷虽相崇重，未有不拜之诏。而遽自偃蹇，此岂社稷之福邪？"蒙逊乃起拜受诏。使还，魏主问以凉事。顺曰："蒙逊控制河右逾三十年，经涉艰难，粗识机变，绥集荒裔，群下畏服。虽不能贻厥孙谋，犹足以终其一世。然礼者德之舆，敬者身之基也。蒙逊无礼不敬，以臣观之，不复年矣。"魏主曰："易世之后，何时当灭？"顺曰："蒙逊诸子，臣略见之，皆庸才也。如闻敦煌太守牧犍器性粗立，继蒙逊者，必此人也。然比之于父，皆云不及，此殆天之所以资圣明也。"魏主曰："朕方有事东方，未暇西略，如卿所言，不过数年之外，不为晚也。"

初，罽宾⑦沙门昙无谶⑧，自云能使鬼治病，且有秘术。凉王蒙逊甚重之，谓之圣人，诸女及子妇皆往受术。魏主闻之，使李顺往征之。蒙逊留不遣，仍杀之。魏主由是怒凉。蒙逊荒淫猜虐，群下苦之。

十年，夏四月，凉王蒙逊病甚，国人共议以世子菩提幼弱，立菩提之兄敦煌太守牧犍为世子，加中外都督、大将军、录尚书事。蒙逊卒，谥曰武宣王，庙号太祖。牧犍即河西王位，大赦，改元永和。立子封坛为世子、加抚军大将军、录尚书事，遣使请命于魏。牧犍聪颖好学，和雅有度量，故国人立之。

先是，魏主遣李顺迎武宣王女为夫人，会卒，牧犍称先王遗意，遣左丞宋繇送其妹兴平公主于魏，拜右昭仪。魏主谓李顺曰："卿言蒙逊死，今则验矣，又言牧犍立，何其妙哉？朕克凉州，亦当不远。"于是赐绢十匹，厩马一乘，进号安西将军，宠待弥厚。政事无巨细，皆与之参议。遣顺拜牧犍都督凉、沙、河三州、西域羌戎诸军事、车骑将军、开府仪同三司、凉州刺史、河西王，以宋繇为河西王右相。牧犍以无功受赏，留顺，上表乞安平一号，优诏不许。牧犍尊敦煌刘昞⑨为国师，亲拜之，命官属以下皆北面受业。

十一年，夏四月，河西王牧犍遣使上表告嗣位。戊寅，诏以牧犍为都督凉、秦等四州诸军事，征西大将军、凉州刺史、河西王。

十二年，春正月，有老父投书于敦煌东门，求之不获，书曰："凉王三十年若七年。"河西王牧犍以问奉常⑩张慎，对曰："昔虢之将亡，神降于莘。愿陛下崇德修政以享三十之祚，若盘于游田，荒于酒色，臣恐七年将有大变。"牧犍不悦。

十四年，冬十一月，魏主以其妹武威公主妻河西王牧犍。河西王遣宋繇奉表诣平城⑪谢，且问其母及公主所宜称。魏主使群臣议之，皆曰："母以子贵，妻从夫爵。牧犍母宜称河西国太后，公主于其国称王后，于京师则称公主。"魏主从之。牧犍遣将军沮渠旁周入贡于魏。魏主遣侍中古弼⑫、尚书李顺赐其侍臣衣服，并征世子封坛如侍。是岁，牧犍遣封坛如魏。李顺自河西还，魏主问之曰："卿往年言取凉州之策，朕以东方有事未遑也。今和龙⑬已平，吾欲即以此年西征，可乎？"对曰："臣畴昔所言，以今观之，私谓不谬。然国家戎车屡动，士马疲劳，西征之议，请俟它年。"魏主乃止。

十六年，春三月，河西王牧犍通于其嫂李氏，兄弟三人传嬖之。李氏与牧犍之姊共毒魏公主，魏主遣解毒医乘传救之，得愈。魏主征李氏，牧犍不遣。厚资给，使居酒泉。魏每遣使者诣西域，常诏牧犍发导护送出流沙。使者自西域还至武威，牧犍左右有告魏使者曰："我君承蠕蠕⑭可汗妄言，云去岁魏天子自来伐我，士马疫死，大败而还，我擒其长弟乐平王丕。我君大喜，宣言于国。又闻可汗遣使告西域诸国，称魏已削弱，今天下唯我为强。若更有魏使，勿复供奉，西域诸国颇有二心。"使还，具以状闻。魏主遣尚书贺多罗使凉州观虚实。多罗还，亦言牧犍虽外修臣礼，内实乖悖。魏主欲讨之，以问崔浩。对曰："牧犍逆心已露，不可不诛。官军往年北伐，虽不克获，实无所损。战马三十万匹，计在道死伤不满八千，常岁赢死亦不减万匹。而远方乘虚，遽谓衰耗不能复振。今出其不意，大军猝至，彼必骇扰，不知所为，擒之必矣。"魏主曰："善，吾意亦以为然。"于是大集公卿议于西堂，弘农王奚斤等三十余人皆曰："牧犍西垂下国，虽心不纯臣，然继父位以来，职贡不乏。朝廷待以藩臣，妻以公主。今其罪恶未彰，宜加恕宥。国家新征蠕蠕，士马疲弊，未可大举。且闻其土地卤瘠，难得水草，大军既至，彼必婴城固守，攻之不拔，野无所掠，此危道也。"

初，崔浩恶尚书李顺。顺使凉州，凡十二返，魏主以为能。凉武宣王数与顺游宴，对其群下时为骄慢之语，恐顺泄之，随以金宝纳于顺怀，顺亦为之隐。浩知之，密以白魏主。魏主未之信。及议伐凉州，顺与尚书古弼皆曰："自温圉水以西至姑臧[15]，地皆枯石，绝无水草。彼人言姑臧城南天梯山上，冬有积雪，深至丈余，春夏消释，下流成川，居民引以溉灌。彼闻军至，决此渠口，水必乏绝，环城百里之内，地不生草，人马饥渴，难以久留，斤等之议是也。"魏主乃命浩与斤等相诘难，众无复它言，但云彼无水草。浩曰："《汉书·地理志》称凉州之畜，为天下饶。若无水草，畜何以蕃？又汉人终不于无水草之地筑城郭，建郡县也。且雪之消释，仅能敛尘，何得通渠溉灌乎？此言大为欺诬矣。"李顺曰："耳闻不如目见，吾尝目见，何可共辩？"浩曰："汝受人金钱，欲为之游说，谓我目不见便可欺邪！"帝隐听闻之，乃出见斤等，辞色严厉，群臣不敢复言，唯唯而已。群臣既出，振威将军代人伊馛[16]言于帝曰："凉州若果无水草，彼何以为国，众议皆不可用，宜从浩言。"帝善之。

夏，五月，丁丑，魏主治兵于西郊。六月，甲辰，发平城。使侍中宜都王穆寿辅太子晃监国，决留台事，内外听焉。又使大将军长乐王嵇敬、辅国大将军建宁王崇将二万人屯漠南，以备柔然[17]。命公卿为书，以让河西王牧犍，数其十二罪，且曰："若亲帅群臣，委贽远迎，谒拜马首，上策也。六军既临，面缚舆榇[18]，其次也。若守迷穷城，不时悛悟，身死族灭，为世大戮。宜思厥中，自求多福。"魏主自云中[19]济河。七月，己巳，至上郡属国城。壬午，留辎重，部分诸军，使抚军大将军永昌王健、尚书令刘絜与常山王素为前锋，两道并进。骠骑大将军乐平王丕、太宰阳平王杜超为后继，以平西将军源贺[20]为乡导。魏主问贺以取凉州方略，对曰："姑臧城旁有四部鲜卑，皆臣祖父旧民，臣愿处军前，宣国威信，示以祸福，必相帅归命。外援既服，然后取其孤城，如反掌耳。"魏主曰："善。"

八月，甲午，永昌王健获河西畜产二十余万。河西王牧犍闻有魏师，惊曰："何为乃尔？"用左丞姚定国计，不肯出迎。求救于柔然，遣其弟征南大将军董来将兵万余人，出战于城南，望风奔溃。刘絜用卜者言，以为日辰不利，敛兵不追。董来遂得入城，魏主由是怒之。丙申，魏主至姑臧，遣使谕牧犍令出降。牧犍闻柔然欲入魏边为寇，冀幸魏主东还，遂婴城固守。其兄子祖逾城出降，魏主具知其情，乃分军围之。源贺引兵招慰诸部下三万余落，故魏主得专攻姑臧，无复外虑。魏主见姑臧城外水草丰饶，由是恨李顺，谓崔浩曰："卿之昔言，今果验矣。"对曰："臣之言，不敢不实，类皆如此。"魏主之将伐凉州也，太子晃亦以为疑。至是，魏主赐太子诏曰："姑臧城西门外，涌泉合于城北，其大如河，自余沟渠流入漠中，其间乃无燥地，故有此敕以释汝疑。"九月，丙戌，河西王牧犍兄子万年帅所领降魏。姑臧城溃，牧犍帅其文武五千人面缚请降。魏主释其缚而礼之，收其城内户口二十余万，仓库珍宝不可胜计。使张掖王秃发保周、龙骧将军穆罴、安远将军源贺分徇诸郡，杂胡降者又数十万。

初，牧犍以其弟无讳为沙州刺史、都督建康以西诸军事、领酒泉太守，宜得为秦州刺史、都督丹岭以西诸军事、领张掖太守，安周为乐都太守，从弟唐儿为敦煌太守。及姑臧破，魏主遣镇南将军代人奚眷击张掖，镇北将军封沓击乐都，宜得烧仓库，西奔酒泉，安周南奔吐谷浑[21]，封沓掠数千户而还。奚眷进攻酒泉，无讳、宜得收遗民奔晋昌，遂就唐儿于敦煌。魏主使弋阳公元絜守酒泉，及武威、张掖，皆置将守之。魏主置酒姑臧，谓群臣曰："崔公智略有余，吾不复以为奇。伊馥弓马之士，而所见乃与崔公同，此深可奇也。"

冬，十月，辛酉，魏主东还，留乐平王丕及征西将军贺多罗镇凉州，徙沮渠牧犍宗族及吏民三万户于平城。

【注释】

①崔浩：崔宏长子，字伯渊。少好学，博览经史。初官博士祭酒，恒与经国大谋，未几进爵东郡公，拜太常卿。时议伐赫连昌，击蠕蠕，朝臣尽不欲行，浩赞成之。大军既还，加侍中，特进、抚军大将军。

②李顺：字德正。博涉经史，有才策。

③穷发：极北不毛之地。

④庸岷：岷山山脉。

⑤崑岭：即昆仑山脉。

⑥河曲：指今内蒙古自治区和宁夏回族自治区境内贺兰山以东、狼山和大青山南、黄河沿岸地区。

⑦罽宾：国名，今克什米尔一带之地。

⑧昙无谶：高僧，幼出家，聪敏出众。年二十，诵大、小乘经二百余万言，明解咒术，所向皆验。

⑨刘昞：敦煌（今甘肃敦煌市西）人，字延明。隐居酒泉，受业者五百余人，西凉李㫤，北凉沮渠蒙逊俱敬礼之，号"玄处先生"。

⑩奉常：官名，为九卿之一。

⑪平城：今山西大同市东北。

⑫古弼：代（今山西北部内长城内侧、滹沱河上游）人。少忠谨，善骑射，以功赐爵灵寿侯。

⑬和龙：地名，即龙城，今辽宁朝阳市。

⑭蠕蠕：国名，即柔然。

⑮姑臧：县名，今甘肃武威县治。

⑯伊馛：代（今山西北部长城内侧、滹沱河上游）人，性忠谨，勇健善射，走及奔马。凉州之役，赞助军谋。为政举大纲，不为苛碎。

⑰柔然：种族名，北狄之一。初属拓跋氏，至社仑为可汗，统领内外蒙古，后灭于突厥。

⑱面缚舆榇：面缚者，缚手于背而面向前。舆榇者，置棺于舆，自明有死罪。

⑲云中：郡名，今内蒙古托克托县附近地。

⑳源贺：西平（今青海省西宁市）人。伟容貌，善风仪。奔魏，魏赐姓源氏。本名破羌，为易曰贺，为人勇果，善抚士卒。

㉑吐谷浑：国名，今青海及四川松潘县皆其故地。

高欢沙苑之战

大同①三年，闰九月，东魏丞相欢②将兵二十万自壶口③趣蒲津④，使高敖曹将兵三万出河南。时关中饥，魏丞相泰⑤所将将士不满万人，馆谷于恒农⑥五十余日，闻欢将济河，乃引兵入关。高敖曹遂围恒农。欢右长史薛琡[7]言于欢曰："西贼连年饥馑，故冒死来入陕州，欲取仓粟。今敖曹已围陕城，粟不得出。但置兵诸道，勿与野战，比及麦秋，其民自应饿死，宝炬[8]、黑獭何忧不降？愿勿渡河！"侯景曰："今兹举兵，形势极大，万一不捷，猝难收敛。不如分为二军，相继而进，前军若胜，后军全力；前军若败，后军承之。"欢不从，自蒲津济河。

丞相泰遣使戒华州刺史王罴[9]，罴语使者曰："老罴当道卧，貕子那得过！"欢至冯翊城下，谓罴曰："何不早降！"罴大呼曰："此城是王罴冢，死生在此！欲死者来。"欢知不可攻，乃涉洛，军于许原西。泰至渭南，征诸州兵，皆未会，欲进击欢，诸将以众寡不敌，请待欢更西以观其势。泰曰："欢若至长安，则人情大扰，今及其远来新至，可击也。"即造浮桥于渭，令军士赍三日粮，轻骑度渭，辎重自渭南夹渭而西。

冬，十月，壬辰，泰至沙苑[10]，距东魏军六十里。诸将皆惧，宇文深[11]独贺，泰问其故，对曰："欢镇抚河北，甚得众心，以此自守，未易可图。今悬师渡河，非众所欲。独欢耻失窦泰[12]，愎谏而来，所谓忿兵，可一战擒也。事理昭然，何为不贺？愿假深一节，发王罴之兵邀其走路，使无遗类！"

泰遣须昌[13]县公达奚武[14]觇欢军，武从三骑，皆效欢将士衣服。日暮，去营数百步下马，潜听，得其军号。因上马历营，若警夜者，有不如法，往往挞之。具知敌之情状而还。

欢闻泰至，癸巳，引兵会之，候骑告欢军且至，泰召诸将谋之。开府仪同三司李弼[15]曰："彼众我寡，不可平地置阵。此东十里有渭曲，可先据以待之。"泰从之，背水东西为阵，李弼为右拒，赵贵[16]为左拒，命将士皆偃戈于苇中，约闻鼓声而起。

晡时，东魏兵至渭曲。都督太安斛律羌举[17]曰："黑獭举国而来，欲一死决，譬如猘狗，或能噬人，且渭曲苇深土泞，无所用力。不如缓与相持，密分精锐径掩长安。巢穴既倾，则黑獭不战成擒矣！"欢曰："纵火焚之，何如？"侯景曰："当生擒黑獭以示百姓，若众中烧死，谁复信之？"彭乐[18]盛气请斗，曰："我众贼寡，百人擒一，何忧不克！"欢从之。东魏兵望见魏兵少，争进击之，无复行列。兵将交，丞相泰鸣鼓，士皆奋起。于谨[19]等六军与之合战，李弼帅铁骑横击之，东魏兵中绝为二，遂大破之。李弼弟檦身小而勇，每跃马陷阵。隐身鞍马之中，敌见皆曰："避此小儿。"泰叹曰："胆决如此，何必八尺之躯！"征虏将军武川耿令贵杀伤多，甲裳尽赤，泰曰："观其甲裳，足知令贵之勇，何必数级！"彭乐乘醉深入魏阵，魏人刺之，肠出，内之复战。丞相欢欲收兵更战，使张华原以簿历营点兵，莫有应者。还白欢曰："众尽去，营皆空矣！"欢犹未肯去，阜城侯斛律金[20]曰："众心离散，不可复用，宜急向河东。"欢据鞍末动，金以鞭拂马，乃驰去。夜渡河，船去岸远，欢跨橐驼就船，乃得渡。丧甲士八万人，弃铠仗十有八万。丞相泰追欢至河上，选留甲士二万余人，余悉纵归。

都督李穆曰："高欢破胆矣，速追之，可获！"泰不听，还军渭南。所征之兵甫至，乃于战所人植柳一株，以旌武功。

侯景言于欢曰："黑獭新胜而骄，必不为备。愿得精骑二万，径往取之。"欢以告娄妃[21]，妃曰："设如其言，景岂有还理？得黑獭而失景，何利之有？"欢乃止。魏加丞相泰柱国大将军，李弼等十二将皆进爵增邑有差。高敖曹闻欢败，释恒农，退保洛阳。

【注释】

①大同：梁武帝年号。

②东魏丞相欢：高欢。字贺六浑。初事葛荣，为亲信都督。尔朱兆弑魏孝庄帝，欢起兵讨兆，灭之，拥立孝武帝，欢为丞相，专权，帝西走依宇文泰，欢别立孝静帝，由是魏分东西，欢仕东魏，与西魏宇文泰相攻战。

③壶口：山名，今山西境内。

④蒲津：黄河津渡处，在今山西永济市西。

⑤魏丞相泰：宇文泰，武川（今内蒙古武川西南）人，小名黑獭。仕于后魏，为关西大都督。

⑥恒农：郡名，今河南汲县治。

⑦薛琡：字昙珍。高欢深礼遇之。当官剖断，敏速如流。然受纳货贿，曲法舞文，士民畏恶之。

⑧宝炬：西魏文帝名。

⑨王黑：霸城（今陕西西安市长安区东）人，字熊黑。性质直刚强，处物平当，州闾敬惮之。

⑩沙苑：地名，今陕西大荔县南。

⑪宇文深：测弟，字奴干，数岁便以草石作军阵之势，父永遇大喜，谓后日必为名将。孝武西迁，事起仓猝，人多逃散，深以都督领宿卫兵，抚循所部，并得入关。

⑫窦泰：大安郡捍殊（今山西寿阳县）人，字世宁。善骑射，有勇略，高欢为晋州守将，以泰为镇城都督，天平中与宇文泰战于小关，众尽没，泰遂自杀。

⑬须昌：县名，故城今山东东平县西北。

⑭达奚武：代（今山西代县）人，字成兴。

⑮李弼：襄平（今辽宁辽阳市北）人，字景和，后封赵国公。

⑯赵贵：赵善从弟，字元贵，少有气节。

⑰斛律羌举：太安人，少骁勇有胆力，初从尔朱兆，后归欢。

⑱彭乐：今宁夏固原人，字兴。骁勇善骑射。

⑲于谨：洛阳（今河南）人，字思敬，性深沉有识略，好孙子兵书，后封燕国公。

⑳斛律金：平弟，字阿六敦，性敦直，善骑谢，行兵用匈奴法，望尘识马足多少，嗅地知军度远近，累封咸阳郡王。

㉑娄妃：名昭君。强族多聘之，不肯行。及见高欢于城上执役，惊曰："此真吾夫也。"乃使婢致私财，使以聘己，父母不得已许之，天保初尊为皇太后。

子　部

《孔子家语》精华

子部

【著录】

　　《孔子家语》一书，古有两种。一为《汉书·艺文志》所著录的二十七卷本，作者不详。该书最晚至唐代已亡佚无存，后世学者只能从前此诸家所征引的只言片语中了解其部分内容。另外一种为流传至今的三国时期魏东海人王肃所收集和伪造的十卷本。王肃自称其书得自其师孔子之二十二世孙孔猛之手，而从该书的内容看，显然是杂取《论语》《左传》《国语》《荀子》《孟子》大小戴《礼记》《说苑》诸书中有关古代婚姻、丧祭、郊祭、庙祧等项制度以及孔子遗文轶事中与东汉大经学家郑玄主张不同者，借以驳难和抨击郑氏之学，并作为王肃本人所撰《圣证论》的论据。因此，后世学者多数认为该书为王肃之伪作，与《汉书·艺文志》所著录之二十七卷本无关。只因该书流传已久，且古代不少遗文轶事往往见于其中，所以自从唐代以来，人们虽知其伪而不能废。至明代，王肃之《孔子家语》又传为两种版本：福建徐𤩊家本和江苏毛晋家本。毛本与徐本内容稍有不同而首尾完整，且经校正，故清《四库全书》将其收录，这就是今所传版本。清人孙志祖、陈士珂对该书各有《疏证》，足资参考。该书虽为王肃作伪，但在客观上也使一些古文献及其佚文得以保存。另外，书中一些篇目具有一定文学价值和史料价值，弥足珍贵，值得拜读。

始诛 录一则

孔子为鲁大司寇①。有父子讼者,夫子同狴②执之,三月不别,其父请止,夫子赦之焉。季孙③闻之不悦,曰:"司寇欺余。曩告余曰国家必先以孝,余今戮一不孝以教民孝,不亦可乎? 而又赦,何哉?"

冉有④以告孔子,子喟然叹曰:"呜呼! 上失其道而杀其下,非理也。不教以孝而听其狱,是杀不辜。三军大败,不可斩也;狱犴不治,不可刑也。何者? 上教之不行,罪不在民故也。夫慢令谨诛,贼也;征敛无时,暴也;不试责成,虐也。政无此三者,然后刑可即也。《书》云:'义刑义杀,勿庸以即汝心。'惟曰未有慎事,言必教而后刑也。既陈道德以先服之,而犹不可,尚贤以劝之;又不可,即废之;又不可,然后以威惮之。若是三年,而百姓正矣。其有邪民不从化者,然后待之以刑,则民咸知罪矣。《诗》云:'天子是毗⑤,俾民不迷。'是以威厉而不试,刑错⑥而不用。今世则不然,乱其教,繁其刑,使民迷惑而陷焉,又从而制之,故刑弥繁而盗不胜也。夫三尺之限,空车不能登者,何哉? 峻故也。百仞⑦之山,重载陟焉,何哉? 陵迟⑧故也。今世俗之陵迟久矣,虽有刑法,民能勿逾乎?"

【注释】

①大司寇:官名,古代六卿之一,掌刑法狱讼,相当于后世的刑部尚书。

②同狴:关押囚犯的牢狱。同狴执之,即将其父子拘押于同一个牢狱中。

③季孙:鲁大夫,鲁国三家强大的新贵族势力之一。

④冉有:名求,孔子弟子,担任季氏宰,帮助季氏发展地主阶级新兴势力。

⑤毗:辅佐。

⑥刑错:错,通"措",搁置,中止使用。刑错,指无人犯罪,故刑法搁置不用。

⑦仞:古代长度单位,周制为八尺,汉制为七尺。

⑧陵迟:像丘陵一样缓延的斜坡,此处引申为衰落。

儒行解

孔子在卫，冉有言于季孙曰："国有圣人而不能用，欲以求治，是犹却步而欲求及前人，不可得已。今孔子在卫，卫将用之。己有才而以资邻国，难以言智也，请以重币延之。"季孙以告哀公①，哀公从之。

孔子既至舍，哀公馆焉。公自阼阶②，孔子宾阶，升堂立侍。公曰："夫子之服，其儒服与？"孔子对曰："丘少居鲁，衣逢掖③之衣，长居宋，冠章甫④之冠。丘闻之：君子之学也博，其服以乡俗，丘未知其为儒服也。"

公曰："敢问儒行。"孔子曰："略言之，则不能终其物；悉数之，则留更仆，未可以对。"

哀公命席，孔子侍坐，曰："儒有席上之珍以待聘，夙夜强学以待问，怀忠信以待举，力行以待取。其自立有如此者。儒有衣冠中，动作慎，大让如慢，小让如伪。大则如威，小则如愧。难进而易退也，粥粥⑤若无能也。其容貌有如此者。儒有居处齐难，其起坐恭敬，言必诚信，行必中正。道途不争险易之利，冬夏不争阴阳之和。爱其死以有待也，养其身以有为也。其备预有如此者。儒有不宝金玉而忠信以为宝，不祈土地而仁义以为土地，不求多积而多文以为富。难得而易禄也，易禄而难畜⑥也。非时不见，不亦难得乎？非义不合，不亦难畜乎？先劳而后禄，不亦易禄乎？其近人情如此者。儒有委之以货财不贪，而淹之以乐好而不淫，劫之以众而不惧，阻之以兵而不慑。见利不亏其义，见死不更其守。鸷虫攫搏不程其勇，引重鼎不程其力。往者不悔，来者不豫。过言不再，流言不极。不断其威，不习其谋。其特立有如此者。儒有可亲而不可劫，可近而不可迫，可杀而不可辱。其居处不过，其饮食不溽⑦，其过失可微辨，而不可面数也。其刚毅有如此者。儒有忠信以为甲胄，礼义以为干橹⑧。戴仁而行，抱义而处。虽有暴政，不更其所。其自守有如此者。儒有一亩之宫，环堵之室，筚门圭窬⑨，蓬户瓮牖⑩，易衣而出，并日而食。上答之不敢以疑，上不答之不敢以谄。其为任有如此者。儒有今人以居，古人以稽⑪，今世行之，后世以为楷。若不逢世，上所不援，下所不推，谗谄之民有比党而危之者，身可危也，其志不可夺也。虽危起居犹竟信其志，乃不忘百姓之病也。其忧思有如此者。儒有博学而不穷，笃行而不倦。礼必以和，优游以法。慕贤而容众，毁方而瓦合。其宽裕有如此者。儒有内称不辟亲，外举不辟怨。程力积事，不求厚禄；推贤达能，不望其报。君得其志，民赖其德，苟利国家，不求富贵。其举贤援能有如此者。儒有澡身浴德，陈言而伏，言而正之，上不知也，默而翘之，又不为急也。不临深而为高，不加少而为多。世治不轻，世乱不沮。同己不与，异己不非。其特立独行有如此者。儒有上不臣天子，下不事诸侯。慎静尚宽，砥砺廉隅⑫。强毅以与人，博学以知服。近文章，虽以分国，视如锱铢，弗肯臣仕。其规为有如此者。儒有合志同方，营道同术。并立则乐相下不厌，久别则闻流言不信。义同则进，不同则退。其交友有如此者。夫温良者，仁之本也。慎敬者，仁之地也。宽裕者，仁之作也。逊接者，仁之能也。礼节者，仁之貌也。言谈者，仁之文也。歌舞者，仁之和也。分散者，仁之施也。儒皆兼而有之，犹且不敢言仁也。其尊让有如此者。儒有不陨获⑬于贫贱，不充诎⑭于富贵，不溷君王，不累长上，不闵有司，故曰儒。今人之名儒也妄，常以儒相诟疾。"

【注释】

①哀公：春秋时鲁国国君，名蒋，定公子。

②阼阶：殿廷东阶。古殿前设东西两阶，无中间道。宾主相见，主人由东阶上下，宾客由西阶上下，才符合礼制。

③逢掖：指宽大的衣袖。逢，意为大，掖同"腋"。系古代儒者所穿。

④章甫：商代冠名，指黑布帽，男子成年时才可戴。传统解释，章甫即章明，能戴此帽，表明已成长为"丈夫"了。

⑤粥粥：柔弱貌。

⑥畜：意为容留。

⑦溽：意为浓厚。

⑧干橹：古代用以防身抵御兵刃的武器，小盾为干，大盾为橹。

⑨筚门圭窬：编荆竹为门，叫筚门，穿墙为小户，上尖下方，形状如圭，叫圭窬。形容居室简陋。

⑩蓬户瓮牖：编蓬草为户，谓蓬户；窗小如瓮口，谓瓮牖。形容家境寒微。

⑪稽：意为相合、一致。

⑫廉隅：器物的棱角，比喻人的品行端正，不改节操。

⑬陨获：困迫失志貌。

⑭充诎：又作充倔。喜悦、自满而失去节制。

五仪解　录二则

哀公问于孔子曰："寡人欲论鲁国之士，与之为治，敢问如何取之？"

孔子对曰："生今之世，志古之道；居今之俗，服古之服。舍此而为非者，不亦鲜乎？"

曰："然则章甫、绚履①、绅带、缙笏②者，贤人也。"

孔子曰："不必然也。丘之所言，非此之谓也。夫端衣玄裳③，冕而垂轩者，则志不在于食煮④；斩衰菅菲⑤，杖而啜粥者，则志不在酒肉。生今之世，志古之道，居今之俗，服古之服，谓此类也。"

公曰："善哉！尽此而已乎？"

孔子曰："人有五仪。有庸人，有士人，有君子，有贤人，有圣人。审此五者，则治道毕矣。"

公曰："敢问何如斯谓之庸人？"

孔子曰："庸人者，心不存慎终之规，口不吐训格之言；不择贤以托其身，不力行以自定；见小暗大，不知所务；从物如流，不知其所执；五凿⑥为正，心从而坏。此则庸人也。"

公曰："何谓士人？"

孔子曰："所谓士人者，心有所定，计有所守。虽不能尽通道术之本，必有率也；虽不能备百善之美，必有处也。是故知不务多，必审其所知；言不务多，必审其所谓；行不务多，必审其所由。知既知之，言既道之，行既由之，则若性命之形骸之不可易也。富贵不足以益，贫贱不足以损。此则士人也。"

公曰："何谓君子？"

孔子曰："所谓君子者，言必忠信而心不怨，仁义在身而色无伐，思虑通明而辞不专。笃行信道，自强不息，油然若将可越而终不可及者，君子也。"

公曰："何谓贤人？"

孔子曰："所谓贤人者，德不逾闲，行中规绳，言足以法于天下而不伤于身，道足化于百姓而不伤于本，富则天下无宛财，施则天下不病贫。此贤者也。"

公曰："何谓圣人？"

孔子曰："所谓圣人者，德合于天地，变通无方。穷万事之终始，协庶品之自然。明并日月，化行若神。下民不知其德，睹者不识其邻。此则圣人也。"

公曰："善哉。非子之贤，则寡人不得闻此言也。虽然，寡人生于深宫之内，长于妇人之手，未尝知哀，未尝知忧，未尝知劳，未尝知惧，未尝知危，恐不足以行五仪之教，若何？"

孔子对曰："如君之言，已知之矣，丘亦无所闻焉。"

公曰："非吾子寡人无以启其心，吾子言也。"

孔子曰："君子入庙如右，登自阼阶，仰视榱桷⑦，俯察几筵，其器皆存，而不睹其人。君以此思哀，则哀可知矣。昧爽⑧夙兴，正其衣冠，平旦视朝，虑其危难，一物失理，乱亡之端。君以此思忧，则忧可知矣。日出听政，至于中冥，诸侯子孙，往来如宾，行礼揖让，慎其威仪。君以此思劳，则劳可知矣。缅然长思，出于四门，周章⑨远望，亡国之墟，必将有数焉。君以此思惧，则惧可知矣。夫君者，舟也；庶人者，水也。水所以载舟，亦所以覆舟。君以此思危，则危可知矣。君能明此五者，又留意于五仪之事，则政治何有失矣！"

哀公问于孔子："请问取人之法。"孔子对曰："事任于官，无取捷捷，无取钳钳，无取啍啍。捷捷，贪也。钳钳，乱也。啍啍，诞也。故弓调而后求劲焉，马服而后求良焉，士必慤⑩而后求智能焉。不慤而多能，譬之豺狼不可迩。"

【注释】

①绚履：绚，鞋梁上穿结鞋带的孔。绚履，即结带之鞋。

②缙笏：古代朝会时所执手板称笏，缙笏，指插笏于袍带上。

③端衣玄裳：端衣，古代祭礼时所穿礼服；玄裳，赤黑色的衣服，也是祭礼时的礼服。

④食烹：食指肉食；烹，同熏，意指经过熏炙的食物。

⑤斩衰菅菲：斩衰，古代丧服中最重者，以粗麻布制作，不缝下边；菅菲，指草鞋。

⑥五凿：凿，即窍。五凿，即耳、目、口、鼻、心，谓之五窍。

⑦榱桷：屋椽，比喻担负重任之人。

⑧昧爽：天将明未明之时。

⑨周章：仓皇貌。

⑩悫：诚实谨慎。

致　　思　录二则

孔子北游于农山，子路、子贡、颜渊侍侧。孔子四望，喟然而叹曰："於斯致思，无所不至矣。二三子各言尔志，吾将择焉。"

子路进曰："由愿得白羽若月，赤羽若日。钟鼓之音，上震于天，旌旗缤纷①，下蟠于地。由当一队而敌之，必也攘地千里，搴旗执馘②。唯由能之，使二子者从我焉。"夫子曰："勇哉！"

子贡复进曰："赐愿使齐、楚合战于漭瀁③之野，两垒相望，尘埃相接，挺刃交兵。赐著缟衣白冠，陈说其间，推论利害，释二国之患。唯赐能之，使二子者从我焉。"夫子曰："辩哉！"

颜回退而不对。孔子曰："回，来，汝奚独无愿乎？"颜回对曰："文武之事，则二子者既言之矣，回何云焉？"孔子曰："虽然，各言尔志也，小子言之。"对曰："回闻薰、莸不同器而藏，尧、桀不共国而治，以其类异也。回愿明王圣主辅相之，敷其五教，道之以礼乐，使民城郭不修，沟池不越，铸剑戟以为农器，放牛马于源薮，室家无离旷之思，千岁无战斗之患。则由无所施其勇，而赐无所施其辩矣。"夫子凛然曰："美哉德也！"

子路抗手而问曰："夫子何选焉？"

孔子曰："不伤财，不害民，不繁词，则颜氏之子有矣。"

孔子适齐，中路闻哭者之声，其音甚哀。孔子谓其仆曰："此哭哀则哀矣，然非丧者之哀也。"驱而前，少进，见有异人焉，拥镰带索，哭音不哀。孔子下车，追而问曰："子何人也？"对曰："吾丘吾子也。"曰："子今非丧之所，奚哭之悲也？"丘吾子曰："吾有三失，晚而自觉，悔之何及！"曰："三失可得闻乎？愿子告吾无隐也。"丘吾子曰："吾少时好学，周遍天下，后还，丧吾亲，是一失也。长事齐君，君骄奢失士，臣节不遂，是二失也。吾平生厚交，而今皆离绝，是三失也。夫树欲静而风不停，子欲养而亲不待，往而不来者年也，不可再见者亲也。请从此辞。"遂投水而死。

孔子曰："小子识之，斯足为戒矣！"自是弟子辞归养亲者十有三。

【注释】

①旄旗缤纷：旄旗，以旄牛尾或鸟羽作竿饰的旗子。缤纷，形容繁盛。
②执馘：馘，截下的耳朵。古代凡杀敌乃割其左耳以献功，叫作执馘。
③漭瀁：形容广阔无际。

观　周　录一则

孔子观周，遂入太祖后稷①之庙堂。右阶之前有金人焉，三缄其口，而铭其背曰："古之慎言人也，戒之哉！无多言，多言多败。无多事，多事多患。安乐必戒，无行所悔。勿谓何伤，其祸将长。勿谓何害，其祸将大。勿谓不闻，神将伺人。焰焰不灭，炎炎若何。涓涓不壅，终为江河。绵绵不绝，或成网罗。毫末不札②，将寻斧柯。诚能慎之，福之根也。口是何伤？祸之门也。强梁③者不得其死，好胜者必遇其敌。盗憎主人，民怨其上。君子知天下之不可上也，故下之；知众人之不可先也，故后之。温恭慎德，使人慕之。执雌持下，人莫逾之。人皆取彼，我独守此。人皆惑之，我独不徙。内藏我智，不示人技。我虽尊高，人弗我害。谁能如此？江海虽左，长于百川，以其卑也。天道无亲，而能下人。戒之哉！"

孔子既读斯文也，顾谓弟子曰："小子识之，此言实而中，情而信。《诗》云：'战战兢兢，如临深渊，如履薄冰。'行身如此，岂以口过患哉？"

【注释】

①后稷：周王室的始祖，尧时为农师，舜时为后稷，十五传而至武王，夺取了天下。

②札：意为折断。

③强梁：意为强横。

颜　　回　　录一则

鲁定公问于颜回曰："子亦闻东野毕①之善御乎？"对曰："善则善矣，虽然，其马将必佚②。"定公色不悦，谓左右："君子固有诬人也。"颜回退。后三日，牧③来诉之曰："东野毕之马佚两骖④，曳两服⑤入于厩。"公闻之，越席而起，促驾召颜回。

回至，公曰："前日寡人问吾子以东野毕之御，而子曰'善则善矣，其马将佚'，不识吾子奚以知之？"颜回对曰："以政知之。昔者帝舜巧于使民，造父⑥巧于使马，舜不穷其民力，造父不穷其马力，是以舜无佚民，造父无佚马。今东野毕之御也，升马执辔，衔体正矣；步骤驰骋，朝礼毕矣；历险致远，马力尽矣。然而犹乃求马不已，臣以此知之。"公曰："善哉若吾子之言也！吾子之言其义大矣！愿少进乎？"颜回曰："臣闻之，鸟穷则啄，兽穷则攫，人穷则诈，马穷则佚。自古及今，未有穷其下而能无危者也。"

公说，遂以告孔子。孔子对曰："夫其所以为颜回者，此之类也，岂足多哉！"

【注释】

①东野毕：东野，姓；毕，名。

②佚：与逸通，即逃遁。

③牧：官名，掌畜牧者。

④骖：驾车之马在两旁者为骖。

⑤服：驾车之马在中央夹辕者为服。

⑥造父：蜚廉子季胜之后，得宠于周穆王，善御。穆王西巡狩，乐而忘归。徐偃王反，穆王日驰千里，大破偃王，赐造父以赵城。

子 部

《孔丛子》精华

【著录】

　　《孔丛子》三卷，共二十一篇，旧题孔鲋撰。内容主要记叙孔子及子思、子上、子高、子顺、子鱼（即孔鲋）等人的言行，书末又附缀孔臧所著之赋和书上下两篇，而别名为《连丛》。至宋仁宗嘉祐时，宋咸曾为该书作注。

　　对该书的真伪，历代学者多有考索。旧题该书为孔鲋所撰，实不足信。按孔鲋为孔子八世孙，秦朝末年曾出任陈胜领导的农民起义军的博士，不久即死于陈县（今河南淮阳），他似乎没有可能坐下来撰写此书。尤其是该书记述了孔鲋死亡的情形，更显而易见该书决非孔鲋所撰。《汉书·艺文志》并没有著录该书，表明两汉时期这部书尚未问世。延至三国时期，魏人王肃在其所著《圣证论》中首次提到《孔丛子》，并引用了该书的部分内容。而该书中许多故事情节以至语言，又多与王肃所假托的《伪孔传》《孔子家语》等书如出一辙。后世学者多数认定该书为王肃或其门徒的伪作。又《隋书·经籍志》录有《孔丛》七卷，注曰：陈胜博士孔鲋撰；马端临《文献通考》，也说《孔丛子》七卷；到清乾隆时重修《四库全书》时，又称《孔丛子》三卷。那么，《孔丛子》究竟原有多少卷？究竟怎样出现了七卷、三卷的不同说法？以及所谓《孔丛》《孔丛子》究竟是不是同一部书？这些都有待研究和考索。

　　这部书虽为伪作，但其中不少篇叙述引人入胜，具有一定的欣赏价值。有些篇章，例如《小尔雅》，又常为研究中国文字、训诂学者所引用，因而具有重要的学术价值。

论　书　录一则

子夏①问《书》大义，子曰："吾于《帝典》见尧、舜之圣焉，于《大禹》《皋陶谟》《益稷》见禹、稷、皋陶之忠勤功勋焉，于《洛诰》见周公之德焉。故《帝典》可以观美，《大禹谟》《禹贡》可以观事，《皋陶谟》《益稷》可以观政，《洪范》可以观度②，《泰誓》可以观义，《五诰》可以观仁，《甫刑》可以观诫。通斯七者，则《书》之大义举矣。"

【注释】

①子夏：名商，孔子弟子，居文学科。

②度：指皇极彝伦之度，即国家伦理法度。

记　义　录二则

卫出公①使人问孔子曰："寡人之任官，无大小一一自观察之，犹复失人，何故？"答曰："如君之言，此即所以失之也。人既难知，非言问所及，观察所尽。且人君之虑者多，多虑则意不精。以不精之意，察难知之人，宜其有失也。君未之闻乎？昔者舜臣尧，官才任士，尧一从之。左右曰：'人君用士，当自任耳目②，而取信于人，无乃不可乎？'尧曰：'吾之举舜，已耳目之矣，今舜所举人，吾又耳目之，是则耳目人终无已已也。'君苟付可付，则己不劳而贤才不失矣。"

孔子昼息于室而鼓琴焉。闵子③自外闻之，以告曾子④曰："向也夫子之音，清彻以和，沦入至道，今也更为幽沉之声。幽则利欲之所为发，沉则贪得之所为施。夫子何所感而若是乎？吾从子入而问焉。"曾子曰："诺。"二子入，问夫子。夫子曰："然，女言是也，吾有之。向见猫方取鼠，欲其得之，故为之音也。女二人者孰识诸？"曾子对曰："闵子。"夫子曰："可与听音矣。"

【注释】

①卫出公：卫国国君灵公孙。

②耳目：犹言观察。

③闵子：即闵子骞，名损，孔子弟子，居德行科。

④曾子：名参，孔子弟子，据说能传圣人之道。

记 问 录一则

叔孙氏之车子①曰钼商，樵于野而获兽焉，众莫之识，以为不祥，弃之五父②之衢。冉有告夫子曰："符身③而肉角，岂天之妖乎？"夫子曰："今何在？吾将观焉。"遂往。谓其御高柴④曰："若求之言，其必麟乎！"到视之，果信。言偃⑤问曰："飞者宗凤，走者宗麟，为其难致也。敢问今见，其谁应之？"子曰："天子布德，将致太平，则麟、凤、龟、龙先为之祥。今宗周将灭，天下无主，孰为来哉？"遂泣曰："予之于人，犹麟之于兽也。麟出而死，吾道穷矣！"乃歌曰："唐虞世兮麟凤游，今非其时吾何求，麟兮麟兮我心忧！"

【注释】

①车子：古称赶车之人为车子。

②五父：地名，位于今山东曲阜县东南。

③符身：符，兽名，似鹿而小，毛褐色，俗名獐。符身，谓其身似符。

④高柴：字子羔，孔子弟子，性仁孝。当时为孔子赶车。

⑤言偃：字子游，孔子弟子，习于文学。

杂 训 录二则

县子①问子思②曰："吾闻同声者相好。子之先君，见子产③时则兄事之，而世谓子产仁爱，称夫子圣人。是谓圣道事仁爱乎？吾未谕其人之孰先后也，故质于子。"子思曰："然，子之问也。昔季孙问子游，亦若子之言也。子游答曰：'以子产之仁爱譬夫子，其犹浸水之与膏雨乎！'康子曰：'子产死，郑人丈夫舍玦珮④，妇女舍珠瑱⑤，巷哭三月，竽瑟不作。夫子之死也，吾未闻鲁人之若是也。奚故哉？'子游曰：'夫浸水之所及也则生，其所不及则死，故民皆知焉。膏雨之所生也，广莫大焉。民之受赐也普矣，莫识其由来者。上德不德，是以无德。'季孙曰：'善。'"县子曰："其然。"

鲁穆公⑥访于子思曰："寡人不得嗣先君之业二年矣，未知所以为令名者，且欲掩先君之恶，以扬先君之善，使谈者有述焉。为之若何？愿先生教之也。"子思答曰："以伋所闻，舜、禹之于其父，非勿欲也。其为私情之细，不如公义之大，故不敢私之云耳。责以虚饰之教，又非窜所得言。"公曰："思之可以利民者。"子思曰："顾有惠百姓之心，则莫如一切除非法之事也。毁不居之室，以赐穷民；夺嬖宠之禄，以赈困匮。无令人有非怨，而后世有闻见，抑亦可。"公曰："诺。"

【注释】

①县子：名琐，鲁国人。

②子思：名窜，孔子之孙，受学于曾子，据说他独传孔子之心法，而写成《中庸》一书。

③子产：姓公孙，名侨，郑国大夫。

④玦珮：玉制之装饰品，半环者为玦，玉带饰于腰间为珮。

⑤珠瑱：珠玉所制之耳环。

⑥鲁穆公：名显，鲁悼公之孙。以公仪休掌政，并尊礼子思。

抗　志　录六则

卫君言计是非，而群臣和者如出一口。子思曰："以吾观所为，君不君、臣不臣者也。"公丘懿子曰："何乃若是？"子思曰："人主自臧①，则众谋不进，事是而臧之，犹却众谋，况和非以长乎？夫不察事之是非，而悦人之赞己，暗莫甚焉；不度理之所在，而阿谀求容，谄莫甚焉。君暗臣谄，以居百姓之上，民弗与也。若此不已，国无类矣。"

子思谓卫君曰："君之国事将日非矣。"君曰："何故？"对曰："有由然焉。君出言皆自以为是，而卿大夫莫敢矫其非；卿大夫出言亦皆自以为是，而士庶莫敢矫其非。君臣既自贤矣，而群下同声贤之。贤之则顺而有福，矫之则逆而有祸，故使如此。如此则善安从生？《诗》曰：'具曰予圣，谁知乌之雌雄？'抑亦似卫之君臣乎？"

　　卫君问子思曰："寡人之政何如？"答曰："无非。"君曰："寡人不知其不肖，亦望其如此也。"子思曰："希旨容媚，则君亲之；中正弼②非，则君疏之。夫能使人富贵、贫贱者君也，在朝之士孰肯舍所以见亲，而取其所以见疏者乎？是故竞求射君之心，而莫敢有非君之非者。此臣所谓无非也。"公曰："然乎，寡人之过也。今知改矣。"答曰："君弗能焉。口顺而心不怿者，临其事必疚。君虽有命③，臣未敢受也。"

　　子思自齐反卫，卫君④馆而问曰："先生鲁国之士，然不以卫之偏小，犹步玉趾⑤而慰存之，愿有赐于寡人也。"子思曰："臣羁旅于此，而辱君之威尊，亟临筚门⑥，其荣多矣。欲报君以财币，则君之府藏已盈，而窜又贫；欲报君以善言，恐未合君志，而徒言不听也。顾未有可以报君者，唯进贤尔。"卫君曰："贤固寡人之所愿也。"子思曰："未审君之愿，将何以为？"君曰："必用以治政。"子思曰："君弗能也。"君曰："何故？"答曰："卫国非无贤人之士，而君未有善政，是贤才不见用故也。"
　　君曰："虽然，愿闻先生所以为贤者。"答曰："君将以名取士耶？以实取士耶？"君曰："必以实。"子思曰："卫之东境有李音者，贤而有实者也。"君曰："其父祖何也？"答曰："世农夫也。"卫君乃胡卢大笑曰："寡人不好农，农夫之子，无所用之。且世臣之子，未悉官之。"子思曰："臣称李音，称其贤才也。周公大圣，康叔⑦大贤，今鲁、卫之君，未必皆同其祖考？李音父祖虽善农，则音亦未必与之同也。君言世臣之子未悉官之，则臣所谓有贤才而不见用果信矣。臣之问君，固疑君之取士不以实也。今君不问李音之所以为贤才，而闻其世农夫，因笑而不爱，则君取士果信名而不由实者也。"卫君屈而无辞。

　　卫君曰："夫道大而难明，非吾所能也。今欲学术，何如？"子思曰："君无然也。体道者逸而不穷，任术者劳而无功。古之笃道君子，生不足以喜之，利不足以动之，死不足以禁之，害何足以怨之？故明于死生之分，通于利害之变，虽以天下易其胫毛，无所概⑧于志矣。是以与圣人居，使穷士忘其贫贱，使王公简其富贵。君无然也。"卫君曰："善。"

齐王谓子思曰："今天下扰扰，诸侯无伯，吾国大人众，图帝何如？"子思曰："不可也，君不能去君贪利之心。"王曰："何如？"子思曰："夫水之性清，而土壤汩⑨之；人之性安，而嗜欲乱之。故能有天下者，必无以天下为者也；能有名誉者，必无以名誉为者也。达此则其利心外矣。"

【注释】

①自臧：自以为是。

②弼：矫正。

③命：指古帝王按官职等级赐给臣下或客人的仪物、礼物。

④卫君：指卫敬公。

⑤玉趾：敬辞，犹今俗言贵步。

⑥筚门：编荆竹为门，此处谦称自己的住所。

⑦康叔：名封，武王第九子，为卫国的始祖。

⑧概：即平。

⑨汩：混浊。

公孙龙　录一则

公孙龙①者，平原君②之客也。好刑名，以白马为非白马。或谓子高③曰："此人小辨而毁大道，子盍往正诸？"子高曰："大道之悖，天下之校枉也。吾何病焉？"或曰："虽然，子为天下故往也。"

子高适赵，与龙会平原君家。谓之曰："仆居鲁，遂闻下风而高先生之行也，愿受业之日久矣。然所不取于先生者，独不取先生以白马为非白马尔。诚去非白马之学，则穿请为弟子。"

公孙龙曰："先生之言悖也。龙之学正以白马非白马者也，今使龙去之，则龙无以教矣。今龙为无以教，而乃学于龙，不亦悖乎？且夫学于龙者，以智与学不逮也，今教龙去白马非白马，是先教也，而后师之，不可也。先生之所教龙者，似齐王之问尹文④也。齐王曰：'寡人甚好士，而齐国无士。'尹文曰：'今有人于此，事君则忠，事亲则孝，交友则信，处乡则顺。有此四行者，可谓士乎？'王曰：'善，是真吾所谓士者也。'尹文曰：'王得此人，肯以为臣乎？'王曰：'所愿不可得也。'尹文曰：'使此人于广庭大众之中，见侮而不敢斗，王将以为臣乎？'王曰：'夫士也见侮而不斗，是辱，则寡人不以为臣矣。'尹文曰：'虽见侮而不斗，是未失所以为士也。然而王不以为臣，则乡⑤所谓士者，乃非士乎？夫王之令，杀人者死，伤人者刑。民有畏王令，故见侮终不敢斗，是全王之法也。而王不以为臣，是罚之也。且王以不敢斗为辱，必以敢斗为荣。是王之所赏，吏之所罚也，上之所是，法之所非也。赏罚是非相与曲谬，虽十黄帝固所不能治也。'齐王无以应。且白马非白马者，乃子先君仲尼之所取也。龙闻楚王张繁弱⑥之弓，载忘归⑦之矢，以射蛟兕于云梦⑧之圃，反而丧其弓。左右请求之，王曰：'止也。楚人遗弓，楚人得之，又何求乎？'仲尼闻之曰：'楚王仁义而未遂。'亦曰：'人得之而已矣，何必楚乎？'若是者，仲尼异楚人于所谓人。夫是仲尼之异楚人于所谓人，而非龙之异白马于谓马，悖也。先生好儒术而非仲尼之所取也，欲学而使龙去所以教，虽百龙之智，固不能当前也。"子高莫之应，退而告人曰："言非而博，巧而不理，此固无所不答也。"

异日，平原君会众宾而延子高。平原君曰："先生圣人之后也，不远千里来顾临之，欲去夫公孙子白马之学。今是非未分，而先生橑⑨然欲高逝，可乎？"子高曰："理之至精者，则自明之，岂任穿之退哉？"

平原君曰："至精之说，可得闻乎？"

答曰："其说皆取之经传，不敢以意。《春秋》记六鹢⑩退飞，睹之则六，察之则鹢。鹢犹马也，六犹白也，睹之得见其白，察之则知其马。色以名别，内由外显，谓之白马，名实当矣。若以丝麻加之女工，为缁、素、青、黄，色名虽殊，其质则一。是以《诗》有素丝，不曰丝素，《礼》有缁布，不曰布缁。牛玄武，此类甚众。先举其色，后名其质，万物之所同，圣贤之所常也。君子之谓，贵当物理，不贵繁辞，若尹文之折齐王之所言，与其法错故也。穿之所说于公孙子，高其智，悦其行也。去白马之说，智行固存，是则穿未失其所师者也。称此云云，没其理矣。是楚王之言'楚人忘弓，楚人得之'，先君夫子探其本意，欲以示广，其实狭之，故曰不如亦曰'人得之而已也'。是则异楚王之所谓楚，非异楚王之所谓人也。以此为喻，乃相击切矣。凡言人者，总谓人也，亦犹言马者总谓马也。楚自国也，白自色也。欲广其人，宜在去楚；欲正名色，不宜去白。忱察此理，则公孙之辩破矣。"

平原君曰："先生言，于理善矣。"因顾谓众宾曰："公孙子能答此乎？"燕客史由对曰："辞则有焉，理则否矣。"

【注释】

①公孙龙：赵国人，传说字子秉，赵国平原君门客，是战国时哲学思想家，为名家代表人物。

②平原君：名胜，战国赵惠文王之弟，封于东武城，喜养宾客，门下食客常数千人。

③子高：即孔子的后裔孔穿，著有儒家之语十二篇，名为《谰言》。

④尹文：战国时齐人，是宋尹学派代表人物，著《尹文子》一书，对形名之学论述颇精。

⑤乡：同"向"，过去之时。

⑥繁弱：也作蕃弱，据说为夏朝国王的良弓。

⑦忘归：古代良箭名。

⑧云梦：古代湖泽名，位于今湖北安陆市南。

⑨橑：同"翻"，形容飞翔。

⑩鹢：鸟名，样子像鹭而体大，羽毛苍白，善于飞翔，不怕风雨。

执 节 录二则

魏安厘王①问天下之高士，子顺②曰："世无其人也。抑可以为次，其鲁仲连③乎？"王曰："鲁仲连强作之者，非体自然也。"答曰："人皆作之。作之不止，乃成君子。文、武欲作尧、舜而至焉，昔我先君夫子，欲作文、武而至焉。作之不变，习与体成，习与体成，则自然矣。"

虞卿④著书，名曰《春秋》。魏齐⑤曰："子无然也。《春秋》，孔圣所以名经也。今子之书，大抵谈说而已，亦以为名何？"答曰："经者取其事常也，可常则为经矣，且不为孔子，其无经乎？"齐问子顺，子顺曰："无伤也，鲁之史记曰《春秋》，经因以为名焉。又晏子之书，亦曰《春秋》。吾闻泰山之上，封禅⑥者七十有二君，其见称述，数不盈十，所谓贵贱不嫌同名也。"

【注释】

①魏安厘王：安厘王，名圉，魏昭王之子。

②子顺：姓孔，名顺，字子慎。孔穿之子，曾在魏国任相，以政见不合，托病辞归。

③鲁仲连：战国齐人，清高不肯出仕，喜欢为人排难解纷。

④虞卿：战国时的游说之士。曾为赵国上卿，故称虞卿，后与魏齐自赵赴魏，困于大梁（今河南开封），著《虞氏春秋》八篇。

⑤魏齐：魏国的公子，曾辅佐昭王，与秦相范雎有私怨，而信陵君不肯支持，故怒而自刭。

⑥封禅：在泰山之上筑坛祭天曰封，在泰山之下小山上除地以祭地神曰禅。

《荀子》精华

【著录】

《荀子》，战国时荀况著。荀况，又称孙卿，战国赵人，生卒年月不详，大约生活在公元前 313 年到公元前 238 年，是战国时期杰出的唯物主义哲学家、无神论者。荀况曾游学于齐国的稷下，先后三次担任稷下学宫的祭酒。他曾议兵于赵，论儒于秦，然后至楚为兰陵令，晚年在兰陵定居，直到老死。

《荀子》一书，现存三十二篇，一般认为，《大略》以下六篇是其"弟子杂录"，其余二十六篇为荀况所著。

《荀子》一书，不但是先秦时重要的哲学著作，也是重要的散文集。全书基本上都是独立的专题散文，每篇都有题，作为各篇内容的概括。其中，谈自然观的有《天论》，谈认识论的有《解蔽》，谈逻辑思维的有《正名》，谈伦理政治思想的有《性恶》《礼论》《王霸》《王制》等篇。《非十二子》批判总结了先秦各家的理论观点。《成相》篇以民间说唱形式宣传为君、治国之道。《赋篇》包括五篇短赋，近似谜语，在赋的演变上占有重要的地位。《荀子》之文章，显出严密的组织性和分析力，比喻和词汇丰富多彩，富于文学性。

《荀子》一书，具有多方面的成就和巨大的历史价值。它既是先秦哲学积极成果的总结性的著作，又对后来的哲学发展产生了深远的影响，在中国哲学史上占据十分重要的地位。

《荀子》一书，比较重要的注本有唐代杨倞《荀子注》、清代王先谦《荀子集解》，近人所作有梁启雄《荀子篇释》。

议兵篇

临武君①与孙卿子议兵于赵孝成王前。王曰："请问兵要。"临武君对曰："上得天时，下得地利，观敌之变动，后之发，先之至，此用兵之要术也。"

孙卿子曰："不然。臣所闻古之道：凡用兵攻战之本，在乎一民。弓矢不调，则羿不能以中微；六马不和，则造父②不能以致远；士民不亲附，则汤、武不能以必胜也。故善附民者，是乃善用兵者也。故兵要在乎善附民而已。"

临武君曰："不然。兵之所贵者势利也；所行者变诈也。善用兵者，感忽悠暗，莫知其所从出，孙、吴用之无敌于天下，岂必待附民哉？"

孙卿子曰："不然。臣之所道，仁人之兵，王者之志也。君之所贵，权谋势利也；所行，攻夺变诈者，诸侯之事也。仁人之兵，不可诈也。彼可诈者，怠慢者也，路亶③者也，君臣上下之间，滑然有离德也。故以桀诈桀，犹巧拙有幸焉；以桀诈尧，譬之若以卵投石，以指挠沸，若赴水火，入焉焦没耳④。故仁人上下，百将一心，三军同力，臣之于君也，下之于上也，若子之事父，弟之事兄，若手臂之捍头目而覆胸腹也。诈而袭之，与先惊而后击之一也。且仁人之用十里之国，则将有百里之听；用百里之国，则将有千里之听；用千里之国，则将有四海之听。必将聪明警戒，和传而一。故仁人之兵，聚则成卒，散则成列；延则若莫邪之长刃，婴之者断；兑则若莫邪之利锋，当之者溃；圜居而方止，则若盘石然，触之者角摧，案角鹿埵陇种东笼而退耳⑤。且夫暴国之君，将谁与至哉？彼其所与至者，必其民也，而其民之亲我欢若父母，其好我芬若椒兰，彼反顾其上，则若灼黥，若仇雠。人之情，虽桀、跖岂又肯为其所恶，贼其所好者哉？是犹使人之子孙自贼其父母也，彼必将来告之，夫又何可诈也？故仁人用国日明，诸侯先顺者安，后顺者危，虑敌之者削，反之者亡。《诗》曰：'武王载发，有虔秉钺。如火烈烈，则莫我敢遏。'此之谓也。"

孝成王、临武君曰："善。请问王者之兵，设何道何行而可？"

孙卿子曰："凡在大王，将率末事也。臣请遂道王者诸侯强弱存亡之效、安危之势。君贤者其国治，君不能者其国乱；隆礼贵义者其国治，简礼贱义者其国乱。治者强，乱者弱，是强弱之本也。上足仰则下可用也，上不足仰则下不可用也。下可用则强，下不可用则弱，是强弱之常也。隆礼效功上也，重禄贵节次也，上功贱节下也，是强弱之凡也。好士者强，不好士者弱；爱民者强，不爱民者弱；政令信者强，政令不信者弱；民齐者强，不齐者弱；赏重者强，赏轻者弱；刑威者强，刑侮者弱；械用兵革攻完便利者强，械用兵革窳楛不便利者弱；重用兵者强，轻用兵者弱；权出一者强，权出二者弱；是强弱之常也。

"齐人隆技击，其技也，得一首者则赐赎锱金，无本赏矣[6]。是事小敌毳，则偷可用也；事大敌坚，则涣焉离耳，若飞鸟然，倾侧反覆无日。是亡国之兵也，兵莫弱是矣，是其出赁市佣而战之几矣。魏氏之武卒，以度取之，衣三属之甲，操十二石之弩，负服矢五十个，置戈其上，冠轴[7]带剑，赢三日之粮，日中而趋百里。中试则复其户，利其田宅，是数年而衰而未可夺也，改造则不易周也，是故地虽大其税必寡，是危国之兵也。秦人其生民也狭隘，其使民也酷烈，劫之以势，隐之以厄，忸之以庆赏，鳍[8]之以刑罚，使天下之民，所以要利于上者，非斗无由也。厄而用之，得而后功之，功赏相长也。五甲首而隶五家，是最为众强长久，多地以正，故四世有胜，非幸也，数也。

"故齐之技击，不可以遇魏氏之武卒；魏氏之武卒，不可以遇秦之锐士；秦之锐士，不可以当桓、文之节制；桓、文之节制，不可以敌汤、武之仁义。有遇之者，若以焦熬投石焉。兼是数国者，皆干赏蹈利之兵也，佣徒鬻卖之道也，未有贵上、安制、綦节之理也。诸侯有能微妙之以节，则作而兼殆之耳。故招近募选，隆势诈，尚功利，是渐之也；礼义教化，是齐之也。故以诈遇诈，犹有巧拙焉；以诈遇齐，辟之犹以锥刀堕太山也，非天下之愚人莫敢试。故王者之兵不试。汤、武之诛桀、纣也，拱揖指麾，而强暴之国莫不趋使，诛桀、纣若诛独夫。故《泰誓》曰'独夫纣'，此之谓也。

"故兵大齐则制天下，小齐则治邻敌。若夫招近募选，隆势诈，尚功利之兵，则胜不胜无常，代翕代张，代存代亡，相为雌雄耳矣。夫是之谓盗兵，君子不由也。故齐之田单，楚之庄蹻，秦之卫鞅，燕之缪虮，是皆世俗之所谓善用兵者也，是其巧拙强弱则未有以相若也，若其道一也，未及和齐也。掎契司诈[9]，权谋倾覆，未免盗兵也。齐桓、晋文、楚庄、吴阖闾、越勾践，是皆和齐之兵也，可谓入其域矣，然而未有本统也，故可以霸而不可以王，是强弱之效也。"

孝成王、临武君曰："善。请问为将。"

孙卿子曰："知莫大乎弃疑，行莫大乎无过，事莫大乎无悔。事至无悔而止矣，成不可必也。故制号政令，欲严以威；庆赏刑罚，欲必以信；处舍收藏，欲周以固；徙举进退，欲安以重，欲疾以速；窥敌观变，欲潜以深，欲伍以参；遇敌决战，必道吾所明，无道吾所疑。夫是之谓六术。无欲将而恶废，无急胜而亡败，无威内而轻外，无见其利而不顾其害，凡虑事欲熟，而用财欲泰，夫是之谓五权。所以不受命于主有三：可杀而不可使处不完；可杀而不可使击不胜；可杀而不可使欺百姓，夫是之谓三至。凡受命于主而行三军，三军既定，百官得序，群物皆正，则主不能喜，敌不能怒，夫是之谓至臣。虑必先事而申之以敬，慎终如始，终始如一，夫是之谓'大吉'。凡百事之成也，必在敬之；其败也，必在慢之。故敬胜怠则吉，怠胜敬则灭；计胜欲则从，欲胜计则凶。战如守，行如战，有功如幸。敬谋无圹，敬事无圹，敬吏无圹，敬众无圹，敬敌无圹，夫是之谓五无圹，慎行此六术、五权、三至，而处之以恭敬无圹。夫是之谓天下之将，则通于神明矣。"

临武君曰："善。请问王者之军制。"

孙卿子曰："将死鼓，御死辔，百吏死职，士大夫死行列。闻鼓声而进，闻金声而退。顺命为上，有功次之。令不进而进，犹令不退而退也，其罪惟均。不杀老弱，不猎禾稼，服者不禽，格者不舍，奔命者不获。凡诛，非诛其百姓也，诛其乱百姓者也。百姓有捍其贼，则是亦贼也。以故顺刃者生，苏刃者死，犇命者贡。微子开封于宋，曹触龙断于军，殷之服民，所以养生之者也，无异周人。故近者歌讴而乐之，远者竭蹶而趋之，无幽闲辟陋之国，莫不趋使而安乐之，四海之内若一家，通达之属莫不从服，夫是之谓人师。《诗》曰：'自西自东，自南自北，无思不服。'此之谓也。王者有诛而无战，城守不攻，兵格不击，上下相喜则庆之。不屠城，不潜军，不留众，师不越时。故乱者乐其政，不安其上，欲其至也。"临武君曰："善。"

陈嚣问孙卿子曰："先生议兵，常以仁义为本。仁者爱人，义者循理，然则又何以兵为？凡所为有兵者，为争夺也。"

孙卿子曰："非汝所知也。彼仁者爱人，爱人故恶人之害之也；义者循理，循理故恶人之乱之也。彼兵者，所以禁暴除害也，非争夺也。故仁人之兵，所存者神，所过者化；若时雨之降，莫不说喜。是以尧伐骧兜，舜伐有苗，禹伐共工，汤伐有夏，文王伐崇，武王伐纣，此四帝、两王皆以仁义之兵行于天下也。故近者亲其善，远方慕其德；兵不血刃，远迩来服；德盛于此，施及四极。《诗》曰：'淑人君子，其仪不忒。'此之谓也。"

李斯问孙卿子曰："秦四世有胜，兵强海内，威行诸侯，非以仁义为之也，以便从事而已。"

孙卿子曰："非女所知也。女所谓便者，不便之便也。吾所谓仁义者，大便之便也。彼仁义者，所以修政者也。政修则民亲其上，乐其君，而轻为之死。故曰：凡在于军，将率末事也。秦四世有胜，諰諰然常恐天下之一合而轧己也，此所谓末世之兵，未有本统也。故汤之放桀也，非其逐之鸣条之时也；武王之诛纣也，非以甲子之朝而后胜之也；皆前行素修也，此所谓仁义之兵也。今女不求之于本，而索之于末，此世之所以乱也。"

礼者，治辩之极也，强国之本也，威行之道也，功名之总也。王公由之，所以得天下也；不由，所以陨社稷也。故坚甲利兵，不足以为胜；高城深池，不足以为固；严令繁刑，不足以为威；由其道则行，不由其道则废。

楚人鲛革、犀、兕以为甲，鞈如金石[10]；宛巨铁铊，惨如蜂虿；轻利僄遫，卒如飘风；然而兵殆于垂沙，唐蔑死，庄蹻起，楚分而为三四。是岂无坚甲利兵也哉？其所以统之者，非其道故也。汝、颍以为险，江、汉以为池，限之以邓林，缘之以方城，然而秦师至而鄢、郢举，若振槁然。是岂无固塞隘阻也哉？其所以统之者，非其道故也。纣剖比干，囚箕子，为炮烙刑，杀戮无时，臣下凛然，莫必其命，然而周师至而令不行乎下，不能用其民，是岂命不严、刑不繁也哉？其所以统之者，非其道故也。

古之兵，戈、矛、弓、矢而已矣，然而敌国不待试而诎；城郭不辨，沟池不掘，固塞不树，机变不张，然而国晏然不畏外而明内者，无它故焉。明道而分钧之，时使而诚爱之，下之和上也如影响，有不由令者，然后诛之以刑。故刑一人而天下服，罪人不尤其上，知罪之在己也。是故刑罚省而威流，无他故焉，由其道故也。古者帝尧之治天下也，盖杀一人，刑二人，而天下治。《传》曰："威厉而不试，刑措而不用。"此之谓也。

凡人之动也，为赏庆为之，则见害伤焉止矣。故赏庆、刑罚、势诈不足以尽人之力，致人之死。为人主上者也，其所以接下之百姓者，无礼义忠信，焉虑率用赏庆、刑罚、势诈除隘其下，获其功用而已矣。大寇至，则使之持危城则必畔，遇敌处战则必北，劳苦烦辱则必奔，霍焉离耳，下反制其上。故赏庆、刑罚、势诈之为道者，佣徒鬻卖之道也，不足以合大众、美国家，故古之人羞而不道也。故厚德音以先之，明礼义以道之，致忠信以爱之，尚贤使能以次之，爵服庆赏以申之，时其事，轻其任，以调齐之，长养之，如保赤子。政令以定，风俗以一。有离俗不顺其上，则百姓莫不敦恶，莫不毒孽，若祓不祥，然后刑于是起矣。是大刑之所加也，辱孰大焉？将以为利耶？则大刑加焉。身苟不狂惑戆陋，谁睹是而不改也哉？然后百姓晓然，皆知修上之法，像上之志而安乐之，于是有能化善、修身、正行、积礼义、遵道德，百姓莫不贵敬，莫不亲誉，然后赏于是起矣。是高爵丰禄之所加也，荣孰大焉？将以为害耶？则高爵丰禄以持养之，生民之属，孰不愿也。雕雕焉县贵爵重赏于其前，县明刑大辱于其后，虽欲无化能乎哉？故民归之如流水，所存者神，所为者化而顺，暴悍勇力之属，为之化而愿，旁辟曲私之属，为之化而公，矜纠收缭之属，为之化而调，夫是之谓大化至一。《诗》曰："王猷允塞，徐方其来。"此之谓也。

凡兼人者有三术：有以德兼人者，有以力兼人者，有以富兼人者。彼贵我名声，美我德行，欲为良民，故辟门除途，以迎吾入；因其民，袭其处，而百姓皆安，立法施令，莫不顺比；是故得地而权弥重，兼人而兵俞强，是以德兼人者也。非贵我名声也，非美我德行也，彼畏我威，劫我势，故民虽有离心，不敢有畔虑。若是则戎甲俞众，奉养必费；是故得地而权弥轻，兼人而兵俞弱，是以力兼人者也。非贵我名声也，非美我德行也，用贫求富，用饥求饱，虚腹张口，来归我食。若是则必发夫掌窌之粟以食之，委之财货以富之，立良有司以接之，已期三年，然后民可信也。是故得地而权弥轻，兼人而国俞贫，是以富兼人者也。故曰：以德兼人者王，以力兼人者弱，以富兼人者贫。古今一也。

兼并易能也，唯坚凝之难焉。齐能并宋而不能凝也，故魏夺之；燕能并齐而不能凝也，故田单夺之；韩之上地方数百里，完全富足而趋赵，赵不能凝也，故秦夺之。故能并之而不能凝，则必夺；不能并之又不能凝其有，则必亡，能凝之则必能并之矣。得之则凝，兼并无强。古者汤以薄，武王以镐，皆百里之地也，天下为一，诸侯为臣。无他故焉，能凝之也。故凝士以礼，凝民以政；礼修而士服，政平而民安；士服民安，夫是之谓大凝。以守则固，以征则强，令行禁止，王者之事毕矣。

【注释】

①临武君：楚将，未知姓氏。

②造父：古代善驭良马之人。

③路亶：路，暴露。上下不相覆盖之意。

④入焉焦没耳：焉，犹则。

⑤案角鹿埵陇种东笼而退耳：其义未详，盖皆摧败披靡之貌。陇种，遗失貌，如陇之种物然。东笼，同冻泷，沾湿貌，如衣服之沾湿然。

⑥其技也，得一首者则赐赎锱金，无本赏矣：八两曰锱，本赏，意指有功同受赏。其技击之术，斩得一首，则官赐锱金赎之，斩首虽战败亦赏，不斩首虽胜亦不赏，是无本赏。

⑦轴：同胄。

⑧鰌：意为藉。

⑨掎契司诈：契，同"挈"，挈，持。掎挈，犹言掎摭。司，诈，欺诳。谓因其危弱，即掩袭之。

⑩鞈如金石：鞈，坚固貌。坚固像金石一样。

天论篇

天行有常，不为尧存，不为桀亡。应之以治则吉，应之以乱则凶。强本而节用，则天不能贫；养备而动时，则天不能病；修道而不贰，则天不能祸。故水旱不能使之饥，寒暑不能使之疾，妖怪不能使之凶。本荒而用侈，则天不能使之富；养略而动罕，则天不能使之全；倍道而妄行，则天不能使之吉。故水旱未至而饥，寒暑未薄而疾，妖怪未至而凶。受时与治世同，而殃祸与治世异，不可以怨天，其道然也。故明于天人之分，则可谓至人矣。

不为而成，不求而得，夫是之谓天职。如是者，虽深，其人不加虑焉；虽大，不加能焉；虽精，不加察焉，夫是之谓不与天争职。天有其时，地有其财，人有其治，夫是之谓能参。舍其所以参，而愿其所参，则惑矣。

列星随旋，日月递炤，四时代御，阴阳大化，风雨博施，万物各得其和以生，各得其养以成。不见其事，而见其功，夫是之谓神。皆知其所以成，莫知其无形，夫是之谓天。唯圣人为不求知天。

天职既立，天功既成，形具而神生。好恶、喜怒、哀乐藏焉，夫是之谓天情；耳、目、鼻、口、形，能各有接而不相能也，夫是之谓天官；心居中虚，以治五官，夫是之谓天君；财非其类，以养其类[①]，夫是之谓天养；顺其类者谓之福，逆其类者谓之祸，夫是之谓天政；暗其天君，乱其天官，弃其天养，逆其天政，背其天情，以丧天功，夫是之谓大凶。圣人清其天君，正其天官，备其天养，顺其天政，养其天情，以全其天功；如是则知其所为，知其所不为矣；则天地官而万物役矣。其行曲治，其养曲适，其生不伤，夫是之谓知天。

故大巧在所不为，大智在所不虑。所志于天者，已其见象之可以期者矣；所志于地者，已其见宜之可以息者矣；所志于四时者，已其见数之可以事者矣；所志于阴阳者，已其见和之可以治者矣。官人守天，而自为守道也。

治乱天耶？曰：日月、星辰、瑞历，是禹、桀之所同也；禹以治，桀以乱，治乱非天也。时耶？曰：繁启、蕃长于春夏，蓄积、收藏于秋冬，是又禹、桀之所同也；禹以治，桀以乱，治乱非时也。地耶？曰：得地则生，失地则死，是又禹、桀之所同也；禹以治，桀以乱，治乱非地也。《诗》曰："天作高山，大王荒之；彼作矣，文王康之。"此之谓也。

天不为人之恶寒也而辍冬，地不为人之恶辽远也而辍广，君子不为小人匈匈[②]也而辍行。天有常道矣，地有常数矣，君子有常体矣。君子道其常，小人计其功。《诗》曰："礼义之不愆兮，何恤人之言兮。"此之谓也。

楚王后车千乘，非知也；君子啜菽饮水，非愚也，是节然也。若夫志意修，德行厚，知虑明，生于今而志乎古，则是其在我者也。故君子敬其在己者，而不慕其在天者；小人错其在己者，而慕其在天者。君子敬其在己者，而不慕其在天者，是以日进也；小人错其在己者，而慕其在天者，是以日退也。

故君子之所以日进，与小人之所以日退，一也。君子、小人之所以相悬者，在此耳！

星坠木鸣，国人皆怒。曰：是何也？曰：无何也③，是天地之变，阴阳之化，物之罕至者也。怪之可也，畏之非也。夫日月之有蚀，风雨之不时，怪星之党见④，是无世而不常有之。上明而政平，则是虽并世起，无伤也；上暗而政险，则是虽无一至者，无益也。夫星之坠、木之鸣，是天地之变、阴阳之化，物之罕至者也。怪之可也，畏之非也。

物之已至者，人妖则可畏也。楛耕伤稼，耘耨失岁，政险失民⑤。田秽稼恶，籴贵民饥，道路有死人，夫是之谓人妖；政令不明，举错不时，本事不理，夫是之谓人妖；礼义不修，内外无别，男女淫乱，父子相疑，上下乖离，寇难并至，夫是之谓人妖。妖是生于乱。三者错，无安国⑥。其说甚迩，其灾甚惨。勉力不时，则牛马相生，六畜作妖，可怪也，而不可畏也。传曰："万物之怪，书不说。"无用之辩，不急之察，弃而不治。若夫君臣之义，父子之亲，夫妇之别，则日切磋而不舍也。

雩而雨，何也？曰：无何也，犹不雩而雨也。日月食而救之，天旱而雩，卜筮而后决大事，非以为得求也，以文之也。故君子以为文，而百姓以为神。以为文则吉，以为神则凶也。

在天者莫明于日月，在地者莫明于水火，在物者莫明于珠玉，在人者莫明于礼义。故日月不高，则光辉不赫；水火不积，则辉润不博；珠玉不睹乎外，则王公不以为宝；礼义不加于国家，则功名不白。故人之命在天，国之命在礼。君人者，隆礼尊贤而王，重法爱民而霸，好利多诈而危，权谋倾覆幽险而尽亡矣。

大天而思之，孰与物畜而制之？从天而颂之，孰与制天命而用之？望时而待之，孰与应时而使之？因物而多之，孰与骋能而化之？思物而物之，孰与理物而勿失之也？愿于物之所以生，孰与有物之所以成？故错人而思天，则失万物之情。

百王之无变，足以为道贯。一废一起，应之以贯。理贯不乱，不知贯，不知应变。贯之大体未尝亡也，乱生其差，治尽其详。故道之所善，中则可从，畸则不可为，匿则大惑。水行者表深，表不明则陷；治民者表道，表不明则乱。礼者，表也。非礼，昏世也。昏世，大乱也。故道无不明，外内异表，隐显有常，民陷乃去。

万物为道一偏，一物为万物一偏，愚者为一物一偏，而自以为知道，无知也。慎子有见于后，无见于先；老子有见于诎，无见于信；墨子有见于齐，无见于畸；宋子有见于少，无见于多。有后而无先，则群众无门；有诎而无信，则贵贱不分；有齐而无畸，则政令不施；有少而无多，则群众不化。《书》曰："无有作好，遵王之道。无有作恶，遵王之路。"此之谓也。

【注释】

①财非其类，以养其类：财，与裁同。饮食衣服与人异类，裁而用之，可使养口腹形体，故曰裁非其类，以养其类。

②訩訩：喧哗之声。

③曰：无何也：假设问答。无何也，言不足忧。

④党见：党，通"傥"，或者，偶然。见，通"现"。

⑤楛耕伤稼，耘耨失岁，政险失民：楛耕，耕作粗劣不精；失岁，意指耘耨失时使秽；政险，威虐。岁，同秽。

⑥三者错，无安国：三者，三妖人。错，置。置此三妖于中国，则无有安。

四 库 全 书 精 华

子 部

| 764 |

《新语》精华

【著录】

　　《新语》，亦称《陆子》，是西汉初年政治家、思想家陆贾的政治哲学著作。陆贾，楚人，以客从刘邦定天下，授太中大夫，长于口辩与著述，据《史记·郦生陆贾列传》记载：汉高祖刘邦得天下之后，与谋臣陆贾就汉得天下、治天下之题发生过一次著名的争论，刘邦令陆贾总结古代各国成败的经验教训，陆贾即粗述古今之成败，秦亡汉兴之故，凡著十二篇，号为《新语》。其篇目为：《道基》第一，《术事》第二，《辅政》第三，《无为》第四，《辨惑》第五，《慎微》第六，《资质》第七，《至德》第八，《怀虑》第九，《本行》第十，《明诫》第十一，《思务》第十二。

　　《汉书·艺文志》只著录《陆贾》二十三篇，不见《新语》书名。南朝梁阮孝绪《七录》始出现《新语》书名，并标明上下二卷。后历代《经籍志》或《艺文志》均有著录。自南宋黄震提出此书似非陆贾之真本以来，学术界聚讼纷纭。《四库全书总目提要》称此书《道基》篇末引《谷梁传》，为后人依托，非陆贾所作。此书内容多援据《春秋》《论语》之文，大力提倡王道政治，兼采黄老道家之学，推演阴阳灾异之说，主张崇王道，行仁义，黜霸术，反对尚刑、极武；主张识贤任贤，文武并用，以德教化，休养生息，反对横征暴敛，骄奢靡丽。此书是研究陆贾哲学思想的直接材料，充分体现了陆贾的社会历史观及自然观，具有重要的史料价值。

　　《新语》一书，唐代马总《意林》、李善《文选注》均加引用，宋本未见，明代有李仲阳刻本及范氏天一阁刻本，清代有《汉魏丛书》本、卢文绍校本、严可均校本、宋翔凤校本。目前最好的校本和注本是中华书局于 1986 年出版的王利器的《新语校注》。

无　为

　　夫道莫大于无为，行莫大于谨敬。何以言之？昔虞舜治天下，弹五弦之琴①，歌《南风》②之诗，寂若无治国之意，漠若无忧民之心，然天下治。周公制作礼乐，郊天地，望山川，师旅不设，刑格法悬，而四海之内奉供来臻，越裳③之君重译④来朝。故无为也，乃有为也。

　　秦始皇帝设为车裂⑤之诛以敛奸邪，筑长城于戎境以备胡越，征大吞小，威震天下，将帅横行，以服外国。蒙恬⑥讨乱于外，李斯⑦治法于内。事逾烦天下逾乱，法逾滋而奸逾炽，兵马益设而敌人逾多。秦非不欲为治，然失之者？乃举措暴众而用刑太极故也。

　　是以君子尚宽舒以苞身，行中和以统远。民畏其威而从其化，怀其德而归其境，美其治而不敢违其政。民不罚而畏罪，不赏而欢悦，渐渍于道德，被服于中和之所致也。

　　夫法令者，所以诛恶，非所以劝善。故曾、闵之孝，夷、齐之廉，岂畏死而为之哉？教化之所致也。故曰尧、舜之民，可比屋而封；桀、纣之民，可比屋而诛者，教化使然也。故近河之地湿，近山之土燥，以类相及也。故山川出云雨，丘阜生气。四渎⑧东流，百川无不从，小者从大，少者从多。夫王者之都，南面之君，百姓之所取法则者也，举措动作，不可失法则也。

　　昔者周襄王⑨不能事后母，出居于郑，而下多叛其亲。秦始皇骄奢靡丽，好作高台榭，广宫室，则天下豪富制屋宅者，莫不仿之。设房闼，备厩库，缮雕琢刻画之好，傅玄黄琦玮之色，以乱制度。齐桓公好妇人之色，妻姑姊妹，而国中多淫于骨肉。楚平王奢侈纵恣，不能制下检民以德，增驾百马而行，欲令天下人饶财富利，明不可及。于是楚国逾奢，君臣无别。

　　故上之化下，犹风之靡草也。王者尚武于朝，则农夫缮甲于田。故君之御下民，奢侈者则应之以俭，骄淫者则统之以理。未有上仁而下残，上义而下争者也。孔子曰："移风易俗。"岂家至之哉？先之于身而已矣。

【注释】

①五弦之琴：舜作，谓无文、武二弦，惟宫、商、角、徵、羽五弦之琴。

②《南风》：诗名，亦舜所作。

③越裳：古国名，位于今越南南部。

④重译：意指偏方绝域、语言不通，必辗转相译，以得其意。

⑤车裂：古代酷刑，以车曳裂人体。

⑥蒙恬：秦时将领，事始皇为内史。秦并天下，蒙恬将兵三十万，北逐戎狄。二世时为赵高所嫉，矫诏赐死。

⑦李斯：楚上蔡人，从荀卿学帝王术，西仕于秦。秦始皇定天下，李斯为相。及二世立，为赵高所忌，被腰斩于咸阳市。

⑧四渎：长江、淮河、黄河、济河。

⑨周襄王：惠王子，名郑。后母即叔带母。

资　执

质美者以通为贵，才良者以显为能。何以言之？夫梗枏豫章①，天下之名木，生于深山之中，产于溪谷之傍；立则为太山众木之宗，仆则为万世之用；浮于山水之流，出于冥冥之野；因江河之道，而达于京师之下；因于斧斤之功，舒其文彩之好；精悍直理，密致博通；虫蝎不能穿，水湿不能伤；在高柔软，入地坚强；无膏泽而光润生，不刻画而文章成；上为帝王之御物，下则赐公卿，庶贱不得以备器械，闭绝以关梁。及隘于山阪之阻，隔于九岐②之隥；仆于崑崔之山，顿于窅冥之溪；树蒙笼蔓延而无间，石崔嵬崭岩而不开；广者无舟车之通，狭者无步担之蹊；商贾所不至，工匠所不窥；知者所不见，见者所不知；功弃而德亡，腐朽而枯伤；转于百仞之壑，惕然而独僵。当斯之时，不如道傍之枯杨，累累结屈，委曲不同。

然生于大都之广地，近于大匠之名工，则材器制断，规矩度量；坚者补朽，短者续长；大者治樽，小者治觞；饰以丹漆，斁以明光；上备大牢，春秋礼庠；褒以文采，立礼矜庄；冠带正容，对酒行觞；卿士列位，布陈宫堂；望之者目眩，近之者鼻芳。故事闲之则绝，次之则通，抑之则沉，兴之则扬。处地梗梓，贱于枯杨，德美非不相绝也，才力非不相悬也，彼则槁枯而远弃，此则为宗庙之器者。

通与不通亦如是也。夫穷泽之民，据犁嗝③报之士，或怀不羁之才，身有尧、舜、皋陶之美，纲纪存乎身，万世之术藏于心，然身不用于世者，无使之通故也。夫公卿之子弟，贵戚之党友，虽无过人之才，然在尊重之位者，辅助者强，饰之者巧，靡不达也。

昔扁鹊④居宋，得罪于宋君，出亡之卫。卫人有病将死者，扁鹊至其家，欲为治之。病者之父谓扁鹊曰："吾子病甚笃，将为迎良医治，非子所能治也。"退而不用。乃使灵巫求福请命，对扁鹊而咒，病者卒死，灵巫不能治也。夫扁鹊天下之良医，而不能与灵巫争用者，知与不知也。故事求远而失近，广藏而狭弃，斯之谓也。

昔宫之奇⑤为虞公画计，欲辞晋献公璧马之赂，而不假之夏阳⑥之道，岂非金石之计哉？然虞公不听者，惑于珍怪之宝也。鲍丘⑦之德行，非不高于李斯、赵高⑧也，然伏隐于嵩庐之下，而不禄于世，利口之臣害之也。

凡人莫不知善之为善，恶之为恶，莫不知学问之有益于己，怠戏之无益于事也。然而为之者，情欲放溢，而人不能胜其志也。人君莫不知求贤以自助，近贤以自辅。然贤圣或隐于田里，而不预国家之事者，乃观听之臣不明于下，则闭塞之讥归于君；闭塞之讥归于君，则忠贤之士弃于野；忠贤之士弃于野，则佞臣之党存于朝；佞臣之党存于朝，则下不忠于君；下不忠于君，则上不明于下；上不明于下，是故天下所以倾覆也。

【注释】

①梗楠豫章：梗，同"楠"；梗楠豫章，南方大木。

②九岘：高峻貌；岘，通"冈"。

③嗝：雉鸣。

④扁鹊：战国时郑人，姓秦名越人。以医名天下，所著《难经》，辨析精微，词旨简远。

⑤宫之奇：春秋虞大夫。晋荀息以垂棘之璧、屈产之乘假道于虞以伐虢，宫之奇以唇亡齿寒之说谏，虞公不听，宫之奇率领族人逃走。

⑥夏阳：古地名。故城位于今陕西韩城市南。

⑦鲍丘：秦时隐士。

⑧赵高：秦时宦者。始皇崩，高矫诏杀扶苏，立二世，擅权。杀二世，立子婴。子婴既立，族诛其家。

子 部

《忠经》精华

【著录】

　　《忠经》一卷，旧本题汉代马融所撰，郑元作注，《忠经》共分为十八章，经与注如出自一人之手。考证马融所述作的文章，《后汉书》本传中均有著录，郑元所作的训诂注释，在郑志目录中也有详细记载。刘知几曾指出《孝经》注假托于郑元之事，《忠经》也恐怕如此。由于上述文献中均无记载，而《隋书》《唐书》的志书也没有著录，到宋朝《崇文总目》才开始列入其名。因此，此书为伪书该是肯定无疑的。《玉海》引宋《两朝志》，载有海鹏《忠经》，但此书本有作者，并非伪造，后来人诈题马融撰、郑元注，使真本变为伪书。此书议论恢宏，倡导儒家的伦理道德，是研究中国思想文化、伦理道德的重要文献。

天地神明章

　　昔在至理，上下一德，以征天休，忠之道也。天之所覆，地之所载，人之所履，莫大乎忠。忠者中也，至公无私。天无私，四时行；地无私，万物生；人无私，大亨贞①。忠也者，一其心之谓也。为国之本，何莫由忠。忠能固君臣，安社稷，感天地，动神明，而况于人乎？夫忠兴于身②，著于家，成于国，其行一焉。是故一于其身，忠之始也；一于其家，忠之中也；一于其国，忠之终也。身一则百禄至，家一则六亲和，国一则万人理。《书》云："惟精惟一，允执厥中。"

【注释】

①大亨贞：比喻无往而不利。

②"夫忠兴于身"四句：讲身与国家，虽然名称不同，但其为忠则行为是一致的。

辨忠章

大哉忠之为用也！施之于迩，则可以保家邦；施之于远，则可以极天地。故明王为国，必先辨忠。君子之言，忠而不佞。小人之言，佞而似忠而非，闻之者鲜不惑矣。夫忠而能仁，则国德彰；忠而能知，则国政举；忠而能勇，则国难清。故虽有其能，必由忠而成也。仁而不忠，则私其恩；知而不忠，则文①其诈；勇而不忠，则易其乱。是虽有其能，以不忠而败也。此三者不可不辨也。《书》云："旌别淑慝②。"其是之谓乎！

【注释】

①文：掩饰。

②旌别淑慝：旌，表彰；淑慝，善恶。旌别淑慝，是说分别其善恶而表彰之。

《新书》精华

【著录】

　　《新书》十卷，为汉代贾谊所撰。《汉书·艺文志》称此书为五十八篇。《崇文总目》则称此书原为七十二篇，后刘向删定为五十八篇，隋唐志书皆作十卷，现仅存五十六篇，而《问考》一篇有录无文，实则仅存五十五篇。唐宋以来原本多有散佚。有人认为可能是后人取贾谊本传中所载的文论，割裂其章段，各立标题，以凑足五十八篇之数，今日所见并非宋代之旧本。此书有真也有伪，大体上可以认为是贾谊所论，只是个别章句有所颠倒而已。《新书》所载政论气势宏伟，分析透彻，行文流畅，上载三代之古礼，帝王之遗训，古代典章制度之源本，论及汉代政治经济制度的利弊得失，指出治邦兴国的大政方略，许多地方表现出作者的聪明睿智和精深的见解，对于后人认识汉代的政治和经济、军事与文化、制度与源流等，均具有重要价值。其中《过秦论》已成为脍炙人口的名篇。

过秦上

　　秦孝公[①]据崤、函之固，拥雍州之地，君臣固守，以窥周室，有席卷天下、包举宇内、囊括四海之意，并吞八荒之心。当是时也，商君[②]佐之，内立法度，务耕织，修守战之具；外连衡而斗诸侯。于是秦人拱手而取西河之外。

　　孝公既没，惠文、武、昭襄[③]蒙故业，因遗策，南取汉中，西举巴、蜀，东割膏腴之地，北收要害之郡。诸侯恐惧，会盟而谋弱秦，不爱珍器重宝、肥饶之地，以致天下之士，合从缔交，相与为一。当此之时，齐有孟尝④，赵有平原⑤，楚有春申⑥，魏有信陵⑦。此四君者，皆明智而忠信，宽厚而爱人，尊贤而重士，约从离衡，兼韩、魏、燕、赵、宋、卫、中山之众。于是六国之士，有宁越⑧、徐尚⑨、苏秦⑩、杜赫⑪之属为之谋，齐明⑫、周最⑬、陈轸⑭、召滑⑮、楼缓⑯、翟景⑰、苏厉⑱、乐毅⑲之徒通其意，吴起⑳、孙膑㉑、带佗㉒、倪良㉓、王廖㉔、田忌㉕、廉颇㉖、赵奢㉗之朋制其兵。尝以十倍之地，百万之众，叩关而攻秦。秦人开关而延敌，九国之师逡巡而不敢进。秦无亡矢遗镞之费，而天下诸侯已困矣。于是从散约解，争割地而事秦。秦有余力而制其弊，追亡逐北，伏尸百万，流血漂橹；困利乘便，宰割天下，分裂山河。强国请伏，弱国入朝。

施及孝文王、庄襄王，享国日浅，国家无事。

及至始皇㉘，奋六世之余烈，振长策而御宇内，吞二周而亡诸侯，履至尊而制六合，执敲朴以鞭笞天下，威振四海。南取百越之地，以为桂林、象郡；百越之君，俯首系颈，委命下吏。乃使蒙恬㉙北筑长城而守藩篱，却匈奴七百余里；胡人不敢南下而牧马，士不敢弯弓而报怨。于是废先王之道，燔百家之言，以愚黔首㉚。堕名城，杀豪俊，收天下之兵，聚之咸阳，销锋镝，铸以为金人十二，以弱天下之民。然后践华为城，因河为池，据亿丈之城，临不测之溪以为固。良将劲弩，守要害之处；信臣精卒，陈利兵而谁何！天下已定，始皇之心，自以为关中之固，金城千里，子孙帝王万世之业也！

始皇既没，余威振于殊俗。然而陈涉㉛，瓮牖绳枢之子，氓隶之人，而迁徙之徒也。才能不及中庸，非有仲尼、墨翟㉜之贤，陶朱、猗顿㉝之富。蹑足行伍之间，俯起阡陌之中，率罢弊之卒，将数百之众，转而攻秦。斩木为兵，揭竿为旗，天下云集而响应，赢粮而景从，山东豪俊遂并起而亡秦族矣。

且夫天下非小弱也，雍州之地、崤函之固自若也。陈涉之位，非尊于齐、楚、燕、赵、韩、魏、宋、卫、中山之君也；锄耰棘矜㉞，非铦于钩戟长铩也；谪戍之众，非抗于九国之师也；深谋远虑，行军用兵之道，非及曩时之士也。然而成败异变，功业相反也！试使山东之国与陈涉度长絜大，比权量力，则不可同年而语矣。然秦以区区之地，致万乘之权，招八州而朝同列，百

四库全书精华

子部

773

有余年矣。然后以六合为家，崤、函为宫。一夫作难而七庙堕，身死人手，为天下笑者，何也？仁义不施，而攻守之势异也！

【注释】

①秦孝公：惠文王之父，秦之雄主。

②商君：卫鞅。以功封于商，故号商君。

③惠文、武、昭襄：谓秦惠文王、武王及昭襄王，武王为惠文王子，昭襄王则武王之异母弟。

④孟尝：齐公子田文。

⑤平原：赵公子胜。

⑥春申：楚公子黄歇。

⑦信陵：魏公子无忌。

⑧宁越：赵国中牟人，苦耕力学，周威王师事之。

⑨徐尚：今失考。

⑩苏秦：东周洛阳人，字季子。师鬼谷子，习纵横家言，主合纵，为六国相。

⑪杜赫：周人，曾以安天下说周昭文王。

⑫齐明：东周臣，后事秦、楚及韩。

⑬周最：周君子，仕于齐。

⑭陈轸：楚人。善游说，仕秦、楚。

⑮召滑：楚臣。《史记》作昭滑。

⑯楼缓：楚人。事赵武灵王，王欲胡服，群臣皆不欲，缓独称善。

⑰翟景：未详。

⑱苏厉：苏秦弟，也习纵横术，仕于齐。

⑲乐毅：燕人，羊子之后，贤而好兵。自魏使燕，昭王以为亚卿，后拜上将军，下齐七十余城，号昌国君。卒于赵。

⑳吴起：卫人。善用兵，初仕鲁，后归魏拜西河守，卒于楚。

㉑孙膑：孙武之后。学兵法于鬼谷子，为齐将，名显天下。

㉒带佗：战国时名将。

㉓倪良：战国人，善兵家权谋之学。

㉔王廖：战国人，善将兵。《吕氏春秋》谓王廖贵先，倪良贵后。二人者，

皆天下之豪士。

㉕田忌：齐将，宣王时率兵求韩、赵击魏，大败之于马陵。

㉖廉颇：赵良将，赵惠文王拜为上卿，以勇气闻于诸侯，与蔺相如为刎颈交。

㉗赵奢：赵之田部吏。秦伐韩，请救于赵，赵以奢为将，大破秦军，号马服君。

㉘始皇：名政，秦庄襄王子。

㉙蒙恬：秦大将，筑长城有功，后为赵高、李斯所杀。

㉚黔首：即黎民。秦称其百姓为黔首，以其首黑而名。

㉛陈涉：名胜，阳城（河南方城县东）人。秦二世元年秋，起兵于蕲，自立为楚王。

㉜墨翟：鲁人，仕宋为大夫，倡兼爱、尚同之说。

㉝陶朱、猗顿：范蠡至陶，自称陶朱公，治产十年，三致千金，猗顿闻其富，往问术，十年间富拟王公。故富称陶朱、猗顿。

㉞钮耰棘矜：钮，锄之柄；棘，同戟；矜，戟之柄。言并无锄戟，只有其柄。

过秦下

秦灭周祀，并海内，兼诸侯，南面称帝，以四海养。天下之士，斐然向风。若是，何也？曰：近古之无王者久矣！周室卑微，五霸既灭，令不行于天下。是以诸侯力政，强凌弱，众暴寡，兵革不休，士民罢弊。今秦南面而王天下，是上有天子也。即元元之民，冀得安其性命，莫不虚心而仰上。当此之时，专威定功，安危之本，在于此矣。

秦王怀贪鄙之心，行自奋之智，不信功臣，不亲士民，废王道而立私爱，禁文书而酷刑法，先诈力而后仁义，以暴虐为天下始。夫兼并者高诈力，安危者贵顺权，以此言之，取与攻守不同术也。秦虽离战国而王天下，其道不易，其政不改，是其所以取之守之者异也。孤独而有之，故其亡可立而待也。借使秦王计上世之事，并殷、周之迹，以制御其政，后虽有淫骄之主，犹未有倾危之患也。故三王之建天下，名号显美，功业长久。

今秦二世立，天下莫不引领而观其政。夫寒者利短褐而饥者甘糟糠，天下嗷嗷，新主之资也。此言劳民之易为仁也。向使二世有庸主之行而任忠贤，臣主一心而忧海内之患，缟素而正先帝之过；裂地分民以封功臣之后，建国立君以礼天下；虚囹圄而免刑戮，去收孥污秽之罪，使各反其乡里；发仓廪，散财币，以赈孤独穷困之士；轻赋少事，以佐百姓之急，约法省刑，以持其后，使天下之人皆得自新，更节循行，各慎其身；塞万民之望，而以盛德与天下，天下息矣。即四海之内，皆欢然各自安乐其处，惟恐有变。虽有狡害之民，无离上之心，则不轨之臣无以饰其智，而暴乱之奸弭矣。二世不行此术，而重以无道，坏宗庙与民，更始作阿房①之宫；繁刑严诛，吏治刻深；赏罚不当，赋敛无度。天下多事，吏不能纪；百姓困穷，而主不收恤。然后奸伪并起，而上下相遁；蒙罪者众，刑戮相望于道，而天下苦之。自群卿以下至于众庶，人怀自危之心，亲处穷苦之实，咸不安其位，故易动也。是以陈涉不用汤、武之贤，不藉公侯之尊，奋臂于大泽，而天下响应者，其民危也。

故先王者见终始之变，知存亡之由。是以牧民以道，务在安之而已。天下虽有逆行之臣，必无响应之助。故曰："安民可与行义，而危民易与为非。"此之谓也。贵为天子，富有四海，身在于戮者，正倾非也。是二世之过也。

秦并兼诸侯，山东三十余郡，修津关，据险塞，缮甲兵而守之。然陈涉率散乱之众数百，奋臂大呼，不用弓戟之兵，锄耰白梃②，望屋而食，横行天下。秦人阻险不守，关梁不闭，长戟不刺，强弩不射。楚沛深入，战于鸿门③，曾无藩篱之难。于是山东诸侯并起，豪俊相立。秦使章邯④将而东征。章邯因其三军之众，要市于外，以谋其上。群臣之不相信，可见于此矣。

子婴立，而遂不悟。借使子婴有庸主之材，而仅得中佐，山东虽乱，三秦之地可全而有，宗庙之祀未当绝也。秦地被山带河以为固，四塞之国也。自缪公⑤以来至于秦王，二十余君，常为诸侯雄。此岂世世贤哉？其势居然也。且天下尝昔日同心并力攻秦矣。当此之世，贤智并列，良将行其师，贤相通其谋，然困于阻险而不能进，秦乃延入战而为之开关，百万之徒逃北而遂坏。然困于险阻而不能进者，岂勇力智慧不足哉？形不利，势不便也。秦虽小邑，伐并大城，守险塞而军，高垒毋战，闭关据阨，荷戟而守之。诸侯起于匹夫，以利合，非有素王之行也。其交未亲，其民未附，名曰亡秦，其实利之也。彼见秦阻之难犯也，必退师。安土息民，以待其弊，收弱扶罢，以令国君，不患不得意于海内。贵为天子，富有四海，而身为禽者，其救败非也。

秦王足己而不问，遂过而不变。二世受之，因而不改，暴虐以重祸。子婴孤立无亲，危弱无辅。三主之惑，终身不悟，亡，不亦宜乎？当此时也，世非无深谋远虑知化之士也。然所以不敢尽忠弗过者，秦俗多忌讳之禁也，忠言未卒于口，而身为糜没矣。故天下之士，倾耳而听，重足而立，箝口而不言。是以三主失道，而忠臣不敢谏，智士不敢谋也。天下已乱，奸臣不上闻，岂不悲哉！先王知壅蔽之伤国也，故置公卿、大夫、士，以饰法设刑，而天下治。其强也，禁暴诛乱而天下服；其弱也，五霸征而诸侯从；其削也，内守外附而社稷存。故秦之盛也，繁法严刑而天下震；及其衰也，百姓怨而海内叛矣。故周五序得其道，而千余载不绝；秦本末并失，故不能长久。由是观之，安危之统相去远矣！

鄙谚曰："前事之不忘，后事之师也。"是以君子为国，观之上古，验之当世，参之人事，察盛衰之理，审权势之宜，去就有序，变化应时，故旷日长久而社稷安矣。

【注释】

①阿房：宫名，位于今陕西长安西北部。

②白梃：大杖。

③鸿门：地名，位于今陕西西安市临潼区东部，现名项王营。

④章邯：秦二世时官少府。陈涉兵起，章邯率兵前去镇压。楚地略定。后从项羽入关，被项羽封为雍王。汉高祖还定三秦，他兵败自杀。

⑤缪公：一作穆公，春秋时五霸之一，秦之强盛即始于缪公。

审　微

"善不可谓小而无益，不善不可谓小而无伤。"非以小善为一足以利天下，小不善为一足以乱国家也。当夫轻始而傲微，则其流必至于大乱，是故子民者谨焉。彼人也，登高则望，临深则窥。人之性非窥且望也，势使然也。夫事有逐奸，势有召祸。老聃曰："为之于未有，治之于未乱。"管仲曰："备患于未形，上也。《语》曰：'焰焰弗灭^①，炎炎奈何；萌芽不伐，且折斧柯。'智禁于微，次也。"事之适乱，如地形之惑人也，机渐而往，俄而东西易面，人不自知也。故墨子见衢路而哭之，悲一跬^②而缪千里也。

昔者卫侯朝于周，周行^③问其名。曰："卫侯辟疆。"周行还之，曰："启疆、辟疆，天子之号也，诸侯弗得用。"卫侯更其名曰磍，然后受之。故善守上下之分者，虽空名弗使逾焉。

古者周礼，天子葬用隧^④，诸侯县下。周襄王出逃伯斗^⑤，晋文公率师诛贼，定周国之乱，复襄王之位。于是襄王赏以南阳之地，文公辞南阳，即死得以隧下。襄王弗听，曰："周国虽微，未之或代也。天子用隧，伯父用隧，是二天子也。以地为少，余请益之。"文公乃退。

礼，天子之乐宫县，诸侯之乐轩县，大夫直县^⑥，士有琴瑟。叔于奚者，卫之大夫也。曲县者，卫君之乐体也；繁缨者，君之驾饰也。齐人攻卫，叔于奚率师逆之，大败齐师。卫于是赏以温^⑦，叔于奚辞温，而请曲县、繁缨以朝，卫君许之。孔子闻之，曰："惜也！不如多与之邑。夫乐者所以载国，国者所以载君。彼乐亡而礼从之，礼亡而政从之，政亡而国从之，国亡而君从之。惜也！不如多与之邑。"

宓子^⑧治亶父^⑨。于是齐人攻鲁，过亶父。始，父老请曰："麦已熟矣，今迫齐寇，民不及刈获。请令民人出，自刈附郭者归，可以益食，且不资寇。"三请，宓子弗听。俄而，麦毕资于齐寇。季孙闻之怒，使人让宓子曰："岂不可哀哉！民乎寒耕热耘，曾弗得食也。弗知犹可，闻或以告，而夫子弗听。"宓子蹴然曰："今年无麦，明年可树。令不耕者得获，是乐有寇也。且一岁之麦，于鲁不加强，丧之不加弱。令民有自取之心，其创必数年不息。"季孙闻之惭，曰："使穴可入，吾岂忍见宓子哉！"

胡明者之感奸由也蚤，其除乱谋也远，故邪不前达。

【注释】

① "焰焰弗灭"四句：引用《家语·金人铭篇》"荧荧不灭，炎炎奈何。青青不伐，将寻斧柯"，而变换之。焰焰，小火。

②跬：三尺，凡人一举足曰跬。

③周行：人名。

④隧：地道，自平地下斜以入莹圹者，天子之葬用之。

⑤伯斗：古地名。

⑥宫县、轩县、直县：宫县，四面县；轩县，三面县；直县，一面县。县，通"悬"。

⑦温：地名，治所位于今河南温县西南部。

⑧宓子：名不齐，字不贱，鲁人，孔子弟子。

⑨亶父：即单父，地名，故城位于今山东单县南部。

《盐铁论》精华

【著录】

　　《盐铁论》十二卷，汉代桓宽撰。桓宽，字次公，汝南人，汉宣帝时被举荐为郎官，后任庐江太守丞。汉昭帝始元六年（前81），昭帝曾下令各郡国举荐贤良文学之士，聚会京都，了解民众疾苦。这些贤良文学之士都请求停止盐铁禁榷，与御史大夫桑弘羊等人的建议相抵触。桓宽将其所论辑为一本，凡六十篇，每篇各有标目，实际上为反复问答，各篇皆首尾相属。盐铁会议之后，虽罢盐铁禁榷，但盐铁依旧由政府专卖，故桓宽作此书，只以盐铁为名，称为《盐铁论》。书末附杂论一篇，借文学贤良之口，对桑弘羊、车千秋等深有微词。这应是该书的根本用意，虽然如此，但此书却记载、保留了汉代有关的大量史料，对后人认识、了解和研究汉代的社会、经济、文化等方面的情况具有重要意义和史料价值。

通　有

　　文学曰："荆、扬南有桂林之饶，内有江湖之利，左陵阳①之金，右蜀汉之材，伐木而树谷，燔莱而播粟，火耕而水耨，地广而饶材，然后皆窳②偷生，好衣甘食。虽白屋草庐，歌讴鼓琴，日给月单，朝歌暮戚。赵、中山带大河，纂四通神衢，当天下之蹊，商贾错于路，诸侯交于道。然民淫好末，侈靡而不务本，田畴不修，男女矜饰，家无斗筲③，鸣琴在室。是以楚、赵之民，均贫而寡富。宋、卫、韩、梁好本稼穑，编户齐民，无不家衍人给。故利在自惜，不在势居街衢；富在俭力趣时，不在岁司羽鸠④也。"

大夫曰："燕之涿、蓟，赵之邯郸，魏之温、轵⑤，韩之荥阳，齐之临淄，楚之宛丘，郑之阳翟，二周之三川，富冠海内，皆为天下名都。非有助之耕其野而田其地者也，居五诸侯之衢，跨街冲之路也。故物丰者民衍，宅近市者家富。富在术数，不在劳身，利在势居，不在力耕也。"

文学曰："古者采椽不斲，茅屋不翦，衣布褐，饭土硎⑥，铸金为锄，埏埴⑦为器，工不造奇巧，世不宝不可衣食之物，各安其居，乐其俗，甘其食，便其器。是以远方之物不交，而昆山之玉不至。今世俗坏而竞于淫靡，女极纤微，工极技巧，雕素朴而尚珍怪，钻山石而求金银，没深渊求珠玑，设机陷求犀象，张网罗求翡翠，求蛮貊之物以眩中国，徙邛、筰⑧之货致之东海，交万里之财，旷日费功，无益于用。是以褐夫匹妇，劳罢力屈，而衣食不足也。故王者禁溢利，节漏费。溢利禁则反本，漏费节则民用给。是以生无乏资，死无转尸也。"

大夫曰："五行，东方木，而丹章⑨有金铜之山；南方火，而交趾有大海之川；西方金，而蜀陇有名材之林；北方水，而幽都有积沙之地。此天地所以均有无而通万物也。今吴越之竹，隋、唐⑩之材，不可胜用，而曹、卫、梁、宋采棺转尸；江湖之鱼，莱、黄之鲐，不可胜食，而邹、鲁、周、韩藜藿蔬食。天下之利无不赡，而山海之货无不富也。然百姓匮乏，财用不足，多寡不调，而天下财不散也。"

文学曰："孟子云：'不违农时，谷不可胜食。蚕麻以时，布帛不可胜衣。斧斤以时入，材木不可胜用。佃渔以时，鱼肉不可胜食。'否则饰宫室，增台榭，梓匠斫巨为小，以圆为方，上成云气，下成山林，则材木不足用也。男子去本为末，雕文刻镂，以象禽兽，穷物究变，则谷不足食也。妇女饰微治细，以成文章，极技尽巧，则丝布不足衣也。庖宰烹杀胎卵，煎炙齐和⑪，穷极五味，则鱼肉不足食也。当今世，非患禽兽不损，材木不胜，患僭侈之无穷也；非患无旃砱⑫橘柚，患无狭庐糟糠也。"

大夫曰："古者宫室有度，舆服以庸。采椽茅茨，非先王之制也。君子节奢刺俭，俭则固。昔季文子相鲁，妻不衣帛，马不秣粟。孔子曰：'不可，大俭极下。'此《蟋蟀》⑬所为作也。《管子》曰：'不饰宫室，则材木不可胜用，不充庖厨，则禽兽不损其寿。无味利则本业所出，无黼黻则女红不施。'故工商梓匠，邦国之用，器械之备也，自古有之，非独于此。弦高⑭饭牛于周，五羖⑮赁车入秦，公输子⑯以规矩，欧冶⑰以熔铸。《语》曰：'百工居肆，以成其事。'农商交易，以利本末。山居泽处，蓬蒿尧垎，财物流通，有以均之。是以多者不独衍，少者不独馑，若各居其处，食其食，则是橘柚不鬻，朐、卤⑱之盐不出，旃罽不市，而吴、唐之材不用也。"

【注释】

①陵阳：山名，位于安徽宣城市，为黟山之支峰。

②呰窳：苟且懒惰。

③斗筲：本作器小解。今言无升斗的储备。

④羽鸠：古有羽人鸣鸠，主布百谷。羽鸠，意指大有年。

⑤温、轵：温，县名，位于今河南温县；轵，地名，位于今河南济源市西北部。

⑥土硎：泥土制作的盛羹器。

⑦埏埴：和泥制作陶器。

⑧邛、筰：古代西南夷二国名。

⑨丹章：地名，其地多金玉之山。

⑩隋、唐：隋，县名，位于今湖北隋县；唐，县名，位于今河南泌阳县。

⑪齐和：齐，同剂。齐和，犹言调和。

⑫旃砼：毛织物品。

⑬《蟋蟀》：《诗·唐风》之篇名。

⑭弦高：郑人，隐于商，闻秦将袭郑，高矫郑伯之命，以十二牛犒秦师，且使人告郑为备，秦知计败乃返，郑穆公以存国之赏赏高，高辞。

⑮五羖：即百里奚。因秦穆公以五羖羊皮赎之，授以国政，故人号"五羖大夫。"

⑯公输子：鲁巧人，名班，又称鲁班。

⑰欧冶：春秋时人。善铸剑，为赵王作五剑，为楚王作三剑，均著名。

⑱朐、卤：朐，县名，故城位于今江苏东海县南；卤，地名，位于今甘肃天水市、伏羌县之间。

贫 富

文学曰：“古者事业不二，利禄不兼，然后诸业不相远，而贫富不相悬也。夫乘爵禄以谦让者，名不可胜举也。因权势以求利者，人不可胜数也。食湖池，管山海，刍荛者不能与之争泽，商贾不能与之争利。子贡以布衣致之，而孔子非之，况以势位求之者乎？故古者大夫思其仁义以充其位，不为权利以充其私也。”

大夫曰：“余结发束修，年十三幸得宿卫，给事辇毂之下，以至卿大夫之位，获禄受赐，六十有余年矣。车马衣服之用，妻子仆养之费，量入为出，俭节以居之，奉禄赏赐，一二筹册之，积浸以致富成业。故分土若一，贤者能守之；分财若一，知者能筹之。夫子贡之废著①，陶朱公之三至千金，岂必赖之民哉？运之六寸，转之息耗，取之贵贱之间耳！”

文学曰：“行远道者假于车，济江海者因于舟，故贤士之立功成名，因于资而假物者也。公输子能因人主之材木，以构宫室台榭，而不能自为专室狭庐，材不足也。欧冶能因国君之铜铁以为金炉大钟，而不能自为一鼎盘，材无其用也。君子因人主之正朝，以和百姓，润众庶，而不能自饶其家，势不便也。故舜耕于历山②，恩不及州里，太公屠牛于朝歌③，利不及妻子，及其见用，恩流八荒，德溢四海。故舜假之尧，太公因之周，君子能修身以假道，不能枉道而假财也。”

大夫曰：“山岳有饶，然后百姓澹焉；河海有润，然后民取足焉。夫寻常之污④，不能溉陂泽；丘阜之木，不能成宫室。小不能苞大，少不能澹多。未有不能自足而能足人者也，未有不能自治而能治人者也。故善为人者能自为者也，善治人者能自治者也。文学不能治内，安能理外乎？”

文学曰：“孔子云：‘富而可求也，虽执鞭之事，吾亦为之。如不可求，从吾所好。’君子求义，非苟富也。故刺子贡不受命而货殖焉。君子遭时则富且贵，不遇则退而乐道。不以利累己，故不违义而妄取。隐居修节，不欲妨行，故不毁名而趋势。虽附之以韩、魏之家，非其志则不居。富贵不能荣，谤毁不能伤也。故原宪⑤之缊袍，贤于季孙之狐貉；赵宣孟⑥之鱼食，甘于知伯⑦之刍豢；子思之银佩，美于虞公之垂棘⑧。魏文侯轼段干木⑨之闾，非以其有势也。晋文公见韩庆⑩下车而趋，非以其多财，以其富于仁，充于德也。故贵何必财？亦仁义而已矣！”

大夫曰："道悬于天，物布于地，知者以衍，愚者以困。子贡以著积显于诸侯，陶朱公以货殖尊于当世。富者交焉，贫者澹焉。故上自人君，下及布衣之士，莫不戴其德，称其仁。原宪、孔伋，当世被饥寒之患，颜回屡空于穷巷，当此之时，迫于窟穴，拘于缊袍，虽欲假财信奸佞，亦不能也。"

【注释】

①废著：意指囤积居奇，贱买贵卖。

②历山：其地址有三种说法，一说位于今山东济南市东南部，一说位于今山西永济市东南，一说位于今河南范县。

③朝歌：位于今河南淇县。

④污：停潴不流之水。

⑤原宪：鲁人，字子思，又称原思，孔子弟子，性狷介。孔子为司寇，以宪为家邑宰。

⑥赵宣孟：即赵盾，谥宣子，又称宣孟。

⑦知伯：即知瑶，又称荀瑶。

⑧虞公之垂棘：垂棘，璧名，春秋时，虞公受晋垂棘之璧，假道伐虢，而虞亦亡。

⑨段干木：魏人，少贫且贱，游西河，师事卜子夏，守道不仕，魏文侯过其庐必轼之。

⑩韩庆：春秋时晋国贤人。

《新序》精华

【著录】

《新序》，是西汉经学家、目录学家和文学家刘向按照儒家观点重新编辑的一部历史故事集。刘向字子政，本名更生，今江苏沛县人。大约生于公元前77年，卒于公元前6年。为汉高祖同父少弟楚元王刘交四世孙，身历宣帝、元帝、成帝三朝，曾任谏议大夫、散骑宗正给事中、光禄大夫等官职，终中垒校尉。为人简易，无威仪，善属文辞，专积思于经术，究治《春秋谷梁传》，喜用阴阳休咎推论时政得失。屡次上书，劾奏外戚擅权，言多痛切。晚年领校秘府藏书，每书校毕，辄条列其篇目，综括其旨归，辨订其讹谬，写成叙录奏上，最后汇编成《别录》，为我国目录学之祖。其著述颇丰，今存《洪范五行传》《列女传》《说苑》和《新序》等。

《新序》编定于汉成帝阳朔元年（前24），原有三十篇，录一篇。传至北宋，已出现残缺。曾巩为之校定，编作十卷，是为今本。今本包括《杂事》五卷，《刺奢》一卷，《节士》一卷，《义勇》一卷，《善谋》二卷，分类纂辑先秦至汉初的历史人物事迹，总共一百八十三则。其中春秋时事居多，汉事仅为数条。其来源，主要采自《吕氏春秋》《战国策》《韩诗外传》和《史记》；其他如《春秋三传》《荀子》《韩非子》《晏子春秋》诸书，也在征引之列。不仅事出有据，而且传闻异辞，可补古史之不足。

刘向诠次《新序》，主旨在于阐扬儒家的政治思想和伦理道德观念，既要求君王正身戒奢，赏善任贤，广开言路，又敦促臣属竭尽忠义之道和佐治之能。由这种主旨所决定，书中对某些史事未予详考，甚或存在自相矛盾或错讹之处。

杂事一　录二则

卫灵公之时，蘧伯玉①贤而不用，弥子瑕②不肖而任事。卫大夫史䲧③患之，数以谏灵公而不听。史䲧病且死，谓其子曰："我即死，治丧于北堂。吾不能进蘧伯玉而退弥子瑕，是不能正君也。生不能正君者，死不当成礼。置尸北堂，于我足矣。"史䲧死，灵公往吊，见丧在北堂，问其故，其子具以父言对灵公。灵公蹴然易容，寤然失位，曰："夫子生则欲进贤而退不肖，死且不懈，又以尸谏，可谓忠而不衰矣！"于是乃召蘧伯玉而进之以为卿，退弥子瑕，徙丧正堂，成礼而后返。卫国以治。史䲧，字子鱼，《论语》所谓"直哉史鱼"者也。

晋大夫祁奚④老，晋君问曰："孰可使嗣？"祁奚对曰："解狐⑤可。"君曰："非子之仇耶？"对曰："君问可，非问仇也。"晋遂举解狐。后又问："孰可以为国尉？"祁奚对曰："午也可。"君曰："非子之子耶？"对曰："君问可，非问子也。"君子谓祁奚能举善矣，称其仇不为谄，立其子不为比。《书》曰："不偏不党，王道荡荡，"祁奚之谓也。外举不辟仇雠，内举不回亲戚，可谓至公矣。唯善，故能举其类。《诗》曰："唯其有之，是以似之，"祁奚有焉。

【注释】

①蘧伯玉：卫大夫，名瑗，以字行。年五十而知四十九年之非，不为冥冥堕行，为贤大夫。

②弥子瑕：卫灵公之嬖大夫，后被罢黜。

③史䲧：字子鱼，又称史鱼，以尸谏君。

④祁奚：晋悼公时为中军尉，平公时为公族大夫。

⑤解狐：晋公子之贤者。

刺　　奢　录三则

魏王将起中天台，令曰："敢谏者死。"许绾①负操锸入，曰："闻大王将起中天台，臣愿加一力。"王曰："子何力有加？"绾曰："虽无力，能商台。"王曰："若何？"曰："臣闻天与地相去万五千里。今王因而半之，当起七千五百里之台。高既如是，其趾须方八千里，尽王之地，不足以为台趾。古者尧、舜建诸侯，地方五千里。王必起此台，先以兵伐诸侯，尽有其地，犹不足，又伐四夷，得方八千里，乃足以为台趾。林木之积，人徒之众，仓廪之储，数以万亿。度八千里之外，当定农亩之地，足以奉给王之台者。台具以备，乃可以作。"魏王默然无以应，乃罢起台。

卫灵公以天寒凿池，宛春②谏曰："天寒起役，恐伤民。"公曰："天寒乎？"宛春曰："君衣狐裘，坐熊席，隩隅有灶，是以不寒。今民衣弊不补，履决不苴。君则不寒，民诚寒矣。"公曰："善。"令罢役。左右谏曰："君凿池不知天寒，以宛春知而罢役，是德归宛春，怨归于君。"公曰："不然。宛春，鲁国之匹夫，吾举之，民未有见也，今将令民以此见之。且春也有善，寡人有春之善，非寡人之善与？"灵公论宛春，可谓知君之道矣。

士尹池③为荆使于宋，司城子罕④止而觞之。南家之墙，拥于前而不直，西家之潦，经其宫而不止。士尹池问其故，司城子罕曰："南家工人也，为鞔⑤者也。吾将徙之，其父曰：'吾恃为鞔，已食三世矣。今徙，是宋邦之求鞔者，不知吾处也，吾将不食。愿相国之忧吾不食也。'为是故吾不徙。西家高，吾宫卑，潦之经吾宫也利，为是故不禁也。"士尹池归荆，适兴兵欲攻宋。士尹池谏于王曰："宋不可攻也。其主贤，其相仁。贤者得民，仁者能用人。攻之无功，为天下笑。"楚释宋而攻郑。孔子闻之曰："夫修之于庙堂之上，而折冲于千里之外者，司城子罕之谓也。"

【注释】

①许绾：魏人，以讽谏著称。

②宛春：卫人，非楚大夫宛春。

③士尹池：士尹，官名；池，人名。

④司城子罕：姓乐名喜，为宋正卿，有惠政于民。

⑤鞔：鞋帮。

义 勇 录二则

陈恒[1]弑君，使勇士六人劫子渊栖。子渊栖曰："子之欲与我，以我为知乎？臣弑君，非知也！以我为仁乎？见利而背君，非仁也！以我为勇乎？劫我以兵，惧而与子，非勇也！使吾无此三者与，何补于子？若吾有此三者，终不从子矣。"乃舍之。

白公胜[2]既杀令尹司马，欲立王子闾以为王。王子闾不肯，劫之以刃。王子闾曰："王孙辅相楚国，匡正王室，而后自庇焉，闾之愿也。今子假威以暴王室，杀伐以乱国家，吾虽死，不子从也。"白公胜曰："楚国之重，天下无有。天以与子，子何不受也？"王子闾曰："吾闻辞天下者，非轻其利也，以明其德也；不为诸侯者，非恶其位也，以洁其行也。今吾见国而忘主，不仁也；劫白刃而失义，不勇也。子虽告我以利，威我以兵，吾不为也。"白公强之，不可，遂杀之。叶公高[3]率众诛白公，而反惠王[4]于国。

【注释】

①陈恒：齐人，乞子。与阚止俱事简公，阚止有宠，欲尽逐陈氏，陈豹以告，恒遂杀阚止，并弑简公，而立平公。卒谥成子。

②白公胜：楚太子建子。幼在吴，子西召之还，使为白公。后作乱，杀子西、子期于朝，而劫惠王。叶公子高讨之，白公胜奔山而缢。

③叶公高：即沈诸梁，字子高，叶县尹，僭称公。白公作乱，叶公来勤王。白公既诛，楚王以定，遂老于叶。

④惠王：昭王子，名章，在位五十七年。

善 谋 录一则

赵地乱，武臣[1]、张耳[2]、陈余[3]定赵地，立武臣为赵王，张耳为相，陈余为将军。赵王间出，为燕军所得。燕囚之，欲与三分其地乃归王。使者至燕，辄杀之，以固求地，张耳、陈余患之。有厮养卒谢其舍中人曰："吾为公说燕，与赵王载归。"舍中人皆笑之曰："使者往十辈死，若何以能得王？"厮养卒曰："非若所知。"乃洗沐往见张耳、陈余，遣行见燕王。燕王问之，对曰："贱人希见长者，愿请一卮酒。"已饮，又问之，复曰："贱人希见长者，愿复请一卮酒。"与之酒，卒曰："王知臣何欲？"燕王曰："欲得而王耳。"卒曰："君知张耳、陈余何人也？"燕王曰："贤人也。""君知其意何欲？"曰："欲得其王耳。"赵卒笑曰："君未知两人所欲也。夫武臣、张耳、陈余，杖马策下赵数十城，此亦各欲南面而王，岂为卿相哉？夫臣与主岂可同日道哉？顾其势始定，未敢三分而王。且以长少，先立武臣为王，以持赵心。今赵地已服，此两人亦欲分赵而王，时未可耳。今君囚赵王，此两人名为求赵王，实欲燕杀之，此两人分赵自立。夫以一赵尚易燕，况两贤王左提右挈，执直义而以责不直之弱燕，灭无日矣！"燕王以为然，乃遣赵王。养卒为御而归，遂得反国，复立为王。赵卒之谋也。

【注释】

①武臣：秦陈人。陈胜既起兵，令臣徇赵。臣自号武信君，攻下赵数十城，至邯郸，自立为赵王，后被部下张耳所杀。

②张耳：大梁（今河南开封）人。秦末从陈余、武臣北定赵地，为赵王丞相。后被项羽封为常山王。后又投靠刘邦，改立为赵王。

③陈余：大梁（今河南开封）人，曾与张耳从武臣占据赵地。武臣被杀后，他与张耳立旧贵族赵歇为王。后与张耳绝交，自为代王，在韩信破赵之战中兵败被杀。

《说苑》精华

【著录】

　　《说苑》是一部历史故事集，西汉刘向著，原有二十篇。传至宋代，国家图书馆所藏该书已仅存5篇。大学者曾巩在校书过程中，又从私家藏书中搜得十五篇，遂合并而复编次为二十篇，但篇目名称、顺序先后及某些内容或与原书不同。后又有人根据高丽国所存《说苑》版本加以校勘补缀，仍厘为二十篇。清乾隆时修《四库全书》时，遂予收录，此即今所见到的本子。该书分类纂辑先秦至汉代的大量历史资料及足可为人取法鉴戒的遗文佚事，杂以议论，借以阐发儒家的政治思想和伦理道德观念。该书保存了大量古文献片段及历史资料，在古籍整理校勘和历史研究中，足资参考。此外，其中不少篇目，也是很好的文学作品。因此，该书向为古今学人们所重视。该书可补充《国语》和《战国策》之不足，不仅史料丰富，而且不是按类收编，弥足珍贵。

君　道　录六则

　　武王问太公①曰："得贤敬士，或不能以为治者，何也？"太公对曰："不能独断，以人言断者，殃也。"武王曰："何为以人言断？"太公对曰："不能定所去，以人言去；不能定所取，以人言取；不能定所为，以人言为；不能定所罚，以人言罚；不能定所赏，以人言赏。贤者不必用，不肖者不必退，而'士'不必敬。"武王曰："善。其为国何如？"太公对曰："其为人，恶闻其情，而喜闻人之情；恶闻其恶，而喜闻人之恶，是以不必治也。"武王曰："善。"

　　齐景公问于晏子曰："寡人欲从夫子而善齐国之政。"对曰："婴闻之，国具官而后政可善。"景公作色曰："齐国虽小，则何为不具官乎？"对曰："此非臣之所复也。昔先君桓公，身体堕懈，辞令不给，则隰朋②侍；左右多过，刑罚不中，则弦章③侍；居处肆纵，左右慑畏，则东郭牙④侍；田野不修，人民不安，则宁戚⑤侍；军吏怠，戎士偷，则王子成父⑥侍；德义不中，信行衰微，则管子⑦侍。先君能以人之长续其短，以人之厚补其薄，是以辞令穷远而不逆，兵加于有罪而不顿。是故诸侯朝其德，而天子致其胙。今君之失多矣，未有一士以闻者也，故曰未具。"景公曰："善。吾闻高缭⑧与夫子游，寡人请见之。"晏子曰："臣闻为地战者不能成王，为禄仕者不能成政。若高缭与婴为兄弟久矣，未尝干婴之过，补婴之阙，特进仕之臣也，何足以补君？"

　　燕昭王问于郭隗⑨曰："寡人地狭人寡，齐人削取八城，匈奴驱驰楼烦⑩之下，以孤之不肖，得承宗庙，恐危社稷，存之有道乎？"郭隗曰："有。然恐王之不能用也！"昭王避席，愿请闻之。郭隗曰："帝者之臣，其名臣也，其实师也；王者之臣，其名臣也，其实友也；霸者之臣，其名臣也，其实宾也；危国之臣，其名臣也，其实虏也。今王将东面，目指气使以求臣，则厮役之材至矣；南面听朝，不失揖让之礼以求臣，则人臣之材至矣；西面等礼相亢，下之以色，不乘势以求臣，则朋友之材至矣；北面拘指，逡巡而退以求臣，则师傅之材至矣。如此，则上可以王，下可以霸，唯王择焉。"燕王曰："寡人愿学而无师！"郭隗曰："王诚欲兴道，隗请为天下之士开路。"于是燕王常置郭隗上坐南面。居三年，苏子⑪闻之，从周归燕；邹衍⑫闻之，从齐归燕；乐毅⑬闻之，从赵归燕；屈景⑭闻之，从楚归燕。四子毕至，果以弱燕并强齐。夫燕、齐非均权敌战之国也，所以然者，四子之力也。《诗》曰："济济多士，文王以宁。"此之谓也。

　　楚庄王好猎，大夫谏曰："晋、楚敌国也，楚不谋晋，晋必谋楚。今王无乃耽于乐乎？"王曰："吾猎将以求士也。其榛蕝刺虎豹者，吾是以知其勇也；其攫犀搏兕者，吾是以知其劲有力也；罢田而分所得，吾是以知其仁也。因是道也，而得三士焉，楚国以安。"故曰"苟有志则无非事者"，此之谓也。汤之时大旱七年，洛坼川竭，煎沙烂石，于是使人持三足鼎祝山川，教之祝曰："政不节耶？使人疾耶？苞苴行耶？谗夫昌耶？宫室营耶？女谒盛耶？何不雨之极也？"盖言未已而天大雨。故天之应人，如影之随形，响之效声者也。《诗》云："上下奠瘗，靡神不宗。"言疾旱也。

晏子没十有七年，景公饮诸大夫酒，公射出质⑮，堂上唱善，若出一口，公作色太息，播弓矢。弦章入，公曰："章，自吾失晏子，于今十有七年，未尝闻吾过不善。今射出质，而唱善者若出一口。"弦章对曰："此诸臣之不肖也，知不足以知君之不善，勇不足以犯君之颜色。然而有一焉，臣闻之：君好之则臣服之，君嗜之则臣食之。夫尺蠖食黄则其身黄，食苍则其身苍。君其犹有谄人言乎？"公曰："善。今日之言，章为君，我为臣。"是时海人入鱼，公以五十乘赐弦章归，鱼乘塞途，抚其御之手曰："曩之唱善者，皆欲若鱼者也。昔者晏子辞赏以正君，故过失不掩。今诸臣谄谀以干利，故出质而唱善如出一口。今所辅于君，未见于众，而受若鱼，是反晏子之义，而顺谄谀之欲也！"固辞鱼不受。君子曰："弦章之廉，乃晏子之遗行也。"

夫天之生人也，盖非以为君也；天之立君也，盖非以为位也。夫为人君行其私欲，而不顾其人，是不承天意，忘其位之所以宜事也。如此者，《春秋》不予能君而夷狄之，郑伯恶一人而兼弃其师，故有"夷狄不君"之辞。人主不以此自省，惟既以失实，心奚因知之？故曰："有国者不可以不学《春秋》。"此之谓也。

尊君卑臣者，以势使之也，夫势失则权倾。故天子失道则诸侯尊矣，诸侯失政则大夫起矣，大夫失官则庶人兴矣。由是观之，上不失而下得者，未尝有也。

【注释】

①太公：姜姓，吕氏，名望，字子牙，号太公。西周初年官太师，也称师尚父，佐武王灭商有功，封于齐地。兵书《六韬》，为战国时人伪托于他的作品。

②隰朋：以公国的公族为大夫，协助管仲，辅佐桓公成就霸业。

③弦章：齐国之臣，善于以譬喻隐谏。

④东郭牙：齐国之臣。犯颜进谏于齐君，不畏死，不贪富贵，被立为大谏之官。

⑤宁戚：本为卫国人，至齐为人喂牛，桓公拜为上卿。

⑥王子成父：齐国大夫，率兵攻杀来犯之长翟有功，死后被埋在齐之都城北门。

⑦管子：即管仲。辅佐桓公改革内政，称霸诸侯。

⑧高缭：晏子的好友。

⑨郭隗：燕人，燕昭王想招纳贤士以改革内政，增强国力。郭隗讲述千金买马骨的故事谏喻昭王招贤尊贤，并率先应招，贤士们遂争奔于燕，使燕国迅速强盛。

⑩楼烦：古国名，位于今山西保德、宁武一带。

⑪苏子：即苏代，战国时东周洛阳人，苏秦之弟。

⑫邹衍：齐人，著名阴阳家，倡五德终始之说，为诸侯所尊，齐人赞之为"谈天衍"。

⑬乐毅：卫国人。后来自赵归燕，昭王拜为上将，率领五国联军伐齐，夺齐七十余城。

⑭屈景：楚人。

⑮出质：射箭所用之靶子称为质。出质，即射未中靶。

立　节　录一则

齐崔杼①弑庄公，邢蒯聩②使晋而反。其仆曰："崔杼弑庄公，子将奚如？"邢蒯聩曰："驱之，将入死而报君。"其仆曰："君之无道也，四邻诸侯莫不闻也，以夫子而死之，不亦难乎？"邢蒯聩曰："善。能言也，然亦晚矣。子早言我，我能谏之。谏不听，我能去。今既不谏，又不去。吾闻食其禄者死其事。吾既食乱君之禄矣，又安得治君而死之？"遂驱车入死。其仆曰："人有乱君，人犹死之，我有治长，可毋死乎？"乃结辔自刎于车上。君子闻之曰："邢蒯聩可谓守节死义矣。死者人之所难也，仆夫之死也，虽未能合义，然亦有志士之意矣。"《诗》云："夙夜匪懈，以事一人。"邢生之谓也。孟子曰:"勇士不忘丧其元。"仆夫之谓也。

【注释】

①崔杼:齐大夫。庄公与其妻私通,遂弑庄公,立景公而任其相,后为庆封所杀。

②邢蒯聩:齐国之贤臣。

贵　德　录三则

圣人之于天下百姓也,其犹赤子乎!饥者则食之,寒者则求之,将之养之,育之长之,唯恐其不至于大也。《诗》曰:"蔽芾甘棠,勿翦勿伐,召伯①所茇。"《传》曰:自陕②以东者,周公主之;自陕以西者,召公主之。召公述职,当桑蚕之时,不欲变民事,故不入邑中,舍于甘棠之下而听断焉,陕间之人,皆得其所。是故后世思而歌咏之,善之,故言之,言之不足,故嗟叹之,嗟叹之不足,故歌咏之。夫诗,思然后积,积然后满,满然后发,发由其道而致其位焉。百姓叹其美而致其敬,甘棠之不伐也,政教恶乎不行?孔子曰:"吾于《甘棠》,见宗庙之敬也。"甚尊其人,必敬其位,顺安万物,古圣之道几哉!

仁人之德教也,诚恻隐于中,悃愊于内,不能已于其心。故其治天下也,如救溺人。见天下强陵弱,众暴寡,幼孤羸露,死伤系虏,不忍其然。是以孔子历七十二君,冀道之一行,而得施其德,使民生于全育,烝庶安土,"万物"熙熙,各乐其终,卒不遇。故睹麟而泣,哀道不行,德泽不洽。于是退作《春秋》,明"素王"③之道,以示后人。思施其惠,未尝辍忘,是以百王尊之,志士法焉,诵其文章,传今不绝,德及之也。《诗》曰:"载驰载驱,周爰咨谋。"此之谓也。

圣王布德施惠,非求报于百姓也;郊望禘尝,非求报于鬼神也。山致其高,云雨起焉;水致其深,蛟龙生焉;君子致其道德,而福禄归焉。夫有阴德者必有阳报,有隐行者必有昭名。古者沟防不修,水为人害,禹凿龙门④,辟伊阙⑤,平治水土,使民得陆处。百姓不亲,五品不逊,契教以君臣之义,父子之亲,夫妇之辨,长幼之序。田野不修,民食不足,后稷教之辟地垦草，粪土树谷，令百姓家给人足。故三后之后，无不王者，有阴德也。周室衰，礼义废，孔子以三代之道教导于后世，继嗣至今不绝者，有隐行也。《周颂》曰："丰年多黍多稌⑥，亦有高廪，万亿及秭⑦，为酒为醴，烝畀祖妣，以洽百礼，降福孔偕。"《礼记》曰："上牲损则用下牲，下牲损则祭不备物。"以其舛之为不乐也。故圣人之于天下也，譬犹一堂之上也，今有满堂饮酒者，有一人独索然向隅而泣，则一堂之人皆不乐矣。圣人之于天下也，譬犹一堂之上也，有一人不得其所者，则孝子不敢以其物荐进。

魏武侯⑧浮西河而下，中流顾谓吴起⑨曰："美哉乎！河山之固也，此魏国之宝也。"吴起对曰："在德不在险。昔三苗⑩氏左洞庭，右彭蠡⑪，德义不修，而禹灭之。夏桀之居，左河济，右太华，伊阙在其南，羊肠在其北⑫，修政不仁，汤放之。殷纣之国，左孟门而右太行，常山在其北，大河经其南⑬，修政不德，武王伐之。由此观之，在德不在险。若君不修德，船中之人尽敌国也。"武侯曰："善。"

中行穆子⑭围鼓⑮，鼓人有以城反者，不许。军吏曰："师徒不勤可得城，奚故不受？"曰："有以吾城反者，吾所甚恶也。人以城来，我独奚好焉？赏所甚恶，是失赏也，若所好何？若不赏，是失信也，奚以示民？"鼓人又请降。使人视之，其民尚有食也，不听。鼓人告食尽力竭，而后取之，克鼓而反，不戮一人。

【注释】

①召伯：即召公，召公巡行南方，推行文王的仁政，居住在一棵甘棠树下，不肯扰民。后人感戴，所以赋诗歌颂他。

②陕：指陕陌，又称陕原。位于今河南陕县西南部。周成王时周公、召公分陕而治，以此地为界。

③素王：有帝王之德而未居帝王之位的人，此处指孔子。

④龙门：位于山西河津和陕西韩城之间，一说即吕梁山。

⑤伊阙：位于河南洛阳市之南部，因两座山相对峙，远望像一座阙门，有伊水经其间流过，故称伊阙。

⑥稌：即糯稻。

⑦秭：古代数量词，即亿万。

⑧魏武侯：名击，魏文侯之子，与韩、赵三分晋国之地，在位十六年。

⑨吴起：魏人。曾子的学生，善用兵，后任楚相，伐秦有功。

⑩三苗：古代部族名，为湖南溪峒诸苗的先祖。三，言其分支之多。

⑪彭蠡：位于今江西鄱阳湖。

⑫左河济，右太华，伊阙在其南，羊肠在其北：河济指黄河、济水；太华指西岳华山；伊阙见前注⑤；羊肠指羊肠山，位于今山西交城县东北。

⑬左孟门而右太行，常山在其北，大河经其南：孟门指孟门山，位于今陕、晋之间黄河两岸；太行指太行山；常山指北岳恒山；大河指黄河。

⑭中行穆子：即荀吴，偃子。晋平公时为大夫，颇有战功。

⑮鼓：古国名，白狄别种所建，辖地位于今河北晋州一带。

善　说　录三则

孙卿①曰："夫谈说之术，齐庄以立之，端诚以处之，坚强以持之，譬称以谕之，分别以明之，欢忻愤满以送之，宝之珍之，贵之神之。如是则说常无不行矣。"夫是之谓能贵其所贵。传曰："惟君子为能贵其所贵也。"《诗》云："无易由言，无曰苟矣。"鬼谷子②曰："人之不善而能矫之者难矣。说之不行，言之不从者，其辩之不明也。既明而不行者，持之不固也；既固而不行者，未中其心之所善也。辩之明之，持之固之，又中其人之所善，其言神而珍，白而分，能入于人之心，如此而说不行者，天下未尝闻也。此之谓'善说'。"子贡曰："出言陈辞，身之得失，国之安危也。"《诗》云："辞之绎矣，民之莫矣。"

夫辞者，人之所以自通也。主父偃③曰："人而无辞，安所用之？"昔子产修其辞，而赵武④致其敬；王孙满⑤明其言，而楚庄以惭；苏秦行其说，而六国以安；蒯通⑥陈其说，而身得以全。夫辞者，乃所以尊君、重身、安国、全性者也。故辞不可不修，而说不可不善。

客谓梁王曰："惠子⑦之言事也善譬，王使无譬，则不能言矣。"王曰："诺。"明日见，谓惠子曰："愿先生言事则直言耳，无譬也。"惠子曰："今有人于此而不知弹者，曰：'弹之状何若？'应曰：'弹之状如弹。'

则谕乎？"王曰："未谕也。""于是便应曰：'弹之状如弓，而以竹为弦。'则知乎？"王曰："可知矣。"惠子曰："夫说者固以其所知，谕其所不知，而使人知之。今王曰无譬，则不可矣。"王曰："善。"

雍门子周[8]以琴见乎孟尝君，孟尝君曰："先生鼓琴，亦能令文悲乎？"雍门子周曰："臣何独能令足下悲哉？臣之所能令悲者，有先贵而后贱，先富而后贫者也。不若身材高妙，适遭暴乱，无道之士，妄加不道之理焉；不若处势隐绝，不及四邻，诎折加厌，袭于穷巷，无所告诉；不若交欢相爱，无怨而任离，远赴绝国，无复相见之时；不若少失二亲，兄弟别离，家室不足，忧蹙盈匈。当是之时也，固不可以闻飞鸟疾风之声，穷穷焉固无乐已。凡若是者，臣一为之徽胶援琴而长太息，则流涕沾衿矣。今若足下，千乘之君也，居则广厦邃房，下罗帐，来清风，倡优侏儒处前，迭进而诮谀；燕则斗象棋而舞郑女，激楚之功风彩色以淫目，流声以娱耳；水游则连方舟，载羽旗，鼓吹乎不测之渊；野游则驰骋弋猎乎平原广囿，格猛兽；入则撞钟击鼓乎深宫之中。方此之时，视天地曾不若一指，忘死与生。虽有善鼓琴者，固未能令足下悲也。"

孟尝君曰："否！否！文固以为不然。"雍门子周曰："然，臣之所为足下悲者，事也。夫声敌帝而困秦者，君也。连五国之约，南面而伐楚者，又君也。天下未尝无事，不从则横。从成则楚王，横成则秦帝。楚王秦帝，必报仇于薛[9]矣。夫以秦、楚之强而报仇于弱薛，譬之犹摩萧斧而伐朝菌也，必不留行矣。天下有识之士，无不为足下寒心酸鼻者。千秋万岁之后，庙堂必不血食矣。高台既以坏，曲池既以渐，坟墓既以下而青廷矣。婴儿竖子樵采薪荛者，踯躅[10]其足而歌其上。众人见之，无不愀焉为足下悲之曰：'夫以孟尝君尊贵，乃可使若此乎？'"于是孟尝君泫然泣涕，承睫而未殒，雍门子周引琴而鼓之，徐动宫徵，微挥羽角，切终而成曲。孟尝君涕浪汗增，歔而就之曰："先生之鼓琴，今文若破国亡邑之人也。"

【注释】

①孙卿：即荀卿，名况，战国时赵人，汉代人避宣帝刘询讳，称之为孙卿。有《荀子》一书传世。倡性恶说，是朴素唯物论思想家。

②鬼谷子：即王诩，战国时楚人。因隐居鬼谷，而号鬼谷先生，在世数百岁，

后不知所终，著有《鬼谷子》一书。其说前后不一，先倡黄老"心术"之论，后演变为纵横之术，苏秦、张仪都宗其学术。

③主父偃：汉临淄人。初学纵横术，后学《易》《春秋》，汉武帝元光时上书言事，拜为郎中，一年内即升为中大夫，后因罪族诛。

④赵武：即赵孟。晋赵盾之孙，初立为卿，为晋悼公相，死后赠谥为"文"。

⑤王孙满：周定王时的大夫，擅长辞令。

⑥蒯通：汉代范阳人，本名彻。以避武帝刘彻讳改为通。怀有奇计，曾研究战国游说之士的权变之术。

⑦惠子：即惠施，宋人，曾任梁国相，擅长论辩。与庄周友善，庄子称其多方术，学富五一，著有《惠子》一书，已失传。是战国名家代表人物，也为纵横之术。

⑧雍门子周：即雍门周，战国时之善鼓琴的音乐家。

⑨薛：西周封国，位于今山东滕州市东南部。后为齐国所灭。

⑩踟蹰：意欲前行而又犹豫不进。

奉 使 录二则

魏文侯封太子击于中山①，三年，使不往来。舍人赵仓唐进称曰："为人子，三年不闻父问，不可为孝；为人父，三年不问子，不可谓慈。君何以遣人使大国乎？"太子曰："愿之久矣，未得可使者。"仓唐曰："臣愿奉使。侯何嗜好？"太子曰："侯嗜晨凫②，好北犬。"于是乃遣仓唐缧北犬，奉晨凫，献于文侯。

仓唐至，上谒曰："孽子击之使者，不敢当大夫之朝。请以燕闲，奉晨凫敬献庖厨，缧北犬敬上涓人③。"文侯悦，曰："击爱我，知吾所嗜，知吾所好。"召仓唐而见之，曰："击无恙乎？"仓唐曰："唯唯。"如是者三，乃曰："君出太子，而封之国，君名之，非礼也！"文侯怵然为之变容，问曰："子之君无恙乎？"仓唐曰："臣来时，拜送书于庭。"文侯顾指左右曰："子之君长孰与是？"仓唐曰："礼，拟人必于其伦，诸侯无偶，无所拟之！"曰："长大孰与寡人？"仓唐曰："君赐之外府之裘，则能胜之；赐之斥带，则不更其造。"文侯曰："子之君何业？"

仓唐曰："业《诗》。"文侯曰："于《诗》何好？"仓唐曰："好《晨风》《黍离》。"文侯自读《晨风》曰："鴥彼晨风，郁彼北林。未见君子，忧心钦钦。如何如何，忘我实多！"文侯曰："子之君以我忘之乎？"仓唐曰："不敢，时思耳！"文侯复读《黍离》曰："彼黍离离，彼稷之苗。行迈靡靡，中心摇摇。知我者谓我心忧，不知我者谓我何求。悠悠苍天，此何人哉？"文侯曰："子之君怨乎？"仓唐曰："不敢，时思耳！"文侯于是遣仓唐赐太子衣一袭，敕仓唐以鸡鸣时至。

太子起拜受赐，发箧视衣尽颠倒。太子曰："趣早驾，君侯召击也。"仓唐曰："臣来时不受命。"太子曰："君侯赐击衣，不以为寒也，欲召击，无谁与谋，故敕子以鸡鸣时至。《诗》曰：'东方未明，颠倒衣裳。颠之倒之，自公召之。'"遂西至谒。文侯大喜，乃置酒而称曰："夫远贤而近所爱，非社稷之长策也，"乃出少子挚封中山，而复太子击。

故曰："欲知其子视其友。欲知其君视其所使。"赵仓唐一使，而文侯为慈父，而击为孝子。太子乃称："《诗》曰：'凤凰于飞，哕哕其羽，亦集爰止。蔼蔼王多吉士，维君子使，媚于天下。'舍人之谓也。"

魏文侯使舍人毋择④献鹄于齐侯。毋择行道失之，徒献空笼，见齐侯曰："寡君使臣毋择献鹄，道饥渴，臣出而饮食之，而鹄飞冲天，遂不复反。念思非无钱以买鹄也，恶有为其君使，轻易其币者乎？念思非不能拔剑刎头，腐肉暴骨于中野也。为吾君贵鹄而贱士也。念思非不敢走陈蔡之间也，恶绝两君之使？故不敢爱身逃死，来献空笼，唯主君斧锧之诛。"齐侯大悦，曰："寡人今者得兹言三，贤于鹄远矣。寡人有都郊地百里，愿献子大夫以为汤沐邑⑤。"毋择对曰："恶有为其君使而轻易其弊，而利诸侯之地乎？"遂出不反。

【注释】

①中山：地名，治所位于今河北定州。

②晨凫：野鸭，常在晨飞，故此得名。

③涓人：即阉人。

④毋择：魏臣。

⑤汤沐邑：古代天子、诸侯赐臣下汤沐之邑，使以其邑之收入，作为汤

沐之资，以便斋戒清洁其身，实则成为臣下的一大笔剥削收入。

反　　质　录二则

经侯往适魏太子，左带羽玉具剑，右带环佩，左光照右，右光照左。坐有顷，太子不视也，又不问也。经侯曰："魏国亦有宝乎？"太子曰："有。"经侯曰："其宝何如？"太子曰："主信臣忠，百姓上戴，此魏之宝也。"经侯曰："吾所问者，非是之谓也，乃问其器而已。"太子曰："有。徒师沼治魏[1]，而市无预贾；郄辛治阳[2]，而道不拾遗；芒卯[3]在朝，而四邻贤士无不相因而见。此三大夫，乃魏国之大宝。"于是经侯默然不应，左解玉具，右解环佩，委之坐，愆然而起，默然不谢，趋而出，上车驱去。魏太子使骑操剑佩逐与经侯，使告经侯曰："吾无德，所宝不能为珠玉所守，此寒不可衣，饥不可食，无为遗我贼。"于是经侯杜门不出，传死。

晋文公合诸侯而盟曰："吾闻国之昏，不由声色，必由奸利。好乐声色者，淫也，贪奸者，惑也。夫淫惑之国，不亡必残。自今以来，无以美妾疑妻，无以声乐妨正，无以奸情害公，无以货利示下。其有之者，是谓伐其根素，流于华叶。若此者，有患无忧，有寇勿弭，不如言者盟示之。"于是君子闻之曰："文公其知道乎？其不王者，犹无佐也。"

【注释】

①魏：地名，位于今山西夏县一带。

②阳：地名，位于今河南济阳一带。

③徒师沼、郄辛、芒卯：三人都是魏国贤大夫。

《法言》精华

子部

【著录】

　　《法言》一书是西汉末著名思想家、文学家、语言学家扬雄具有代表性的哲学著作之一。扬雄，字子云，蜀郡成都（今属四川）人，生于宣帝甘露元年（前53），卒于新莽天凤五年（18）。世以农桑为业，少而好学，长于辞赋，博通群籍，多识古文奇字。为人沉默，且口吃，不能剧谈。汉成帝时任职为郎，给事黄门。新莽时校书天禄阁，官授大夫。曾作《剧秦美新》以谀莽，为后世所诟病。其早年，则以辞赋著称于时；晚年转研哲理，仿《周易》作《太玄》，仿《论语》撰《法言》。又编词典《方言》等，今犹存世。辞赋作品，则有明人辑录的《扬子云集》。

　　《法言》成于汉哀帝时期，意谓"法语之言"，即严肃而合乎原则的论断。凡十三篇，篇各为卷，计有：《学行》《吾子》《修身》《问道》《问神》《问明》《寡见》《五百》《先知》《重黎》《渊骞》《君子》《孝至》，总共一万五千字左右。

　　《法言》一书旨在捍卫和阐扬儒家学说。由此极力推尊孔子，崇尚经书，标举尧舜文王之道；同时批评老子排斥仁义，"绝灭礼学"，庄周、杨朱"荡而不法"，墨翟、晏婴"俭而废礼"，申不害、韩非"险而无化"。但对老子言道德，庄周倡少欲，邹衍讲自持，又抱赞赏态度。该书与孟子的性善论和荀子的性恶论相对立，提出了人性善恶相杂的观点，由此强调学与修的作用，认为修其善则为善人，修其恶则为恶人；学则正，否则邪。反对当时流行的天人感应论，批判谶纬迷信和鬼神观念，宣明"天地交，万物生，有生必有死，有始必有终"的自然法则。该书在文学观上，主张宗经、征圣。该书曾对桓谭、王充等人发生过积极的影响，受到后世许多思想家、政治家和文艺理论家的推崇。

学行篇

天降生民，倥侗^①颛蒙，恣于情性，聪明不开，训诸理，撰《学行》。

学，行之，上也；言之，次也；教人，又其次也；咸无焉，为众人。

或曰："人羡久生，将以学也，可谓好学已乎？"曰："未之好也，学不羡。天之道不在仲尼乎？仲尼驾说者也，不在兹儒乎？如将复驾其所说，则莫若使诸儒金口而木舌。"

或曰："学无益也，如质何？"曰："未之思矣。夫有刀者砻诸，有玉者错诸，不砻不错，焉攸用？砻而错诸，质在其中矣，否则辍。螟蛉之子，殪而逢蜾蠃，祝之曰：'类我类我。'久则肖之矣。速哉！七十子之肖仲尼也。"

学以治之，思以精之，朋友以磨之，名誉以崇之，不倦以终之，可谓好学也已矣。

孔子习周公者也，颜渊习孔子者也。羿、逢蒙^②分其弓，良^③舍其策，般^④投其斧，而习诸，孰曰非也。

或曰："此名也，彼名也，处一焉而已矣。"曰："川有渎，山有岳，高而且大者，众人所不能逾也。"

或问："世言铸金，金可铸欤？"曰："吾闻觌君子者问铸人，不问铸金。"或曰："人可铸欤？"曰："孔子铸颜渊矣。"或人踧尔曰："旨哉！问铸金，得铸人。"

学者，所以修性也。视、听、言、貌、思，性所有也，学则正，否则邪。

师哉！师哉！桐子之命也。务学不如务求师。师者，人之模范也。模不模，范不范，为不少矣。

一哄之市，不胜异意焉。一卷之书，不胜异说焉。一哄之市，必立之平。一卷之书，必立之师。

习乎习！以习非之胜是也，况习是之胜非乎！於戏！学者审其是而已矣。或曰："焉知是而习之？"曰："视日月而知众星之蔑也，仰圣人而知众说之小也。"

学之为王者事，其已久矣。尧、舜、禹、汤、文、武汲汲，仲尼皇皇，其已久矣。

或问进，曰："水。"或曰："为其不舍昼夜欤？"曰："有是哉。满而后渐者，其水乎？"

或问鸿渐⑤。曰："非其往不往，非其居不居，渐犹水乎！"

请问木渐。曰："止于下而渐于上者，其木也哉，亦犹水而已矣。吾未见好斧藻其德，若斧藻其櫌者欤！"

鸟兽触其情者也，众人则异乎，贤人则异众人矣，圣人则异贤人矣。礼义之作，有以矣夫！人而不学，虽无忧，如禽何！

学者所以求为君子也，求而不得者有矣夫，未有不求而得之者也。睎骥之马，亦骥之乘也；睎颜之人，亦颜之徒也。

或曰："颜徒易乎？"曰："睎之则是。昔颜常睎夫子矣，正考甫⑥常睎尹吉甫⑦矣，公子奚斯⑧常睎正考甫矣。如不欲睎则已矣，如欲睎，孰御焉？"

或曰："书与经同，而世不尚，治之，可乎？"曰："可。"或人哑尔笑曰："须以发策决科。"曰："大人之学为道也，小人之学为利也。子为道乎，为利乎？"

或曰："耕不获，猎不享，耕猎乎？"曰："耕道而得道，猎德而得德，是获享也。吾不睎参辰之相比也，是以君子贵迁善。迁善也者，圣人之徒欤。百川学海而至于海，丘陵学山不至于山，是故恶夫画也。频频之党，甚于禓斯⑨，亦贼夫粮食而已矣。朋而不心，面朋也；友而不心，面友也。"

或谓："子之治产，不如丹圭⑩之富。"曰："吾闻先生相与言，则以仁与义；市井相与言，则以财与利。如其富，如其义。"

或曰："先生生无以养，死无以葬，如之何？"曰："以其所以养，养之至也；以其所以葬，葬之至也。"

或曰："猗顿⑪之富以为孝，不亦至乎？颜其馁矣。"曰："彼以其粗，颜以其精；彼以其回，颜以其贞。颜其劣乎，颜其劣乎？"

或曰："使我纡朱怀金，其乐不可量也。"曰："纡朱怀金之乐，不

四库全书精华

子部

如颜氏子之乐。颜氏子之乐也内，纡朱怀金之乐也外。"或曰："请问屡空之内。"曰："颜不孔，虽得天下不足以为乐。""然亦有苦乎？"曰："颜苦孔之卓之至也。"或人瞿然曰："兹苦也，祇其所以为乐也欤！"曰："有教立道，无止仲尼；有学术业，无止颜渊。"或曰："立道，仲尼不可为思矣；术业，颜渊不可为力矣。"曰："未之思也，孰御焉？"

【注释】

①倥侗：意指童蒙无知。

②羿、逢蒙：羿，夏时有穷之君；逢蒙学射于羿，尽羿之道。

③良：即王良，春秋晋人，善御。

④般：即公输般，春秋鲁巧匠，又称鲁班。

⑤鸿渐：比喻仕进。

⑥正考甫：春秋宋人，为上卿，历佐戴、武、宣三公，位高益恭。生孔父嘉，别为公族，以字为孔氏，即孔子所祖奉。

⑦尹吉甫：周宣王贤臣。时穗犹内侵，王命尹吉甫北伐，逐之太原而归。

⑧公子奚斯：即公子鱼，宋襄公兹父庶兄，名目夷。

⑨禗斯：禗，乌鸦，小而多群，腹下白；斯，语后辞。

⑩丹圭：即白圭，名丹字圭，故称丹圭。

⑪猗顿：鲁人，用盐起家，问术于陶朱公，以兴富于猗氏，故名猗顿。

修身篇

事有本真，陈施于意，动不克咸，本诸身，撰《修身》。

修身以为弓，矫思以为矢，立义以为的，奠而后发，发必中矣。

人之性也，善恶混。修其善则为善人，修其恶则为恶人。气也者，所适善恶之马也欤？

或曰："孔子之事多矣，不用，则亦勤且忧乎？"曰："圣人乐天知命。乐天则不勤，知命则不忧。"

或问铭。曰："铭哉，铭哉！有意于慎也。"

圣人之辞，可为也；使人信之，所不可为也。是以君子强学而力行，珍其货而后市，修其身而后交，善其谋而后动成道也，君子之所慎言礼书。

上交不谄，下交不骄，则可以有为矣。或曰："君子自守，奚其交？"曰："天地交，万物生；人道交，功勋成。奚其守！"

好大而不为，大不大矣；好高而不为，高不高矣。仰天庭而知天下之居卑也哉。公仪子①、董仲舒②之才之劭也，使见善不明，用心不刚，俦克尔？

或问仁、义、礼、智、信之用。曰："仁，宅也；义，路也；礼，服也；智，烛也；信，符也。处宅，由路，正服，明烛，执符，君子不动，动斯得矣，有意哉！孟子曰：'夫有意而不至者有矣，未有无意而至者也。'"

或问治己。曰："治己以仲尼。"或曰："治己以仲尼，仲尼奚寡也！"曰："率马以骥，不亦可乎？"

或曰："田甫田者莠乔乔，思远人者心忉忉。"曰："日有光，月有明。三年不目日，视必盲；三年不目月，精必矄。荧魂旷枯，糟莩旷沈，擿埴③索涂，冥行而已矣。"

或问："何如斯谓之人？"曰："取四重，去四轻，则可谓之人。"曰："何谓四重？"曰："重言，重行，重貌，重好。言重则有法，行重则有德，貌重则有威，好重则有观。""敢问四轻。"曰："言轻则招忧，行轻则招辜，貌轻则招辱，好轻则招淫。"

礼多仪。或曰："日昃不食肉，肉必干；日昃不饮酒，酒必酸。宾主百拜而酒三行，不已华乎？"曰："实无华则野，华无实则史，华实副则礼。"

山雌之肥，其意得乎？或曰："回之箪瓢，臞如之何。"曰："明明在上，百官牛羊，亦山雌也。暗暗在上，箪瓢捽茹，亦山雌也。何其臞！千钧之轻，乌获④力也；箪瓢之乐，颜氏德也。"

或问："犁牛之鞹⑤与玄骍之鞹，有以异乎？"曰："同。""然则何以不犁也？"曰："将致孝乎鬼神，不敢以其犁也。如刲羊刺豕，罢宾犒师，恶在犁不犁也？"

有德者好问圣人。或曰："鲁人鲜德，奚其好问仲尼也？"曰："鲁未能好问仲尼故也。如其好问仲尼，则鲁作东周矣。"

或问："人有倚孔子之墙，弦郑、卫之声，诵韩、庄之书，则引诸门乎？"曰："在夷貉则引之，倚门墙则麾之，惜乎衣未成而转为裳也。圣人耳不顺乎非，口不肆乎善。贤者耳择口择，众人无择焉。"

或问"众人"，曰："富贵生。""贤者？"曰："义"。"圣人？"曰："神。观乎贤人，则见众人；观乎圣人，则见贤人；观乎天地，则见圣人。天下有三好：众人好己从，贤人好己正，圣人好己师。天下有三检：众人用家检，贤人用国检，圣人用天下检。天下有三门：由于情欲，入自禽门；由于礼义，入自人门；由于独智，入自圣门。"

或问："士何如斯可以褆身？"曰："其为中也弘深，其为外也肃括，则可以褆身矣。君子微慎厥德，悔吝不至，何元之有？上士之耳训乎德，下士之耳训乎己。言不惭，行不耻者，孔子惮焉。"

【注释】

①公仪子：即公仪潜，鲁人，砥功砺行，乐道好善，与子思为友。恬于荣利，不事诸侯。穆公欲以为相，终不屈。

②董仲舒：汉广川（位于今河北景县西南部）人，曾任博士、江都相和胶西王相。少治《春秋》，汉武帝时以贤良对策，为武帝采纳。仲舒学有原委，为西汉哲学家、今文经学大师，著有《春秋繁露》《董子文集》。

③撷埴：瞽者以杖掷地而行。

④乌获：战国秦勇士，武王有力好戏，获与任鄙、孟说皆至大官。

⑤鞹：去毛之皮。

《潜夫论》精华

【著录】

　　《潜夫论》十卷，系东汉人王符所撰。王符任职于汉和帝、安帝时期，因性情耿介与俗人不同，在仕途上很不顺利，故隐居著述，议论当时的朝政得失。王符不愿显露名声，所以称所著之书为《潜夫论》。该书共分三十五篇，连叙录共三十六篇。卷首的《赞学》篇论磨炼意志、勤奋为学的宗旨；卷末《五德志》篇叙述帝王的世系；《志氏姓篇》考证谱牒姓氏的源流；《卜列》《梦列》《相列》三篇为杂论方技占卜之术。其余大部分篇目的内容是指陈当时的朝政。因王符是在东汉桓帝时写成的此书，所以评论的主要是东汉末年的事情。王符看问题很有独到见解，唐人韩愈曾把他和王充、仲长统并称为"后汉三杰"。《四库全书总目提要》评价说，王符的《潜夫论》在洞悉政体方面与仲长统的《昌言》相似，却比《昌言》更深入；在辨别是非方面与王充的《论衡》相似，却比《论衡》更公正。历代学者都把该书列入儒家重要经典之中，颇受重视。《潜夫论》一书，是研究东汉末年社会政治和思想文化的重要文献，具有较高的学术价值。

赞　　学

　　天地之所贵者，人也。圣人之所尚者，义也。德义之所成者，智也。明智之所求者，学问也。虽有至圣，不生而智；虽有至材，不生而能。故志曰：黄帝师风后[1]，颛顼师老彭[2]，帝喾师祝融[3]，尧师务成[4]，舜师纪后，禹师墨如，汤师伊尹，文、武师姜尚，周公师庶秀，孔子师老聃。若此言之而信，则人不可以不就师矣。夫此十一君者，皆上圣也，犹待学问，其智乃博，其德乃硕，而况于凡人乎？

是故工欲善其事，必先利其器；王欲宣其义，必先读其智。《易》曰："君子以多志前言往行，以畜其德。"是以人之有学也，犹物之有治也。故夏后之璜，楚和之璧，虽有玉璞卜和之资，不琢不错，不离砺石。夫瑚簋之器，朝际之服，其始也，乃山野之木、蚕茧之丝耳。使巧倕⑤加绳墨，而制之以斤斧，女工加五色，而制之以机杼，则皆成宗庙之器、黼黻之章，可著于鬼神，可御于王公。而况君子敦贞之质，察敏之才，摄之以良朋，教之以明师，文之以礼乐，导之以《诗》《书》，赞之以《周易》，明之以《春秋》，其不有济乎？《诗》云："题彼鹡鸰，载飞载鸣。我日斯迈，而月斯征。夙兴夜寐，无忝尔所生。"是以君子终日乾乾进德修业者，非直为博己而已也，盖乃思述祖考之令问，而以显父母也。

孔子曰："吾尝终日不食，终夜不寝，以思，无益，不如学也。耕也馁在其中，学也禄在其中矣。君子忧道不忧贫。"箕子陈六极，《国风》歌《北门》，故所谓不忧贫也，岂好贫而弗之忧耶？盖志有所专，昭其重也。是故君子之求丰厚也，非为嘉馔、美服、淫乐、声色也，乃将以底其道而迈其德也。夫道成于学而藏于书，学进于振而废于穷。是故董仲舒⑥终身不问家事，景君明⑦经年不出户庭，得锐精其学，而显昭其业者，家富也。富佚若彼，而能勤精若此者，材子也。倪宽⑧卖力于都巷，匡衡⑨自鬻于保徒者，身贫也。贫厄若彼，而能进学若此者，秀士也。当世学士恒以万计，而究涂者无数十焉，其故何也？其富者则以贿玷精，贫者则以乏易计，或以丧乱期其年岁，此其所以逮初丧功，而及其童蒙者也。是故无董、景之才，倪、匡之志，而欲强捐家出身，旷日师门者，是必无几矣。夫此四子者，耳目聪明，忠信廉勇，未必无俦也。而及其成名立绩，德音令问不已，而有所以然，夫何故哉？徒以其能自托于先圣之典经，结心于夫子之遗训也。是故造父疾趋，百步而废，使托乘舆，坐致千里；水师泛轴，解维则溺，自托舟楫，坐济江河。是故君子者，性非绝世，善自托于物也。

人之性情未能相百，而其明智有相万也，此非其真性之材也，必有假以致之也。君子之性，未必尽照，及学也，聪明无蔽，心智无滞。前纪帝王，顾定百世，此则道之明也，而君子能假之以自彰尔。

夫是故道之于心也，犹火之于人目也。中阱深室，幽黑无见，及设盛烛，则百物彰矣。此则火之耀也，非目之光也，而目假之，则为己明矣。天地之道，神明之为，不可见也。学问圣典，心思道术，则皆来睹矣。此则道之材也，非心之明也，而人假之，则为己知矣。是故索物于夜室者，莫良于火；索道于当世者，莫良于典。典者，经也，先圣之所制。先圣得道之精者，以行其身，欲贤人自勉，以入于道。

故圣人之制经以遗后贤也，譬犹巧倕之为规矩准绳以遗后工也。昔倕之巧，目茂圆方，心定平直，又造规绳矩墨，以诲后人。试使奚仲⑩、公、班⑪之徒，释此四度而效倕自制，必不能也。凡工妄匠，执规秉矩，错准引绳，则巧同于倕也。是故倕以其心来制规矩，往合倕心也。故度之工几于倕矣。先圣之智，心达神明，性直道德，又造经典，以遗后人。试使贤人君子释于学问，抱质而行，必弗具也。及使从师就学，按经而行，聪达之明，德义之理亦庶矣。是故圣人以其心来就经典，往合圣心也。故修经之贤，德近于圣矣。《诗》云："高山仰止，景行行止。日就月将，学有缉熙于光明。"是故凡欲显勋绩、扬光烈者，莫良于学矣。

【注释】

①风后：上古时人。黄帝拜为相国。著有《风后兵法》十三篇。

②老彭：上古时人，姓彭名铿。有的说是陆终氏第三子，颛顼帝之孙。

③祝融：颛顼孙，名重黎。为高辛氏火正官，因其掌火旺盛，光照四海，所以被命名为祝融。

④务成：又称务成子，尧的老师。

⑤倕：舜帝时的大臣。管百工之事，尧帝时为技师。

⑥董仲舒：汉广川人。年轻时攻读《春秋》，拉上门帘讲学，三年不看园苑。汉武帝时，以贤良身份召对天人三策，被任为江都相。

⑦景君明：汉朝的大儒。

⑧倪宽：汉朝千乘人。性情温知，知廉耻，善写文章，家中贫穷，租地而耕，常带着经书去锄地。

⑨匡衡：汉东海人，字稚圭。家中贫穷，酷爱读书，靠当佣工来供给费用。

⑩奚仲：大禹时的大臣。当初黄帝造车时，少昊驾牛，奚仲驾马，任命奚仲为车正官。

⑪公、班：公即公输子；班即鲁班。二人都是木工。

论　荣

所谓贤人君子者，非必高位厚禄、富贵荣华之谓也，此则君子之所宜有，而非其所以为君子者也。所谓小人者，非必贫贱冻馁、困厄穷乏之谓也，此则小人之所宜处，而非其所以为小人者也。奚以明之哉？夫桀、纣者，夏、殷之君主也，崇侯、恶来①，天子之三公也，而犹不免于小人者，以其心行恶也。伯夷、叔齐饿夫也，傅说胥靡②，而井伯处虏也，然世犹以为君子者，以为志节美也。故论士，苟定于志行，勿以遭命。则虽有天下，不足以为重；无所用，不可以为轻；处隶圉，不足以为耻；抚四海，不足以为荣。况乎其未能相县若此者哉？故曰："宠位不足以尊我，而卑贱不足以卑己。夫令誉从我兴，而二命自天降之。"《诗》云："天实为之，谓之何哉！"故君子未必富贵，小人未必贫贱，或潜龙未用，或亢龙在天，从古以然。

今观俗士之论也，以族举德，以位命贤，兹可谓得论之一体矣，而未获至论之淑贞也。尧圣父也，而丹凶傲；舜圣子也，而瞍顽恶；叔向贤兄也，而鲋③贪暴；季友④贤弟也，而庆父⑤淫乱。论若必以族，是丹宜禅而舜宜诛，鲋宜赏而友宜夷也。论之不可必以族也若是！昔祁奚有言："鲧殛而禹兴，管、蔡为戮，周公佑王。"故《书》称"父子兄弟不相及也"。幽、厉之贵，天子也，而又富有四海；颜、原之贱，匹庶也，而又冻馁屡空。论若必以位，则是两王为世士，而二处为愚鄙也。论之不可必以位也，又若是焉！故曰仁重而势轻，位辱而义荣。今之论者，多此之反，而又以九族，或以所来，则亦远于获真贤矣。昔自周公不求备于一人，况乎其德义既举，乃可以它故而弗之采乎？由余⑥生于五狄，越象⑦产于八蛮，而功施齐、秦，德立诸夏，令名美誉，载于图书，至今不灭。张仪，中国之人也，卫鞅，康叔之孙也，而皆谗佞反覆，交乱四海。由斯观之，人之善恶不必世族，性之贤鄙不必世俗。中堂生负苞，山野生兰芷。

夫和氏之璧，出于璞石，隋氏之珠，产于蜃蛤。《诗》云："采葑采菲，无以下体。"故苟有大美可尚于世，则虽细行小瑕，曷足以为累乎？是以用士不患其非国土，而患其非忠；世非患无臣，而患其非贤。盖无羁縻。陈平、韩信楚俘也，而高祖以为藩辅，实平四海、安汉室；卫青、霍去病，平阳⑧之私人也，而武帝以为司马，实攘北狄、郡河西。唯其任也，何卑远之有？然则所难于非此士之人，非将相之世者，为其无是能而处是位，无是德而居是贵，无以我尚而不秉我势也。

【注释】

①崇侯、恶来：崇侯，名虎；恶来即飞廉子。二人靠奸才臣事纣王，武王灭商后把二人驱赶到东海边诛杀掉。

②傅说胥靡：傅说是商王武丁的大臣，相传他原是傅岩地方从事版筑的奴隶；胥靡，即刑徒。

③鲋：即羊舌鲋，一名叔鲋，字叔鱼。代理司马之职时，向卫国索取贿赂，欺瞒邢侯，被邢侯所杀。

④季友：春秋时鲁国庄公的弟弟。出生时在手上有一个字"友"，所以以友为名。一名成季，其后代为季孙氏，即三桓之一。

⑤庆父：鲁庄公的异母弟，即共仲。与鲁庄公夫人哀姜私通，后自缢而死。

⑥由余：原为晋国人，逃亡戎地。戎王派由余去观察秦穆公内情，秦穆公与之交谈后发现其是贤才，就留下由余。

⑦赵象：人名，在齐国立过功。

⑧平阳：即卫国子夫。

衰　制

无慢制而成天下者，三皇也；画则象而化四表者，五帝也；明法禁而和海内者，三王也。行赏罚而济万民者，治国也；君立法而下不行者，乱国也；臣作政而君不制者，亡国也。是故民之所以不乱者，上有吏；吏之所以无奸者，官有法；法之所以顺行者，国有君；君之所以位尊者，身有义。义者，君之政也，法者，君之命也。人君思政以出令，而贵贱贤愚莫得违也，则君位于上，而民岷治于下矣。人君出令，而贵臣骄吏弗顺也，则君几于弑，而民几于乱矣。

夫法令者，君之所以用其国也。君出令而不从，是与无君等。主令不从则臣令行，国危矣。夫法令者，人君之衔辔箠策也；而民者，君之舆马也。若使人臣废君法禁，而施己政令，则是夺君之辔策，而己独御之也。愚君暗主托坐于左，而奸臣逆道执辔于右，此齐驺马繟所以沉胡公于贝水，宋羊叔牂[1]所以弊华元于郑师，而莫之能御也。是故陈恒[2]执简公于徐州，李兑[3]害主父于沙丘，皆以其毒素夺君之辔策也。《文言》故曰："臣弑其君，子弑其父，非一朝一夕之故也，其所由来者渐矣！由辩之不早辩也。"是故妄违法之吏，妄造令之臣，不可不诛也。义者必将以为刑杀当不用，而德化可独任，此非变通者之论也，非叔世者之言也。夫上圣不过尧、舜而放四子，盛德不过文、武而赫斯怒。《诗》云："君子如怒，乱庶遄沮。君子如耻，乱庶遄已。"是故君子之有喜怒也，盖以止乱也。故有以诛止杀，以刑御残。

且夫治世者若登丘矣，必先蹑其卑者，然后乃得履其高。是故先致治国，然后三皇之政乃可施也；道齐三王，然后五帝之化乃可行也；道齐五帝，然后三皇之道乃可从也。且夫法也者，先王之政也；令也者，己之命也。先王之政，所以与众共也；己之命，所以独制人也。君诚能授法而时贷之，布令而必行之，则群臣百吏，莫敢不悉心从己令矣。己令无违，则法禁必行矣。故政令必行，宪禁必从，而国不治者，未尝有也。此一弛一张，以令行，古以轻重尊卑之术也。

【注释】

①羊叔牂：即羊斟，郑国伐宋，宋将华元抵御，羊斟为华元驾车。华元杀羊给士兵吃而不给羊斟，双方交战前，羊斟说："畴昔之羊子为政，今日之御我为政。"带人杀进郑军军营，很快战败，华元被俘。后放回了华元，羊斟也到鲁国去了。

②陈恒：齐乞之子，和阚止一起臣事齐简公，阚止受宠，想赶走陈氏，陈豹告发，陈恒杀了阚止，并且弑杀了齐简公，立平公。

③李兑：赵武灵王的大臣。与公子成一起围困赵武灵亡于宫室，赵武灵

亡想出出不去，又吃不上饭，三个多月后饿死在沙丘宫。

释　难

庚子问于潜夫曰："尧、舜道德，不可两美，实若韩子戈伐之说邪？"潜夫曰："是不知难，而不知类。今夫伐者，盾也，厥性利；戈者，矛也，厥性害。是戈为贼，伐为禁也。其不俱盛，固其术也。夫尧、舜之相于人也，非戈与伐也，其道同仁，不相害也。舜伐何如弗得俱坚，尧伐何如不得俱贤哉！且夫尧、舜之德，譬犹偶烛之施明于幽室也。前烛即尽照之矣，后烛入而益明。此非前烛昧而后烛彰也，乃二者相因而成大光，二圣相得而治太平之功也。是故大鹏之动，非一羽之轻也；骐骥之速，非一足之力也。众良相得，而积施乎无极也。尧、舜两美，盖其则也。"

伯叔曰："吾子过矣！韩非之取矛盾以喻者，将假其不可两立，以诘尧、舜之不得并之势。而论其本性之仁与贼，不亦失是譬喻之意乎？"潜夫曰："夫譬喻也者，生于直告之不明，故假物之然否以彰之。物之有然否也，非以其文也，必以其真也。今子举其实文之性以喻，而欲使鄙也释其文，鄙也惑焉。且吾闻问阴对阳，谓之强说；论西诘东，谓之强难。子若欲自必以则昨反思然后求，无苟自强。"

庚子曰："周公知管、蔡之恶，以相武庚，使肆厥毒，从而诛之，何不仁也！若其不知，何不圣也！二者之过，必处一焉。"潜夫曰："书二子挟庚子父以叛，然未知其类之与？抑抑相反？且天知桀恶而帝之夏，又知纣恶而王之殷，使虐二国，残贼下民，多纵厥毒，灭其身，亦可谓不仁、不知乎？"庚子曰："不然。夫桀、纣者，无亲于天，故天任之而弗忧，诛之而弗哀。今管、蔡之与周公也，有兄弟之亲，有骨肉之恩，不量能而使之，不堪命而任之，故曰异于桀、纣之与天也。"潜夫曰："皇天无亲，帝王继体之君，父事天。王者为子，故父事天也。率土之民，莫非王臣也。将而必诛，王法公也。无偏无颇，亲疏同也。大义灭亲，尊王之义也。立弊之天为周公之德，因斯也。过此而往者，未之或知。"

秦子问于潜夫曰："耕种，生之本也。学问，业之本也。老聃有言：'大丈夫处其实，不居其华。'而孔子曰：'耕也，馁在其中；学也，禄在其中。'

故问，今使举世之人释耨耒而程相群于学，何如？"潜夫曰："善哉问！君子劳心，小人劳力。故孔子所称谓君子尔。今以目所见耕，食之本也。以心原道，即学又耕之本也。《易》曰：'立天之道，曰阴与阳；立地之道，曰柔与刚；立人之道，曰仁与义。'天反德者为灾。"潜夫曰："呜呼！而未此察乎。吾语子，夫君子也者，其贤宜君国，而德宜子民也。宜处此位者，唯仁义人。故有仁义者，谓之君子。昔荀卿有言：'夫仁也者爱人，爱人故不忍危也；义也者聚人，聚人故不忍乱也。'是故君子夙夜箴规，蹇蹇匪懈者，忧君之危亡，哀民之乱离也。故贤人君子，推其仁义之心，爱之君犹父母也；爱居世之民，犹子弟也。父母将临颠陨之患，子弟将有陷溺之祸者，岂能墨乎哉？是以仁者必有勇，而德人必有义也。且夫一国尽乱，无有安身。《诗》云：'莫肯念乱，谁无父母。'言将皆为害，然有亲者，忧将深也。是故贤人君子既爱民，亦为身作。夫盖满于上，沾溥在下，栋折榱崩，惧有厌患。故大屋移倾，则下之人不待告令，各争共柱之。仁者兼护人家者，且自为也。《易》曰：'王明并受其福。'是以漆室①倚立而叹啸，楚女②揭幡而激王，仁惠之恩，忠爱之情，固能已乎？"

【注释】

①漆室：鲁国漆室之女。曾经担忧鲁国国君年老，太子年幼，倚柱长叹。

②楚女：姓庄。楚顷襄王喜欢台阁楼榭，常出入其中，堵塞了言路。秦国准备袭击楚国，让手下的人劝楚王南游。楚王准备去的时候，有一女子伏道旁谏止，楚君感悟，挥车返程。城门已经关闭，发鄢、郢的军队去攻，勉强获胜。楚君立此女为夫人。

叙　录①

夫生于当世，贵能成大功。太上有立德，其次有立言。阘茸而不才，先器能当官，未尝服斯役②，无所效其勋。中心时有感，援笔纪数文，字以缀愚情，财令不忽忘③。刍荛虽微陋，先圣亦咨询。草创叙先贤三十六篇，以继前训左丘明《五经》。

先圣遗业，莫大教训。博学多识，疑则思问。智明所成，德义所建。

夫子好学，诲人不倦。故叙《赞学》第一。

凡士之学，贵本贱末。大人不华，君子务实。礼虽媒绍④，必载于贽。时俗趋末，惧毁行术⑤。故叙《务本》第二。

人皆智德，苦为利昏。行污求荣，戴盆望天。为仁不富，为富不仁。将修德行，必慎其原。故叙《遏利》第三。

世不识论，以士卒化。弗问志行，官爵是纪。不义富贵，仲尼所耻。伤俗陵迟，遂远圣述⑥。故叙《论荣》第四。

惟贤所苦，察妒所患。皆嫉过已，以为深怨。或因类瘤，或空造端。痛君不察，而信谗言。故叙《贤难》第五。

原明所起，述暗所生。距⑦谏所败，祸乱所成。当途之人，咸欲专君。壅蔽贤士，以擅主权。故叙《明暗》第六。

上览先王所以致太平，专绩黜陟，著在《五经》。罚赏之实，不以虚名。明豫德音，焉问扬庭。故叙《考绩》第七。

人君选士，咸求贤能。群司贡荐，竞进下材。憎是培克，何官能治。买药得雁，难以为医。故叙《思贤》第八。

原本天人，参连相因。致和平机，述在于君。奉法选贤，国自我身。奸门窃位，将谁督察。故叙《本政》第九。

览观古今，爰暨书传。君皆欲治，臣恒乐乱。忠佞溷淆，各以类进。常苦不明，而信奸论。故叙《潜叹》第十。

夫位以德兴，德贵忠立。社稷所赖，安危是系。非夫谠直真亮⑧，仁慈惠和。事君如天，视民如子，则莫保爵位，而全令名。故叙《忠贵》第十一。

先王理财，禁民为非。《洪范》忧民，《诗》刺末资⑨。浮伪者众，本农必衰。节以制度，如何弗议。故叙《浮侈》第十二。

积微伤行，怀安败名。明莫恣欢，而无悛容。是以愎谏，闻善不从。微安召辱，终必有凶。故叙《慎微》第十三。

明主思良，劳精贤知。百僚阿党，不核真伪。苟崇虚举，以相诳曜⑩。居官任职，则无功效。故叙《实贡》第十四。

圣人养贤，以及万民。先王之制，皆足代耕。憎爵损禄，必程⑪以倾。先王吏俸，乃可致平。故叙《班禄》第十五。

君忧臣劳，古今通义。上思致平，下宜竭惠[12]。贞良信士，咸痛数赦。奸宄繁兴，但以赦故。乃叙《述赦》第十六。

先王御世，兼秉威德。赏有建侯，罚有刑渥。赏重禁严，臣乃敬职。将修太平，必媚此法。故叙《三式》第十七。

民为国基，谷为民命。日力不暇，谷何由盛。公卿尹师，卒劳百姓。轻夺民时，诚可愤诤。故叙《爱日》第十八。

观吏所治，斗讼居多。原祸所起，诈欺所为。将绝其末，必塞其原。民无欺诒[13]，世乃平安。故叙《断讼》第十九。

五帝、三王，复劣有情。虽欲超皇，当先致平。必世后仁，仲尼之经。遭衰奸牧，得不用刑。故叙《衰制》第二十。

圣王忧勤，选练将帅，授以铁钺[14]，假以权贵。诚多蔽暗，不识变势。赏罚不明，安得不败？故叙《劝将》第二十一。

蛮夷猾夏，古今所患。尧、舜忧民，皋陶御叛。宣王中兴，南仲征边。今民日死，如何弗蕃[15]。故叙《救边》第二十二。

凡民之情，与君殊戾。不能远虑，督取一制[16]。敬挟私议，以为国计。宜寻其言，以诘所谓。故叙《边议》第二十三。

边既远门，太守擅权。台阁[17]不察，信其奸言。令坏郡县，欧民内迁。今又丘荒，虑必生心。故叙《实边》第二十四。

天生神物，圣人则之。著龟卜筮，以寂嫌疑。俗工浅源，莫尽其才。自非大贤，保足信哉！故叙《卜列》第二十五。

《易》有史巫，《诗》有工祝。圣人先成，民后致力。兆黎劝乐，神乃授福。孔子不祈，以明在德。故叙《巫列》第二十六。

五行八卦，阴阳所生。禀气薄厚，以著其形。天题[18]厥象，人实奉成。弗修其行，福禄不臻。故叙《相列》第二十七。

《诗》称吉梦，书传亦多。观察行事，占验不虚。福从善来，祸由德痛[19]。吉凶之应，与行相须。故叙《梦列》第二十八。

论难横发，令道不通。后进疑惑，不知所从。自昔庚子，而有责云。予岂好辩，将以明真。故叙《释难》第二十九。

朋友之际，义存六纪[20]。摄以威仪，讲习至道[21]。善其久要，贵贱不改。今民迁久，莫之能奉。故叙《交际》第三十。

君有美称，臣有令名。二人同心，所愿㉒乃成。宝权神术㉓，勿示下情。治势一定，终莫能倾。故叙《明忠》第三十一。

人天情通，气感相和。善恶相征，异端变化。圣人运之，若御舟车。作民精神，莫能含嘉。故叙《本训》第三十二。

明王统治，莫大身化㉔。道德为本，仁义为佐。思心顺政，责民务广。四海治焉，何有消长？故叙《德化》第三十三。

上观大古㉕，五行之运。咨之《诗》《书》，考之前训。气终度尽，后代复运。虽未必正，可依传问。故叙《五德志》第三十四。

君子多识，前言往行。类族变㉖物，古有斯姓。博见同□□□□□□□□□□□□□㉗。故叙《志氏姓》第三十五。

【注释】

①叙录：本篇是王符为《潜夫论》所写的一篇序言，说明作者写《潜夫论》的目的以及各篇的写作意图。

②厮役：此指官役、官事。斯，通"厮"。

③财：通"秽"。忽忘：忘记。

④媒绍：媒、绍义同，介绍。

⑤术：圣术，圣贤之道。

⑥述：通"术"。

⑦距：通"拒"。

⑧谅：正直。亮：通"谅"，诚信。

⑨未资：没有财货。

⑩曜：通"耀"，夸耀，炫耀。

⑪必程：即必程氏，殷代的诸侯，因对群臣"损硕增爵，群臣貌匮"而灭亡。

⑫惠：通"慧"，智慧。

⑬诒：通"绐"，欺骗。

⑭铁：通"斧"。斧钺：杀人的刑具，在此表示巨大的权力。

⑮蕃：通"藩"，保卫，屏弊。

⑯一制：指只考虑眼前，不作长远考虑的办法。

⑰台阁：指朝中大员。

子部

⑱题：标示，相识。

⑲祸由德痌：《尔雅·释诂》云："痌，病也"。

⑳义存六纪：《白虎通·三纲六纪篇》云："六纪者，谓诸父、兄弟、族人、诸舅、师长、朋友也。"

㉑至道：最高的交友之道。

㉒所愿：指君明臣忠。

㉓宝权神术：宝、神用作动词，以权为宝，神化其术。

㉔身化：以身化民。

㉕大古：太古。

㉖变：通"辩"，别也。

㉗此章缺字十三，诸本皆如是。校写既竟，辄详绎篇旨而补之。十三字如下："祖，以赞贤圣。序此假意，待士揖损。"

子部

《申鉴》精华

【著录】

　　《申鉴》一书，是东汉末政论家、思想家、史学家荀悦的政治、哲学论著。荀悦，字仲豫，颍川郡颍阴（今河南许昌）人，生于汉桓帝建和二年（148），卒于汉献帝建安十四年（209）。其祖、父两辈，曾相继参加过反对外戚宦官的斗争，致遭党锢之祸。本人则自少好学，善解《春秋》，喜著述。汉灵帝时，因宦官擅权，遂托病隐居。后应曹操征召，旋任黄门侍郎，在汉献帝宫中侍讲，累迁秘书监、侍中等职。汉献帝苦于《汉书》文繁难读，命他依《左传》体例改写，乃成《汉纪》三十卷，首创编年体断代史的范例，并借此而"极为治之体，尽君臣之义"，赢得"词约事详，论辩多美"的时誉。

　　《申鉴》系荀悦有慨政移曹氏、自欲匡辅汉献帝而作。意在重申历史经验，供皇帝借鉴。书凡五卷，卷一《政体》篇，论述治国为政的根本原则与方法；卷二《时事》篇，论述当时所宜施行的若干具体政策和制度；卷三《俗嫌》篇，批驳世俗流行的卜筮、禁忌、祈请、谶纬符瑞等宗教迷信和神仙方术；卷四至卷五《杂言》上下篇，则与扬雄《法言》体例相近，剖析学习、修养、人性善恶等问题。

　　《申鉴》一书，阐述了肉体和精神都根源于气的观点，具有无神论的倾向；尤为崇尚儒术，视仁义为"道之本"，将刑德并用奉作"政之大经"，力倡去"四患"，立"五政"；反对富人名田逾限，提出了一种"耕而勿有"亦即土地只许耕种而不许私有和买卖的空想；强调学习的重要性，认为生而知之者寡，学而知之者众，人非下愚，则皆可以成为尧舜；在人性论上，主张上品君子性善，下品小人性恶，中人则善恶相杂。这种性三品说，是对西汉刘向"性不独善，情不独恶"之论点的发挥，而与董仲舒有所不同，并对唐代韩愈产生过重要影响。

政　体

夫道之本，仁义而已矣。《五典》以经之，群籍以纬之，咏之歌之，弦之舞之。前鉴既明，后复申之。故古之圣王，其于仁义也，申重而已。笃序无疆，谓之《申鉴》。

圣汉统天惟宗，时亮其功格宇宙。粤有虎臣[①]乱政，时亦惟荒[②]圮，湮兹洪轨。仪鉴于三代之典，王允迪厥德，功业有尚。天道在尔，惟帝茂止，陟降肤止，万国康止，允出兹斯，行远矣。

立天之道曰阴与阳，立地之道曰柔与刚，立人之道曰仁与义。阴阳以统其精气，刚柔以品其群形，仁义以经其事业，是为道也。故凡政之大经，法教而已矣。教者，阳之化也；法者，阴之符也；仁也者，慈此者也；义也者，宜此者也；礼也者，履此者也；信也者，守此者也；智也者，知此者也。是故好恶以章之，喜怒以莅之，哀乐以恤之。若乃二端不愆，五德不离，六节不悖，则三才允序，五事交备，百工惟厘，庶绩咸熙。

天作道，皇作极，臣作辅，民作基。惟先哲王之政：一曰承天，二曰正身，三曰任贤，四曰恤民，五曰明制，六曰立业。承天惟允，正身惟常，任贤惟固，恤民惟勤，明制惟典，立业惟敦，是谓政体也。

致治之术，先屏四患，乃崇五政。一曰伪，二曰私，三曰放，四曰奢。伪乱俗，私坏法，放越轨，奢败制。四者不除，则政未由行矣。俗乱则道荒，虽天地不得保其性矣；法坏则世倾，虽人主不得守其度矣；轨越则礼亡，虽圣人不得全其道矣；制败则欲肆，虽四表不能充其求矣；是谓四患。兴农桑以养其生，审好恶以正其俗，宣文教以章其化，立武备以秉其威，明赏罚以统其法，是谓五政。

民不畏死，不可惧以罪；民不乐生，不可观以善。虽使契布五教，咎繇[③]作士，政不行焉。故在上者先丰民财以定其志，帝耕籍田，后桑蚕宫，国无游民，野无荒业，财不虚用，力不妄加，以周民事，是谓养生。

君子之所以动天地、应神明、正万物而成王治者，必本乎真实而已。故在上者审则仪道，以定好恶。善恶要于功罪，毁誉效于准验，听言责事，举名察实，无或诈伪，以荡众心。故事无不核，物无不切，善无不显，恶无不彰，俗无奸怪，民无淫风。百姓上下睹利害之存乎己也，故肃恭其心，慎修其行，内不忒惑，外无异望，虑其睹，去侥幸，无罪过，不忧惧，请谒无所听，财赂无所用，则民志平矣，是谓正俗。

君子以情用，小人以形用，荣辱者，赏罚之精华也。故礼教荣辱以加君子，化其情也；桎梏鞭朴以加小人，治其刑也。君子不犯辱，况于刑乎？小人不忌刑，况于辱乎？若夫中人之伦，则刑礼兼焉。教化之废，推中人而坠于小人之域；教化之行，引中人而纳于君子之途，是谓章化。

小人之情，缓则骄，骄则恣，恣则急，急则怨，怨则畔，危则谋乱，安则思欲，非威强无以惩之。故在上者必有武备以戒不虞，以遏寇虐，安居则寄之内政，有事则用之军旅，是谓秉威。

赏罚，政之柄也。明赏必罚，审信慎令，赏以劝善，罚以惩恶。人主不妄赏，非徒爱其财也，赏妄行，则善不劝矣；不妄罚，非徒慎其刑也，罚妄行，则恶不惩矣。赏不劝谓之止善，罚不惩谓之纵恶。在上者能不止下为善，不纵下为恶，则国治矣，是谓统法。

四患既蠲，五政既立，行之以诚，守之以固，简而不怠，疏而不失，无为为之，使自施之，无事事之，使自交之，不肃而治，垂拱揖逊，而海内平矣，是谓为政之方也。

惟修六则以立道经：一曰中，二曰和，三曰正，四曰公，五曰诚，六曰通。以天道作中，以地道作和，以仁德作正，以事物作公，以身极作诚，以变数作通，是谓道实。

问：明于治者其统近。万物之本在身，天下之本在家，治乱之本在左右，内正立而四表定矣。

问：通于道者其守约。有一言而可常行者，恕也；有一行而可常履者，正也。恕者，仁之术也。正者，义之要也。至哉！此谓道根，万化存焉尔。是谓不思而得，不为而成，执之胸心之间，而功覆天下也。

问：民由水也。济大川者，太上乘舟，其次泅。泅者劳而危，乘舟者逸而安，虚入水则必溺矣。以知能治民者，泅也；以道德治民者，舟也。

纵民之情谓之乱，绝民之情谓之荒。曰：然则如之何？曰：为之限使弗越也，为之地亦勿越。故水可使不滥，不可使无流。善禁者，先禁其身而后人；不善禁者，先禁人而后身；善禁之至于不禁，令亦如之。若乃肆情于身而绳欲于众，行诈于官而矜实于民，求己之所有余，夺下之所不足，舍己之所易，责人之所难，怨之本也，谓理之源，斯绝矣。自上御下，犹夫钓者焉，隐于手，应于钓，则可以得鱼。自近御远，犹夫御马焉，和于手而调于衔，则可以使马。故至道之要不于身，非道也。睹孺子之驱鸡也，而见御民之方。孺子驱鸡者，急则惊，缓则滞；方其北也，遽要之，则折而过南；方其南也，遽要之，则折而过北；迫则飞，疏则放，志闲则比之，流缓而不安则食之。不驱之驱，驱之至者也，志安则循路而入门。

【注释】

① 虎臣：谓汉兴辅弼之臣。

② 荒：治荒。

③ 咎繇：即皋陶。

杂 言

或问曰："孟轲称人皆可以为尧、舜，其信矣？"曰："人非下愚，则皆可以为尧、舜矣。写尧、舜之貌，同尧、舜之姓，则否；服尧之制，行尧之道，则可矣。行之于前，则古之尧、舜也；行之于后，则今之尧、舜也。"

或曰："人皆可以为桀、纣乎？"曰："行桀、纣之事，是桀、纣也。尧、舜、桀、纣之事，常并存于世，唯人所用而已。杨朱哭歧路，所通逼者然也。夫歧路恶足非哉！中反焉。若夫县度①之厄，素举足而已矣。损益之符，微而显也。赵获二城，临馈而忧；陶朱既富，室妾悲号。此知益为损之为益者也。屈伸之数，隐而昭也；有仍②之困，复夏之萌也；鼎雉③之异，兴殷之符也；邵宫之难，隆周之应也；会稽④之栖，霸越之基也；子之⑤之乱，强燕之征也。此知伸为屈之为伸者也。"

人主之患，常立于二难之间：在上而国家不治，难也；治国家则必勤身、苦思，矫情以从道，难也。有难之难，暗主取之；无难之难，明主居之。大臣之患，常立于二罪之间：在职而不尽忠直之道，罪也；尽忠直之道焉，则必矫上拂下，罪也。有罪之罪，邪臣由之；无罪之罪，忠臣置之。

人臣之义，不曰吾君能矣，不我须也，言无补也，而不尽忠；不曰吾君不能矣，不我识也，言无益也，而不尽忠。必竭其诚，明其道，尽其义，斯已而已矣。不已，则奉身以退，臣道也。故君臣有异无乖，有怨无憾，有屈无辱。人臣有三罪：一曰导非，二曰阿失，三曰尸宠。以非引上谓之导，从上之非谓之阿，见非不言谓之尸。导臣诛，阿臣刑，尸臣绌。进忠有三术：一曰防，二曰救，三曰戒。先其先然谓之防，发而止之谓之救，行而责之谓之戒。防为上，救次之，戒为下。下不钳口，上不塞耳，则可有闻矣。有钳之钳，犹可解也；无钳之钳，难矣哉！有塞之塞，犹可除也；无塞之塞，其甚矣夫！

【注释】

①县度：县，通"悬"，谓溪谷不通，以绳索相引而度。《西域传》："乌秅国以西有县度。"

②有仍：古国名，地在今山东济宁县，夏少康生于此。

③鼎雉：殷高宗肜祭，有飞雉登鼎耳而响，高宗恐惧，因而中兴。

④会稽：春秋时，越王勾践为吴王夫差所败，困于会稽（今浙江中部）。勾践忍辱，用范蠡、文种，卒报吴仇。

⑤子之：战国时，燕王哙之相国。苏代说哙让国子之，国大乱。齐闵王伐燕，醢子之，燕人共立太子平。

《中论》精华

【著录】

　　《中论》二卷，系东汉人徐幹所撰。《隋书·经籍志》和《旧唐书·经籍志》记载此书共有六卷，而晁公武《读书志》和陈振孙《直斋书录解题》却记载为二卷，与现在的流行本卷数相同。一般认为是由宋代学者将六卷合并为二卷的。宋人曾巩在《校书序》中说，他当时看到的馆阁本《中论》有二十篇，但《贞观政要》和《魏书》等却说有二十余篇，说明宋代的馆阁本已经不是全本了，最起码已佚失了《复三年丧》和《制役》两篇。书的正文前面有一篇序言，没有署名，从语气文风来分析，是汉代与徐幹同时的人所写。《中论》全书的主要内容，是阐发义理，探讨经典圣训的内涵，倡导遵奉圣贤之道，所以历代史书都将其列入儒家经典之中。该书是研究儒家学说的重要参考书之一，特别对研究汉代学术思想和社会风气具有重要的史料价值。

修　本

　　人心莫不有理道，至乎用人则异矣。或用乎己，或用乎人。用乎己者谓之务本，用乎人者谓之近末。君子之理也，先务其本，故德建而怨寡；小人之理也，先近其末，故功废而仇多。孔子之制《春秋》也，详内而略外，急己而宽人。故于鲁也小恶必书，于众国也大恶始笔。夫见人而不自见者谓之矇，闻人而不自闻者谓之聩，虑人而不自虑者谓之瞀。故明莫大乎自见，聪莫大乎自闻，睿莫大乎自虑。此三者举之甚轻，行之甚迩，而莫之知也。故知者，举甚轻之事，以任天下之重；行甚迩之路，以穷天下之远。故德弥高而基弥固，胜弥众而爱弥广。《易》曰："复亨，出入无疾，朋来无咎。"其斯之谓欤？

君子之于己也，无事而不惧焉。我之有善，惧人之未吾好也；我之有不善，惧人之未吾恶也；见人之善，惧我之不能修也；见人之不善，惧我之必若彼也。故其向道，止则隅坐，行则骖乘。上悬乎冠绥，下系乎带佩。昼也与之游，夜也与之息。此盘铭之谓日新。《易》曰："日新之谓盛德。"孔子曰："弟子勉之，汝毋自舍。人犹舍汝，况自舍乎？人违汝其远矣。"故君子不恤年之将衰，而忧志之有倦，不寝道焉，不宿义矣。夫行异乎言，言之错也，无周于智；言异乎行，行之错也，有伤于仁。是故君子务以行前言也。

人之过在于哀死，而不在于爱生；在于悔往，而不在于怀来。喜语乎已然，好争乎遂事，堕于今日，而懒于后旬，如斯以及于老。故野人之事不胜其悔，君子之悔不胜其事。孔子谓子张[①]曰："师，吾欲闻彼，将以改此也。闻彼而不改此，虽闻何益？"故《书》举穆公之誓，善变也；《春秋》书卫北宫括伐秦，善摄也。

夫珠之含砾，瑾之挟瑕，期其性与，良工为之，以纯其性，若夫素然。故观二物之既纯，而知仁德之可粹也。优者取多焉，劣者取少焉，在人而已，孰禁我哉！乘扁舟而济者，其身也安；粹大道而动者，其业也美。故《诗》曰："追琢其章，金玉其相。勉勉我王，纲纪四方。"先民有言，明出乎幽，著生乎微。故宋井之霜，以基升正之寒，黄芦之萌，以兆大中之暑。事亦如之。故君子修德，始乎笄艸[②]，终乎鲐背[③]，创乎夷原[④]，成乎乔岳[⑤]。《易》曰："升元亨，用见大人，勿恤南征吉。"积小致大之谓也。

小人朝为而夕求其成，坐施而立望其反，行一日之善，而求终身之誉。誉不至则曰善无益矣，遂疑圣人之言，背先王之教，存其旧术，顺其常好。是以身辱名贱，而不免为人役也。孔子曰："小人何以寿为？一日之不能善矣，从恶恶之甚也。"善人有大惑而不能自知者，舍有而思无也，舍易而求难也。身之与家，我之有也，治之诚易，而不肯为也。人之与国，我所无也，治之诚难，而愿之也，虽曰"吾有术，吾有术"，谁信之欤？故怀疾者人不使为医，行秽者人不使画法，以无验也。子思曰："能胜其心，于胜人乎何有？不能胜其心，如胜人何？"故一尺之锦，足以见其巧；一仞之身，足以见其治。是以君子慎其寡也。

道之于人也，其简且易耳。其修之也，非若采金攻玉之涉历艰难也，非若求盈司利之竞逐嚣烦也，不要而遘，不征而盛，四时嘿而成，不言而信。德配乎天地，功侔乎四时，名参乎日月，此虞舜、大禹之所以由匹夫登帝位，解布衣、被文采者也。故古语曰："至德之贵，何往不遂！至德之荣，何往不成！"后之君子虽不及行，亦将至之云耳。琴瑟鸣，不为无听而失其调；仁义行，不为无人而灭其道。故弦绝而宫商亡，身死而仁义废。曾子曰："士任重而道远。"仁以为己任，不亦重乎？死而后已，不亦远乎？

夫路不险则无以知马之良，任不重则无以知人之德。君子自强其所重以取福，小人日安其所轻以取祸。或曰："斯道岂信哉？"曰：何为其不信也？世之治也，行善者获福，为恶者得祸；及其乱也，行善者不获福，为恶者不得祸，变数也。知者不以变数疑常道，故循福之所自来，防祸之所由至也。遇不遇，非我也，其时也。夫施吉报凶谓之命，施凶报吉谓之幸，守其所志而已矣。《易》曰："君子以致命遂志。"然行善而不获福犹多，为恶而不得祸犹少。总夫二者，岂可舍多而从少也？曾子曰："人而好善，福虽未至，祸其远矣；人而不好善，祸虽未至，福其远矣。"故《诗》曰："习习谷风，惟山崔巍。何木不死，何草不萎？"言盛阳布德之月，草木犹有枯落而与时谬者，况人事之应报乎？

故以岁之有凶穰而荒其稼穑者，非良农也；以利之有盈缩而弃其资货者，非良贾也；以行之有祸福而改其善道者，非良士也。《诗》云："颙颙卬卬，如圭如璋，令闻令望，恺悌君子，四方为纲。"举圭璋以喻其德，贵不变也。

【注释】

①子张：姓颛孙，名师，孔子的弟子。天资聪颖大方，接人待物从容自如，但不注重行仁义，孔子的门人只与其友善而不崇敬他。

②弁卯：谓刚成年之时。

③鲐背：谓老人皮肤消瘦，脊背如同鲐鱼一样。

④夷原：指平原。

⑤乔岳：指山岳之高者。

核　辩

俗士之所谓辩者，非辩也。非辩而谓之辩者，盖闻辩之名，而不知辩之实，故目之妄也。俗之所谓辩者，利口者也。彼利口者，苟美其声气，繁其辞令，如激风之至，如暴雨之集，不论是非之性，不识曲直之理，期于不穷，务于必胜。以故浅识而好奇者，见其如此也，固以为辩。不知木讷①而达道者，虽口屈而心不服也。

夫辩者，求服人心也，非屈人口也。故辩之为言别也，为其善分别事类而明处之也，非谓言辞切给而以陵盖人也。故传称《春秋》微而显，婉而辩者。然而辩之言必约以至，不烦而谕，疾徐应节，不犯礼教，足以相称，乐尽人之辞，善致人之志，使论者各尽得其愿而与之得解，其称也无其名，其理也不独显。若此，则可谓辩。

故言有拙而辩者焉，有巧而不辩者焉。君子之辩也，欲以明大道之中也，是岂取一坐之胜哉？人心之于是非也，如口于味也。口者非以己之调膳则独美，而与人调之则不美也。故君子之于道也，在彼犹在己也。苟得其中，则我心悦焉，何择于彼？苟失其中，则我心不悦焉，何取于此？故其论也，遇人之是则止矣。遇人之是而犹不止，苟言苟辩，则小人也。虽美说，何异乎鹍②之好鸣、铎之喧哗哉！故孔子曰："小人毁訾以为辩，绞急以为智，不逊以为勇。斯乃圣人所恶，而小人以为美，岂不哀哉！"

夫利口之所以得行乎世也，盖有田也。且利口者，心足以见小数，言足以尽巧辞，给足以尽切问，难足以断俗疑，然而好说而不倦，谍谍如也。夫类族辨物之士者寡，而愚暗不达之人者多，孰知其非乎？此其所无用而不见废也，至贱而不见遗也。先王之法，析言破律，乱名改作者，杀之；行僻而坚，言伪而辩，记丑而博，顺非而泽者，亦杀之。为其疑众惑民，而溃乱至道也。孔子曰："巧言乱德，恶似而非者也。"

【注释】

①木讷：性情质朴、迟钝，没有口才。

②鵙：伯劳鸟。

子部

《文中子》精华

【著录】

　　《文中子》，亦称《中说》《文中子中说》，共十卷，系隋朝王通所撰。实际不是王通亲笔所著，而是其弟子们记录其讲学时所说的话整理而成的，成书时王通已去世，由王凝、王福畤编纂而成。王通以阐明王道为己任，主张明赏罚、定正统。他的学说思想的核心是讲求帝王之道和天人之事，具有自己的宗旨、核心和一套体系。该书自宋代就有两个版本，一是阮逸刊印本，一是龚鼎臣本。后者已失传，流行的是阮逸本。自宋代开始，曾有人怀疑无王通此人，也没有《文中子》此书，或认为此书不是王通所作。司马光在《资治通鉴》中考证认为有王通此人，且《文中子》一书记载的是王通的思想。今人尹协理有《王通论》一书考辨甚详。

天地篇　节录

　　李伯药[1]见子而论诗，子不答。伯药退，谓薛收[2]曰："吾上陈应、刘[3]，下述沈、谢[4]，分四声八病，刚柔清浊，各有端序，音若埙篪，而夫子不应，我其未达欤？"薛收曰："吾尝闻夫子之论诗矣，上明三纲，下达五常，于是征存亡、辩得失，故小人歌之以贡其俗，君子赋之以见其志，圣人采之以观其变。今子营营驰骋乎末流，是夫子之所痛也，不答则有由矣。"子曰："学者博诵云乎哉？必也贯乎道。文者苟作云乎哉？必也济乎义。"

　　贾琼[5]问君子之道，子曰："必先恕乎。"曰："敢问恕之说。"子曰："为人子者，以其父之心为心；为人弟者，以其兄之心为心。推而达之于天下，斯可矣。"

楚难作，使使召子。子不往，谓使者曰："为我谢楚公，天下崩乱，非至公血诚不能安。苟非其道，无为祸先。"

子躬耕，或问曰："不亦劳乎？"子曰："一夫不耕，或受其饥，且庶人之职也。亡职者，罪无所逃天地之间，吾得逃乎？"

薛方士问葬，子曰："贫者敛手足，富者具棺椁。封域之制无广也，不居良田。古者不以死伤生，不以厚为礼。"

子谓陈寿[6]有志于史，依大义而削异端；谓范宁[7]有志于《春秋》，征圣经而诘众传。子曰："使陈寿不美于史，迁、固[8]之罪也；使范宁不尽美于《春秋》，歆、向[9]之罪也。"裴晞曰："何谓也？"子曰："史之失自迁、固始也，记繁而志寡；《春秋》之失自歆、向始也，弃经而任传。"

子曰："盖九师兴而《易》道微，三传作而《春秋》散。"贾琼曰："何谓也？"子曰："白黑相渝，能无微乎？是非相扰，能无散乎？故《齐》《韩》《毛》《郑》[10]，诗之末也；《大戴》《小戴》[11]，礼之衰也。《书》残于古今，《诗》失于齐鲁，汝知之乎？"

或问扬雄[12]、张衡[13]，子曰："古之振奇人也，其思苦，其言艰。"曰："其道何如？"子曰："靖矣。"

子曰："富观其所与，贫观其所取，达观其所好，穷观其所为，可也。"

【注释】

①李伯药：隋朝宰相李德林之子，字重规。性情洒脱，喜欢狂饮。开始在隋朝做官，后归附唐朝，唐高宗时为宗正卿，得到俸禄后与亲族共享。

②薛收：唐朝薛道衡之子，字伯褒。十二岁能写文章，归附唐高祖，任秦王府主簿。写书信檄文甚为干练，能在马背上吟诗，思维极其敏捷。

③应、刘：指应璩、刘琨。

④沈、谢：指沈约、谢灵运。

⑤贾琼：隋朝人。跟王通学习，性情明敏，与当时的房乔、魏徵齐名。

⑥陈寿：晋朝安汉人，字承祚，著有《三国志》。

⑦范宁：晋朝人，字武子。鉴于《春秋谷梁传》没有好的注释，为之作集解。

所述之义精深独到，为世人所称道。

⑧迁、固：指司马迁、班固。

⑨歆、向：指刘歆、刘向。

⑩《齐》《韩》《毛》《郑》：指《齐诗》《韩诗》《毛诗》《郑诗》。《齐诗》后苍作，《韩诗》韩婴作，《毛诗》毛苌作，《郑诗》郑玄作。

⑪《大戴》《小戴》：《大戴礼》，戴德作；《小戴礼》，戴圣作。

⑫扬雄：汉代成都人，字子云。博览群书，无所不读，为人质朴放荡，善于深入思考，所著有《太玄》《法言》《方言》等书。

⑬张衡：后汉西鄂人，字平子。作《二京赋》用了十九年时间，又制作浑天仪，候风地动仪，著有《周易训诂》等书。

事君篇　节录

子见牧守①屡易，曰："尧、舜三载考绩，仲尼三年有成，今旬月而易，吾不知其道。"薛收曰："如何？"子曰："三代之兴，邦家有社稷焉；两汉之盛，牧守有子孙焉。不如是之亟也。无定主而责之以忠，无定民而责之以化，虽曰能之，末由也已。"

房玄龄②问史，子曰："古之史也辩道，今之史也耀文。"问文，子曰："古之文也约以达，今之文也繁以塞。"

【注释】

①牧守：州郡长官，州长官为牧，郡长官为守。

②房玄龄：唐朝临淄人，字乔。自幼警敏，博览典籍，任丞相位十五年，处事宽平。

礼乐篇　节录

子曰："以势交者，势倾则绝；以利交者，利穷则散。故君子不与也。"

子游汾亭，坐鼓琴。有舟而钓者过，曰："美哉琴意！伤而和，怨而静，在山泽而有廊庙之志，非太公之都磻溪①，则仲尼之宅泗滨也。"子骤而鼓《南风》，钓者曰："嘻！非今日事也。道能利生民，功足济天下，其有虞氏之心乎？不如舜自鼓也，声存而操变矣。"子遽舍琴，谓门人曰："情之变声也如是乎？"起将延之，钓者摇竿鼓枻而逝。门人追之，子曰："无追也，播鼗武②入于河，击磬襄③入于海，固有之也。"遂志其事，作《汾亭操》焉。

【注释】

①磻溪：一名璜河，位于今陕西宝鸡市陈仓区东南部，源出南山。

②播鼗武：播，摇动；鼗，如鼓而小些，摇之能自动敲击；武，人名。

③击磬襄：襄，人名；磬，乐器；击磬，襄的职责。

魏相篇 节录

子游马颊之谷，遂至牛首之溪，登降信宿，从者乐。姚义①、窦威②进曰："夫子遂得潜乎？"子曰："潜虽伏矣，亦孔之昭。"威曰："闻朝廷有召子议矣。"子曰："彼求我则，如不我得，执我仇雠，亦不我力。"姚义曰："其车既载，乃弃尔辅。"窦威曰："终逾绝险，曾是不意。"子喟然，遂歌《正月》，终焉，既而曰："不可为矣。"

子曰："《书》以辩事，《诗》以正性，《礼》以制行，《乐》以知德，《春秋》《元经》以举往，《易》以知来，先王之蕴尽矣。"

张玄素③问礼，子曰："直尔心，俨尔形，动思恭，静思正。"问道，子曰："礼得而道存矣。"玄素出，子曰："有心乎礼也，夫礼有窃之而成名者，况躬亲哉？"

文中子曰："闻谤而怒者，谗之由也；见誉而喜者，佞之媒也。绝由去媒，谗佞远矣。"

房玄龄问正主庇民之道，子曰："先遗其身。"曰："请究其说。"子曰："夫能遗其身，然后能无私；无私，然后能至公；至公，然后以天下为心矣，道可行矣。"玄龄曰："如主何？"子曰："通也不可究其说，萧、张④其犹病诸？噫！非子所及，姑守尔恭，执尔慎，庶可以事人也。"

子曰："早婚少聘，教人以偷；妾媵无数，教人以乱。且贵贱有等，一夫一妇，庶人之职也。"

子谒见隋祖，一接而陈十二策，编成四卷。薛收曰："辩矣乎？"董常⑤曰："非辩也，理当然尔。"房玄龄请习十二策，子曰："时异事变，不足习也。"

子曰："吾不仕，故成业；不动，故无悔；不广求，故得；不杂学，故明文。"

子之韩城⑥，自龙门关先济。贾琼、程元⑦后，关吏仇璋⑧止之，曰："先济者为谁？吾视其颡颡如也，重而不亢，目灿如也，澈而不静，口敦如也，阘而不张，凤颈龟背，须垂至腰，参如也；与之行，俯然而色卑，与之言，泛然而后应；浪惊柂旋而不惧，是必有异人者也。吾闻之，天下无道，圣人藏焉。鞠躬守默，斯人殆似也。"程元曰："子知人矣，是王通者也。"贾琼曰："吾二人师之，而不能去也。"仇璋曰："夫仗一德，乘五常，扶三才，控六艺，吾安得后而不往哉？"遂舍职从于韩城。子谓贾琼曰："君子哉，仇璋也！比董常则不足，方薛收则有余。"

子曰："君子不责人所不及，不强人所不能，不苦人所不好，夫如此故免。"

子曰："火炎上而受制于水，水趋下而得志于火，故君子不欲多上人。"

【注释】

①姚义：王通的弟子。

②窦威：唐朝窦炽之子，字文蔚。博览群书，被兄长诬为书呆子。唐高祖令其制定制度，称之为"当今的叔孙通"。每逢谈及政治得失，都引证古事以借喻。卒后谥曰靖。

③张玄素：唐朝虞乡人。在隋朝任景城县户曹，唐太宗时擢为御史，迁给事中，太宗想修洛阳宫，张玄素上书谏止，使太宗取消了此工程。

④萧、张：指萧何、张良。

⑤董常：王通的弟子。

⑥韩城：即今陕西韩城市。

⑦程元：王通的弟子。

⑧仇璋：隋朝人，王通的弟子，随王通学辅佐王室之道，聆听六经的真谛。

立命篇　节录

门人有问姚义："孔庭之法，曰《诗》曰《礼》，不及四经①，何也？"姚义曰："尝闻诸夫子矣，《春秋》断物，志定而后及也；《乐》以和，德全而后及也；《书》以制法，从事而后及也；《易》以穷理，知命而后及也。故不学《春秋》，无以主断；不学《乐》，无以知和；不学《书》，无以议制；不学《易》，无以通理。四者非具体不能及，故圣人后之，岂蒙养之具耶！"或曰："然则《诗》《礼》何为而先也？"义曰："夫教之以《诗》，则出辞气，斯远暴慢矣；约之以《礼》，则动容貌，斯立威严矣。度其言，察其志，考其行，辨其德。志定则发之以《春秋》，于是乎断而能变；德全则导之以《乐》，于是乎和而知节；可从事则达之以《书》，于是乎可以立制；知命则申之以《易》，于是乎可以尽性。若骤而语《春秋》，则荡志轻义；骤而语《乐》，则宣德败度；骤而语《书》，则狎法；骤而语《易》，则玩神。是以圣人知其必然，故立之以宗，列之以次，先成诸己，然后备诸物；先济乎近，然后形乎远。亶其深乎！亶其深乎！"子闻之曰："姚子得之矣。"

子曰："识寡于亮，德轻于才，斯过也已。"

子曰："治乱，远也，有乘之者，有革之者；穷达，时也，有行之者，有遇之者；吉凶，命也，有作之者，有偶之者。一来一往，各以数至，岂徒云哉？"

【注释】

①四经：指《春秋》《乐》《尚书》《周易》等四部经典。

《胡子知言》精华

【著录】

　　《胡子知言》一书，又称《知言》，六卷，附录一卷，系宋代胡宏所撰。内容是关于学术思想的论述。胡宏将这些论述随手记下来，然后屡经修改，条理成此书。胡宏的学术思想有家传，其父胡安国师于杨时，认为人的本性有善有恶，胡宏撰此书也沿袭这种观点。他认为，本性是与生俱来的，是在自己心中形成的；天理人欲在不同的人身上所起的作用不同，才出现了各种不同的性情。人的自身称之为性，人的作为称之为心，自身不能不动，一动则便有了作为，便体现出人的性情。书中还论及治世之道，认为非恢复井田、恢复封建不可，显得很迂腐。但学术思想方面，却论述得精深独到，深得后人赞誉。自元朝以来，胡宏的这本书便流传不多，明朝开始刻印，但被窜改、加目，颠倒顺序，搞得很乱。唯《永乐大典》所载为宋代原本，首尾完备，卷目清楚，自清朝以来以此为定本。

天　命　录二则

　　一裘裳也，于冬之时举之，以为轻，逮夏或举之，则不胜其重；一绨绤①也，于夏之时举之，以为重，逮冬或举之，则不胜其轻。夫衣非随时而有轻重也，情狃于寒暑而乱其心，非轻重之正也。世有缘情立义，自以为由正大之德而不之觉者，亦若是而已矣。孰能不狃于情以正其心，定天下之公乎？

见善有不明，则守之不固，或慑于威严而失之，或没于情思而失之，或乱于精微而失之，或汩于末流而失之。伟哉孟氏之子[2]！生世之大弊，承道之至衰，蕴经纶之大业。进退辞受，执极而不变，用极而不乱，屹然独立于横流，使天下后世晓然知强大威力之不可用。士所以立身，大夫所以立家，诸侯所以立国，天子所以保天下，必本诸仁义也。伟哉孟氏之子！

【注释】

①绨绤：细葛布称作绨，粗葛布称作绤。

②孟氏之子：指孟子。

修　身　录三则

胡子曰：修身以寡欲为要，行己以恭俭为先，自天子至于庶人[1]，一也。

道不能无物而自道，物不能无道而自物。道之有物，犹风之有动，犹水之有流也。夫孰能间之？故离物求道者，妄而已矣。

未能无欲，欲不行焉之谓大勇；未能无惑，惑不苟解之谓大智；物不苟应，务尽其心之谓大仁。人而不仁，则道义息。

【注释】

①庶人：指平民百姓。

好　恶　录三则

有其德，无其位，君子[1]安之；有其位，无其功，君子耻之。君子之游世也以德，故不患乎无位；小人之游世也以势利，故患得患失，无所不为。

自观我者而言，事至而知起，则我之仁可见矣；事不至而知不起，则我之仁不可见矣。自我而言，心与天地同流，夫何间之？

处己有道，则行艰难险厄之中无所不利；失其道，则有不能堪而忿欲兴矣。是以君子贵有德也。

【注释】

①君子：指有道德、品行好的人。

仲　尼　录三则

人皆有良心，故被之以桀、纣之名，虽匹夫不受也。夫桀、纣万乘之君，而匹失羞为之，何也？以身不亲其奉，而知其行丑也。王公大人，一亲其奉，丧其良心，处利势之际，临死生之节，贪冒苟免，行若犬鼠者，皆是也。富贵而奉身者备，斩良心之利剑也。是故禹菲①饮食，卑宫室。孔子重赞之曰："吾无间然矣。"富贵一时之利，良心万世之彝。乘利势，行彝章，如雷之震，如风之动，圣人性之，君子乐之。不然，乃以一时之利失万世之彝，自列于禽兽。宁贫贱而为匹夫，不愿王公之富贵也。

以理义服天下易，以威力服天下难。理义本诸身，威力假诸人者也。本诸身者有性，假诸人者有命。性可必而命不可必，性存则命立，而权度纵释在我矣。是故善为国者，尊吾性而已。

君子有宰天下之心，裁之自亲始；君子有善万世之心，行之自身始。不然，则荡而无止，不入于释氏之绝灭，则入于老庄之荒唐。

【注释】

①菲：微薄之意。

大　学　录一则

赵幼翁言学，胡子曰："学道者正如学射，才持弓矢，必先知的，然后可以积习而求中的矣。若射者不求知的，不求中的，则何用持弓矢以射为？列圣诸经，千言万语，必有大体，必有要妙。人自少而有志，尚恐夺于世念，日月蹉跎，终身不见也。君若不在于的，苟欲玩其辞而已，是谓口耳之学，曾何足云！夫留情于章句之间，固远胜于博弈戏豫者。时以一斑自喜，何其小也！何不志于大体，以求要妙？譬如游山必上东岱[1]，至于绝顶，坐使天下高峰远岫，卷阿大泽，悉来献状，岂不伟欤？"

幼翁曰："我习敬以直内，可乎？"胡子曰："敬者，圣门用功之妙道也。然坤卦之义，与乾相蒙，敬以直内，终之以方也。苟知不先至，则不知所终，譬如将适一所，而路有多歧，莫知所适，则敬不得施，内无主矣。内无主而应事物，则未有能审事物之轻重者也。故务圣人之道者，必先致知，及超然有所见，方力行以终之。终之之妙，则在其人，他人不得而与也。"

【注释】

①东岱：东，即东岳；岱，大。东岱，即东岳泰山。

子
部

《孙子》精华

【著录】

　　《孙子》一书，系春秋末期伟大的军事家孙武所著。孙武，生于春秋时期，为齐国乐安（今山东惠民县境内）的军事家，以兵法见用于吴王阖闾，阖闾知其能用兵，用以为将，遂西破强楚，北威齐晋，称霸一时。

　　《孙子》一书是我国古代最早、最杰出的军事著作，又称《孙子兵法》《吴孙子兵法》，大约成书于前496年到前453年间。今存《孙子》分上、中、下三卷，共十三篇，约五千九百字。《始计第一》主要阐释研究和谋划战争的重要性，通过战略运筹和主观指导能力的分析，以求对战争胜负的预见，提出了"五事""七计""攻其不备，出其不意"等军事原则；《作战第二》主要阐释物力、财力、人力与战争的关系，提出了"兵贵胜，不贵久"的速胜思想和"因粮于敌"的原则；《谋攻第三》主要阐释"上兵伐谋"的全胜思想；揭示了"知己知彼，百战不殆"的著名军事规律；《军形第四》主要阐释作战形式与战斗力对比，以及如何根据战斗力对比采用适宜的作战形式，从而达到保存自己、消灭敌人的目的；《兵势第五》主要阐释在军事实力的基础上，如何正确实施作战指挥，通过灵活地变换战术和正确地使用兵力，造成锐不可当的有利态势；《虚实第六》主要阐释作战指挥中，要"避实击虚""攻其必救""因敌而制胜"，要用"示形"欺骗敌人，调动敌人，而不被敌人所调动；《军争第七》主要阐释争取战场主动权的问题，提出了"兵以诈立，以利动，以分合为变""避其锐气，击其惰气"的军事原则，揭示了"以迂为直，以患为利"的辩证关系；《九变第八》主要论述根据各种战场情况灵活运用军事原则的问题，提出了"必杂于利害""君命有所不受"的思想；《行军第九》主要阐释行军、宿营和作战的组织指挥及利用地形地物、侦察判断敌情的问题；《地形第十》主要阐释地形的种类及其与作战的关系，以及在不同地形条件下的行动原则，还提出了"视卒如爱子"的观点；《九地第十一》主要阐释九种不同作战地区及其用兵原则，提出了"兵之情主速，乘人之不及，由不虞之道，攻其所不戒"的突然袭击的作战思想；《火攻第十二》主要阐释了火攻的种类、条件和实施方法，提出了"主不可怒而兴师，将不可愠而致战"这一至理名言；《用间第十三》主要阐释了使用间谍的重要性及其各种间谍的使用方法，提出了先知敌情"不可取于鬼神""必取于人"的朴素唯物主义观点。

《孙子》所阐释的一系列带有普遍性的战争指导规律，在我国古代军事学术和战争实践中，都起过重要的指导作用。唐初传入日本，被誉为"兵学圣典""百世兵家之师"。明代传入欧洲各国，有多种文字译本。这部杰出的兵书不论在我国军事史上还是在世界军事史上都享有很高的声誉。

谋　攻

孙子[1]曰：夫用兵之法，全国为上，破国次之；全军为上，破军次之；全旅为上，破旅次之；全卒为上，破卒次之；全伍为上，破伍次之。是故百战百胜，非善之善者也；不战而屈人之兵，善之善者也。

故上兵伐谋，其次伐交，其次伐兵，其下攻城。攻城之法，为不得已。修橹轒辒[2]，具器械，三月而后成；距堙[3]，又三月而后已。将不胜其忿，而蚁附[4]之，杀士卒三分之一，而城不拔者，此攻之灾也。故善用兵者，屈人之兵而非战也，拔人之城而非攻也，毁人之国而非久也。必以全争于天下，故兵不顿而利可全。此谋攻之法也。

故用兵之法，十则围之，五则攻之，倍则分之，敌则能战之，少则能逃之，不若则能避之。故小敌之坚，大敌之擒也。

夫将者，国之辅也。辅周则国必强，辅隙则国必弱。

故君之所以患于军者三：不知军之不可以进而谓之进，不知军之不可以退而谓之退，是谓縻军[5]；不知三军[6]之事，而同三军之政，则军士惑矣；

不知三军之权，而同三军之任，则军士疑矣。三军既惑且疑，则诸侯之难至矣，是谓乱军引胜。

故知胜有五：知可以战与不可以战者胜，识众寡之用者胜，上下同欲者胜，以虞待不虞者胜，将能而君不御者胜。此五者，知胜之道也。

故曰：知彼知己，百战不殆；不知彼而知己，一胜一负；不知彼不知己，每战必殆。

【注释】

①孙子：即孙武，春秋时齐人，著《孙子》十三篇，为兵家所祖。

②修橹轒辒：橹，巢车；轒辒，四轮车，上蒙生牛皮，下可容数十人，为木石所不能伤，便于推移往返，运土填塞及攻城之用。

③距堙：堙，攻城之具，筑土稍高而前以靠近其城。

④蚁附：谓使士卒缘城而上，如蚁之附墙。

⑤縻军：縻，羁。意指掣其肘。

⑥三军：古者军队之通称。

兵　　势

孙子曰：凡治众如治寡，分数①是也；斗众如斗寡，形名②是也；三军之众，可使必受敌而无败者，奇正③是也；兵之所加，如以碬投卵者，虚实④是也。

凡战者，以正合，以奇胜。故善出奇者，无穷如天地，不竭如江河。终而复始，日月是也；死而更生，四时是也。声不过五，五声⑤之变，不可胜听也；色不过五，五色⑥之变，不可胜观也；味不过五，五味⑦之变，不可胜尝也；战势不过奇正，奇正之变，不可胜穷也。奇正相生，如循环之无端，孰能穷之？

激水之疾，至于漂石者，势也；鸷鸟之疾，至于毁折者，节也。是故善战者，其势险，其节短。势如彍弩，节如发机。纷纷纭纭，斗乱而不可乱；浑浑沌沌，形圆而不可败。

乱生于治，怯生于勇，弱生于强。治乱，数也；勇怯，势也；强弱，形也。

故善动敌者，形之，敌必从之；予之，敌必取之；以利动之，以卒待之。

故善战者，求之于势，不责于人，故能择人而任势。任势者，其战人也，如转木石。木石之性，安则静，危则动，方则止，圆则行。故善战人之势，如转圆石于千仞⑧之山者，势也。

【注释】

①分数：凡统众既多，必先分偏裨之任，定行伍之数，使不相乱，然后可用，故曰分数。

②形名：形，以形为号。军中旗帜，画鸟、蛇、龙、虎诸象，使冲锋陷阵者，各有识别，故曰形。名，亦号，谓不言之号令。军中闻鼓则进，闻金则退，若号令然，故曰名。

③奇正：凡临阵对敌为正旁，出为奇例，如当敌锋者为正，则潜赴敌后者为奇，又如正军为正，则援军为奇。

④虚实：虚，无备；实，有备。以有备攻无备，是谓以实击虚。

⑤五声：即宫、商、角、徵、羽。

⑥五色：即红、黄、蓝、白、黑。

⑦五味：即甜、酸、苦、咸、辛。

⑧千仞：周尺，八尺曰仞；千仞，极高。

虚 实

孙子曰：凡先处战地而待敌者佚①，后处战地而趋战者劳。故善战者致人而不致于人。能使敌人自至者，利之也；能使敌人不得至者，害之也。故敌佚能劳之，饱能饥之，安能动之，出其所不趋，趋其所不意。

行千里而不劳者，行于无人之地也；攻而必取者，攻其所不守也；守而必固者，守其所不攻也。故善攻者，敌不知其所守；善守者，敌不知其所攻。

微乎微乎，至于无形，神乎神乎，至于无声，故能为敌之司命。

进而不可御者，冲其虚也；退而不可追者，速而不可及也。故我欲战，敌虽高垒深沟，不得不与我战者，攻其所必救也；我不欲战，画地而守之，敌不得与我战者，乖其所之^②也。

故形人^③而我无形，则我专而敌分；我专为一，敌分为十，是以十攻其一也，则我众敌寡；能以众击寡，则吾之所与战者，约矣。吾所与战之地不可知，不可知，则敌所备者多；敌所备者多，则吾所与战者，寡矣。

故备前则后寡，备后则前寡，备左则右寡，备右则左寡，无所不备，则无所不寡。寡者，备人者也。众者，使人备己者也。

故知战之地，知战之日，则可千里而会战；不知战地，不知战日，则左不能救右，右不能救左，前不能救后，后不能救前，而况远者数十里，近者数里乎！

以吾度之，越人^④之兵虽多，亦奚益于胜败哉？故曰：胜可为也，敌虽众，可使无斗。

故策之而知得失之计，作之而知动静之理，形之而知死生之地，角之而知有余不足之处。

故形兵之极，至于无形。无形，则深间不能窥，智者不能谋。

因形而措胜于众，众不能知；人皆知我所以胜之形，而莫知吾所以制胜之形。故其战胜不复，而应形于无穷。

夫兵形象水。水之形避高而趋下，兵之形避实而击虚；水因地而制流，兵因敌而制胜。故兵无常势，水无常形，能因敌变化而取胜者，谓之神。

故五形^⑤无常胜，四时无常位，日有短长，月有死生。

【注释】

①佚：同逸，即以逸待劳。

②乖其所之：乖，违；所之，意指所向。

③形人：意指敌人有可见之形。

④越人：意指异国之人。

⑤五形：形，当作行；即金、木、水、火、土五行。

行　军

孙子曰：凡处军、相敌^①，绝山^②依谷，视生处高，战隆无登，此处山之军也。绝水③必远水；客绝水而来，勿迎之于水内，令半渡而击之，利；欲战者，无附于水而迎客；视生处高，无迎水流。此处水上之军也。绝斥泽④，唯亟去无留。若交军于斥泽之中，必依水草而背众树，此处斥泽之军也。平陆处易⑤，而右背高，前死后生，此处平陆之军也。凡此四军⑥之利，黄帝之所以胜四军也。

凡军好高而恶下，贵阳而贱阴，养生而处实，军无百疾，是谓必胜。丘陵堤防，必处其阳而右背之。此兵之利，地之助也。

上雨，水沫至，欲涉者，待其定也。

凡地有绝涧、天井、天牢、天罗、天陷、天隙，必亟去之，勿近也。吾远之，敌近之；吾迎之，敌背之。

军旁有险阻、潢井、蒹葭、林木、翳荟者，必谨覆索之，此伏奸之所处也。

敌近而静者，恃其险也；远而挑战者，欲人之进也。其所居易者，利也。

众树动者，来也；众草多障者，疑也；鸟起者，伏也；兽骇者，覆也；尘高而锐者，车来也；卑而广者，徒来也；散而条达者，樵采也；少而往来者，营军也。

辞卑而益备者，进也；辞强而进驱者，退也；轻车先出，居其侧者，陈也；无约而请和者，谋也；奔走而陈兵者，期也；半进半退者，诱也。

仗而立者，饥也；汲而先饮者，渴也；见利而不进者，劳也。鸟集者，虚也；夜呼者，恐也；军扰者，将不重也；旌旗动者，乱也；吏怒者，倦也。杀马肉食者，军无粮也；悬瓴不返其舍者，穷寇也。谆谆翕翕⑦，徐与人言者，失众也；数赏者，窘也；数罚者，困也；先暴而后畏其众者，不精之至也；来委谢者，欲休息也。兵怒而相迎，久而不合，又不相去，必谨察之。

兵非贵益多，虽无武进⑧，足以并力、料敌、取人而已。夫唯无虑而易敌者，必擒于人。

卒未亲附而罚之，则不服，不服则难用；卒已亲附而罚不行，则不可用。故令之以文，齐之以武，是谓必取。令素行以教其民，则民服；令不素行以教其民，则民不服。令素行者，与众相得也。

【注释】

①处军、相敌：处军，谓屯兵必度其地；相敌，谓迎敌必审其机。

②绝山：意指度山而处。

③绝水：意指度水而处。

④绝斥泽：斥泽，谓斥卤之地，无水草之地。故度斥泽，宜亟去而不可留。

⑤平陆处易：易，平坦。

⑥四军：意指山、水、斥泽、平陆之军。

⑦翕翕：意指上谆谆告诫而下不听命。

⑧武进：恃武轻进曰武进。

《吴子》精华

【著录】

《吴子》一书，相传系战国时吴起所著。吴起，战国时卫国左氏（今山东曹县）人，约生于公元前 440 年，卒于公元前 381 年。吴起一生重名轻利，敢于改革，善于用兵，是战国前期著名的法家学派的代表人物，是当时著名的军事家。他历任鲁国的将军，魏国的大将、西河郡守，楚国的苑（今河南南阳）守、令尹等军政要职。因致力于变法图新，多次遭受疑忌、陷害，楚悼王死后，终被旧贵族杀害。

《吴子》是中国古代著名兵书，向与《孙子》并称"孙吴兵法"，受到历代中外军事家、政治家的重视。现存最早的《吴子》刊本是南宋孝宗、光宗年间刻《武经七书》本，后世众多版本多源于此本，并多以丛书本行世。

今本《吴子》约五千字，共六篇，《图国第一》主要强调"内修文德，外治武备"，概括性地阐释了经国治军的思想理论以及对战争的认识；《料敌第二》主要从战略的高度分析敌方的优劣长短，阐释了侦察敌情的要领及对不同情况下的不同敌手的作战方法；《治兵第三》主要阐释了训练、行军、宿营及保养军马的原则和方法，提出了"以治为胜""教戒为先""用兵之害，犹豫最大，三军之灾，生于狐疑"等著名观点；《论将第四》主要阐释将帅在治国统军中的重要性和应具备的条件，以及观察分析敌情优劣的要领；《应变第五》主要讲随机应变的战术思想，阐释了遭遇强敌、敌众我寡、敌据险坚守等情况下的应急办法和谷战、水战、车战、攻城战等作战要领；《励士第六》主要阐释奖励有功将士，激励无功官兵，鼓舞部队士气。

《吴子》继承和发展了《孙子》的军事思想，总结了战国初期的实战经验，反映了战争规律和特点，内涵极为丰富。概括起来主要有以下几点：第一，"内修文德，外治武备"的战略思想；第二，"审敌虚实""因形用权"的战术思想；第三，"以治为胜""教戒为先"的治军思想；第四，朴素的军事哲学思想。

料　敌　录二则

武侯问吴起曰："今秦胁吾西，楚带吾南，赵冲吾北，齐临吾东，燕绝吾后，韩据吾前。六国兵四守，势甚不便，忧此奈何？"起对曰："夫安国家之道，先戒为宝。今君已戒，祸其远矣。臣请论六国之俗：夫齐陈重而不坚，秦陈散而自斗，楚陈整而不久，燕陈守而不走，三晋①陈治而不用。夫齐性刚，其国富，君臣骄奢，而简于细民，其政宽而禄不均。一陈两心，前重后轻，故重而不坚。击此之道，必三分之，猎其左右，胁而从之，其陈可坏。秦性强，其地险，其政严，其赏罚信，其人不让，皆有斗心，故散而自战。击此之道，必先示之以利而引去之，士贪于得而离其将，乘乖猎散，设伏投机，其将可取。楚性弱，其地广，其政骚，其民疲，故整而不久。击此之道，袭乱其屯，先夺其气，轻进速退，弊而劳之，勿与争战，其军可败。燕性悫，其民慎，好勇义，寡诈谋，故守而不走。击此之道，触而迫之，陵而远之，驰而后之，则上疑而下惧，谨我车骑必避之路，其将可虏。三晋者，中国也，其性和，其政平，其民疲于战，习于兵，轻其将，薄其禄，士无死志，故治而不用。击此之道，阻陈而压之，众来则拒之，去则追之，以倦其师。此其势也。然则一军之中，必有虎贲②之士，力轻扛鼎，足轻戎马，搴旗取将，必有能者。若此之等，选而别之，爱而贵之，是谓军命。其有工用五兵，材力健疾，志在吞敌者，必加其爵列，可以决胜；厚其父母妻子，劝赏畏罚，此坚陈之士，可与持久。能审料此，可以击倍。"武侯曰："善。"

武侯问曰："吾欲观敌之外以知其内，察其进以知其止，以定胜负，可得闻乎？"起对曰："敌人之来，荡荡③无虑，旌旗烦乱，人马数顾，一可击十，必使无措；诸侯未会，君臣未和，沟垒未成，禁令未施，三军匈匈，欲前不能，欲去不敢，以半击倍，百战不殆。"

武侯问敌必可击之道，起对曰："用兵必须审敌虚实而趋其危。敌人远来新至，行列未定，可击；既食未设备，可击；奔走，可击；勤劳，可击；未得地利，可击；失时不从，可击；涉长道后行未息，可击；涉水半渡，可击；险道狭路，可击；旌旗乱动，可击；陈数移动，可击；将离士卒，可击；心怖，可击。凡若此者，选锐冲之，分兵继之，急击勿疑。"

【注释】

①三晋：战国时，赵、魏、韩三家共分晋地，故称三晋。

②虎贲：指勇士。

③荡荡：众多之状。

论 将 录二则

吴子曰：夫总文武①者，军之将也；兼刚柔②者，兵之事也。凡人论将，常观于勇。勇之于将，乃数分之一尔。夫勇者必轻合，轻合而不知利，未可也。故将之所慎者五：一曰理，二曰备，三曰果，四曰戒，五曰约。理者，治众如治寡；备者，出门如见敌；果者，临敌不怀生；戒者，虽克如始战；约者，法令省而不烦，受命而不辞，敌破而后言返，将之礼也。故师出之日，有死之荣，无生之辱。

吴子曰：凡兵有四机：一曰气机，二曰地机，三曰事机，四曰力机。三军之众，百万之师，张设轻重，在于一人，是谓气机；路狭道险，名山大塞，十夫所守，千夫不过，是谓地机；善行间谍，轻兵往来，分散其众，使其君臣相怨，上下相咎，是谓事机；车坚管辖，舟利橹楫，士习战陈，马闲驰逐，是谓力机。知此四者，乃可为将。然其威德仁勇，必足以率下安众，怖敌决疑。施令而下不犯，所在寇不敢敌。得之国强，去之国亡，是谓良将。

【注释】

①总文武：经天纬地曰文，定国安邦曰武。总文武，意指具有文武全才。

②兼刚柔：刚柔，意指阴阳。兼刚柔，意指兼通天地阴阳之变。

《司马法》精华

【著录】

　　《司马法》一书，又称《司马穰苴兵法》《军礼司马法》《古司马兵法》等，是我国古代重要兵书之一。《司马法》大约成书于战国初期，一般认为作者是司马穰苴。据《史记·司马穰苴列传》记载："齐威王（前 356 ～前 320）使大夫追论古者司马兵法而附穰苴于其中，因号曰《司马穰苴兵法》。"汉代对《司马法》评价甚高。汉武帝时，"置尚武之官，以《司马兵法》选，位秩比博士"。（见荀悦《申鉴·时事篇》）司马迁称道《司马法》"闳廓深远，虽三代征伐，未能竟其义，如其文也。"（见《史记·司马穰苴列传》）。唐代李靖曾说："今所传兵家者流……皆出《司马法》也。"可见世人对其评价之高。宋元丰（1078 ～ 1085）中把《司马法》列为《武经七书》之一，颁行武学，定为将校必读之书。特别是明清两代，出现了众多的注释本。在国外，日本早在 1600 年就出现了研究《司马法》的专著，1772 年《司马法》又被译成法文，在巴黎出版发行。

　　《司马法》流传至今已两千多年，原有的一百五十五篇大部分亡佚，到唐代就仅存五篇了。现存《司马法》分为上、中、下三卷，共五篇，约五千一百字。《仁本第一》主要阐释战争的性质、目的、起因和对战争的态度，也论及古代的一些作战方法；《天子之义第二》主要阐释君臣的礼节，治国、教民和治军的方法，以及古代的一些作战形式、兵器配置、战车编组、旗语徽章、赏罚制度等等；《定爵第三》，它虽以"定爵"为篇名，但讲的并不都是"定爵位"问题，而是统论军政事务，包括战争准备、战场指挥、布阵原则、侦察敌情、战时法规等；《严位第四》中的"严位"，就是严格规整战斗队形中士卒的位置，本篇主要阐释作战指挥和战术，包括战斗队形的构成，士卒在战斗队形中的位置、姿势、行动等；《用众第五》之"用众"，是使用大量兵力作战的意思，本篇集中讲战场指挥问题，主要阐释大兵力作战和小兵力作战的不同原则，进而阐释临阵时灵活机变、避实击虚、观察部队情况和巩固军心的方法。

《司马法》虽包含有春秋以前一些落后的军事原则，但它所反映的春秋末期和战国初期的进步军事思想，对我们研究那个时期的军事思想提供了重要的史料。

严　位

凡战之道，位欲严，政欲栗，力欲窕，气欲闲，心欲一。

凡战之道，等道义，立卒伍，定行列，正纵横，察名实，立进俯，坐进跪，畏则密，危则坐。远者视之则不畏，迩者勿视则不散。位下左右，下甲坐誓，徐行之，位逮徒甲，筹以轻重，振马噪，徒甲畏，亦密之。跪坐坐伏，则膝行而宽誓之，起噪鼓而进，则以铎①止之。衔枚②誓糒，坐膝行而推之，执戮禁顾，噪以先之。若畏太甚，则勿戮杀，示以颜色，告之以所生，循省其职。

凡三军，人戒分日，人禁不息，不可以分食。方其疑惑，可师可服。

凡战，以力久，以气胜；以固久，以危胜；本心固，新气胜；以甲固，以兵胜。凡车以密固，徒以坐固，甲以重固，兵以轻胜。

人有胜心，惟敌之视；人有畏心，惟畏之视。两心交定，两利若一，两为之职，惟权视之。

凡战，以轻行，轻则危；以重行，重则无功。以轻行重则败，以重行轻则战。故战相为轻重。

舍谨兵甲，行慎行列，战谨进止。

凡战，敬则慄，率则服；上烦轻，上暇重；奏鼓轻，舒鼓重；服肤轻，服美重。

凡马车坚，甲兵利，轻乃重。

上同无获，上专多死，上生多疑，上死不胜。

凡人，死爱，死怒，死威，死义，死利。

凡战之道，教约人轻死，道约人死正。

凡战，若胜若否，若天若人。

凡战，三军之戒，无过三日；一卒之警，无过分日；一人之禁，无过皆息。

凡大善用本，其次用末。执略守微，本末唯权，战也。

凡胜，三军一人胜。

凡鼓，鼓旌旗，鼓车，鼓马，鼓徒，鼓兵，鼓首，鼓足，七鼓兼齐。

凡战，既固勿重，重进勿尽，凡进危。

凡战，非陈之难，使人可陈难；非使可陈难，使人可用难；非知之难，行之难。

人方有性，性州异，教成俗；俗州异，道化俗。

凡众寡，若胜若否。兵不告利，甲不告坚，车不告固，马不告良，众不自多，未获道。

凡战，胜则与众分善；若将复战，则重赏罚；若使不胜，取过在己。复战则誓，己居前，无复先术，胜否勿反。是谓正则。

凡民，以仁救，以义战，以智决，以勇斗，以信专，以利劝，以功胜。故心中仁，行中义。堪物，智也；堪大，勇也；堪久，信也。让以和，人自洽。自予以不循，争贤以为人，说其心，效其力。

凡战，击其微静，避其强静；击其倦劳，避其闲窕；击其大惧，避其小惧，自古之政也。

【注释】

①铎：大铃，武事用金铎。

②衔枚：古时行军，令军士衔枚，使军士行进中不能偶语，用以禁止喧嚣。

《尉缭子》精华

【著录】

　　《尉缭子》一书，是我国先秦时期十分重要的一部兵书。《汉书·艺文志》曾把兵书分为四类，即兵权谋、兵形势、兵阴阳、兵技巧。《尉缭子》是至今唯一存世的一部主要属于兵形势类的著作。何谓兵形势呢？班固在《汉书》中对此下了定义，他说："形势者，雷动风举，后发而先至，离合背向，变化无常，以轻疾制敌者也。"兵形势家讲究军队的威势、行动的迅速，强调高度的机动能力、巧妙的战术变化，以达到速战速决的目的。就此意义而言，兵形势主要是讲战术的。

　　尉缭，战国时期尉氏（今河南省尉氏县）人，一说为大梁（今河南开封市）人，曾事奉魏梁惠王。

　　《尉缭子》问世后，受到历代统治者和兵家的重视，在历史上享有很高的地位。它所揭示的军事思想，内容极为丰富，可概括为以下几点：第一进步的战争观，它在战争性质的区分以及军事与政治、经济的关系上，有许多独到的论述；第二注重造成战略优势，它强调"兵以道胜"，认清战争的本质和规律，掌握战争的主动权，造成一种压倒敌人的威势，使自己立于不败之地；第三注重运用权谋和灵活多变的战术；第四主张严格治军，加强训练；它提出"兵贵精，不贵多"的裁军思想，强调选拔将帅的作用，列举了许多对部队严格训练、管理的方法和要求；第五朴素唯物主义的世界观，它不仅具有无神论和进化论的思想，承认宇宙的客观存在及其在时空上的无限性，而且对许多问题的论述都闪烁着朴素辩证法的光辉。

《尉缭子》继承并发展了《孙子》《吴子》的军事思想，它虽然主要属于兵形势家，但相当多的思想属于其他兵家，它是先秦兵家思想的集大成者。

兵　　谈

量土地肥硗①而立邑。建城称地，以地称人，以人称粟。三相称，则退可以固守，进可以战胜。战胜于外，备主于内，胜备相应，犹合符节，无异故也。

治兵者，若秘于地，若邃于天，生于无。故开之，大不窕②；关之，小不恢。明乎禁舍开塞，民流者亲之，地不任者任之。夫土广而任则国富，民众而制则国治。富治者，车不发轫，甲不出暴，而威制天下。故曰：兵胜于朝廷。不暴甲而胜者，主胜也；陈而胜者，将胜也。

兵起，非可以忿也。见胜则兴，不见胜则止。患在百里之内，不起一日之师；患在千里之内，不起一月之师；患在四海之内，不起一岁之师。

将者，上不制于天，下不制于地，中不制于人。宽不可激而怒，清不可事以财。夫心狂、耳聋、目盲，以三悖率人者，难矣。

兵之所及，羊肠亦胜，锯齿亦胜；缘山亦胜，入谷亦胜；方亦胜，圆亦胜。重者，如山如林，如江如河；轻者，如炮如燔，如漏如溃；如垣压之，如云覆之。令之聚不得以散，散不得以聚；左不得以右，右不得以左。兵如植木，弩如羊角，人人无不腾陵张胆，绝乎疑虑，堂堂决而去。

【注释】

①硗：指土地坚硬瘠薄。

②窕：幽深。

攻　　权

兵以静胜，国以专胜。力分者弱，心疑者背。夫力弱，故进退不豪，纵敌不擒。将吏士卒，动静一身；心既疑背，则计决而不动，动决而不禁。异口虚言，将无修容，卒无常试，发攻必衄①，是谓疾陵之兵②，无足与斗。

四库全书精华

子部

将帅者，心也；群下者，支节也。其心动以诚，则支节必力；其心动以疑，则支节必背。夫将不心制，卒不节动，虽胜，幸胜也，非攻权也。

夫民无两畏也，畏我侮敌，畏敌侮我。见侮者败，立威者胜。凡将能其道者，吏畏其将也；吏畏其将者，民畏其吏也；民畏其吏者，敌畏其民也。是故知胜败之道者，必先知畏侮之权。

夫不爱悦其心者，不我用也；不严畏其心者，不我举也。爱在下顺，威在上立。爱，故不二；威，故不犯。故善将者，爱与威而已。

战不必胜，不可以言战 攻不必拔，不可以言攻。不然，虽刑赏不足信也。信在期前，事在未兆。故众已聚不虚散，兵已出不徒归。求敌若求亡子，击敌若救溺人。

分险者无战心，挑战者无全气，斗战者无胜兵。

凡挟义而战者，贵从我起。争私结怨，贵以不得已。怨结虽起，待之贵后。故争必当待之，息必当备之。兵有胜于朝廷，有胜于原野，有胜于市井。斗则得，服则失。幸以不败，此不意彼惊惧，而曲胜之也。曲胜，言非全也。非全胜者，无权名。

故明主战攻之日，合鼓合角，节以兵刃，不求胜而胜也。兵有去备彻威而胜者，以其有法故也，有器用之早定也，其应敌也周，其总率也极。故五人而伍，十人而什，百人而卒，千人而率，万人而将，已周已极。其朝死则朝代，暮死则暮代。

权敌审将，而后举兵。故凡集兵，千里者旬日，百里者一日，必集敌境。卒聚将至，深入其地，错绝其道，栖其大城大邑，使之登城逼危。男女数重，各逼地形，而攻要塞。据一城邑，而数道绝，从而攻之。敌将帅不能信，吏卒不能和，刑有所不从者，则我败之矣。敌救未至，而一城已降。津梁未发，要塞未修，城险未设，渠答未张，则虽有城，无守矣；远堡未入，戍客未归，则虽有人，无人矣；六畜未聚，五谷未收，财用未敛，则虽有资，无资矣。夫城邑空虚而资尽者，我因其虚而攻之。法曰："独出独入，敌不接刃而致之。"此之谓也。

【注释】

①衄：挫折。

②疾陵之兵：意谓必败之兵。

十二陵

威在于不变，惠在于因时；机在于应事，战在于治气；攻在于意表，守在于外饰；无过在于度数，无困在于豫备；慎在于畏小，智在于治大；除害在于敢断，得众在于下人。

悔在于任疑，孽在于屠戮；偏在于多私，不祥在于恶闻己过；不度①在于竭民财，不明在于受间②；不实在于轻发，固陋在于离贤，祸在于好利，害在于亲小人；亡在于无所守，危在于无号令。

【注释】

①不度：无度，意指漫无限制。

②受间：受他人谗言离间。

兵令上

兵者，凶器也；战者，逆德也；争者，事之末也。故王者伐暴乱，本仁义焉。战国则以立威、抗敌、相图，而不能废兵也。

兵者，以武为植，以文为种；以武为表，以文为里；能审此二者，知胜负矣。文所以视利害，辨安危；武所以犯强敌，力攻守也。

专一则胜，离散则败。陈①以密则固，锋②以疏则达。卒畏将甚于敌者胜，卒畏敌甚于将者败。未战所以知胜败者，称将于敌也。敌与将，犹权衡焉。

安静则治，暴疾则乱。出卒陈兵有常令，行伍疏数有常法，先后之次有适宜。常令者，非追北袭邑攸用也。前后不次，则失也。乱先后，斩之。

常陈皆向敌，有内向，有外向，有立陈，有坐陈。夫内向，所以顾中也；外向，所以备外也；立陈，所以行也；坐陈，所以止也。立坐之陈，相参进止，将在其中。坐之兵剑斧，立之兵戟弩，将亦居中。善御敌者，正兵先合，而后扼之。此必胜之术也。

陈之斧钺，饰之旗章，有功必赏，犯令必死。存亡死生，在枹之端。

虽天下有善兵者，莫能御此矣。

矢射未交，长刃未接，前噪者谓之虚，后噪者谓之实，不噪者谓之秘。虚、实、秘者，兵之体也。

【注释】

①陈：同"阵"，士卒列队曰陈。

②锋：意指先锋队。

《素书》精华

【著录】

  《素书》一书，是我国古代的一部兵书。旧本题汉代黄石公撰，宋代张商英注。黄石公相传为秦末汉初隐士，曾授张良兵书，张良辅佐刘邦，兴汉灭楚，兵机谋略，多得此书帮助。张良之后，此书不知去向。到了晋代，有人盗发张良墓，在玉枕中发现此书，共六篇，一千三百三十六言，上有秘戒，不许妄传。由此始得再传于世。因为此书本文与前后注文多如出自一人之手，所以宋代目录著作晁公武的《郡斋读书志》和陈振孙的《直斋书录解题》，都怀疑是张商英伪托黄石公名而作。明代都穆在其所著《听雨纪谈》中，以为自晋迄宋，学者不曾一言及之，不应该独出商英，而断其有三伪。清代《四库全书总目提要》则断定为张商英伪撰。

  现今所见《素书》共分六章：《原始》第一，《正道》第二，《求人之志》第三，《本德宗道》第四，《遵义》第五，《安礼》第六。其说以道、德、仁、义、礼五者为主旨，取老子之说为注释，其指要虽欠周备，但主张卑谦损节、相机行事，有助于领兵作战，转危为安。本书版本有《百子全书》本、《汉魏丛书》本，民国元年（1912）铅印本和清代吴勤邦《素书辑注》清末刻本，可资研究本书参考。

求人之志章

  绝嗜禁欲，所以除累。抑非损恶，所以禳①过。贬酒阙色，所以无污。

避嫌远疑，所以不误。博学切问，所以广知。高行微言②，所以修身。恭俭谦约，所以自守。深计远虑，所以不穷。亲仁友直，所以扶颠。近恕笃行，所以接人。任材使能，所以济务。瘅恶③斥谗，所以止乱。推古验今，所以不惑。先揆后度，所以应卒。设变致权，所以解结。括囊④顺会，所以无咎。橛橛梗梗⑤，所以立功。孜孜淑淑⑥，所以保终。

【注释】

①禳：祈禳而去之。

②高行微言：谓行欲高而不屈，言欲微而不彰。

③瘅恶：瘅，意指去。《书》："彰善瘅恶。"

④括囊：寡言。《易》："括囊无咎。"

⑤橛橛梗梗：橛橛，有所恃而不可摇；梗梗，有所立而不可挠。

⑥孜孜淑淑：孜孜，勤之又勤；淑淑，善之又善。

本德宗道章

夫志心笃行之术，长莫长于博谋①，安莫安于忍辱，先莫先于修德，乐莫乐于好善，神莫神于至诚，明莫明于体物，吉莫吉于知足，苦莫苦于多愿，悲莫悲于精散②，病莫病于无常③，短莫短于苟得，幽莫幽于贪鄙，孤莫孤于自恃，危莫危于任疑④，败莫败于多私。

【注释】

①博谋：谋之欲其博。

②精散：精气外散。诸如目淫于色，则精散于色；耳淫于声，则精散于声；口淫于味，则精散于味。

③无常：意指无恒。

④任疑：意指疑其人而用之。

《心书》精华

【著录】

　　《心书》一书，又称《将苑》或《新书》，是我国古代论将用兵的一部军事著作。旧题诸葛亮撰，凡一卷，五十篇。首篇为《兵权》，末篇为《北狄》，总计大约五千字。关于本书，南宋《遂初堂书目》始有著录。明人王士骐编《诸葛亮集》，将其收入，名曰《心书》。后代学者经过考证，视之为赝作，属于伪托。

　　《心书》系博采《孙子》《吴子》《六韬》及《左传》之言而成，旨在全面阐释为将之道。既分将才为仁将、义将、礼将、智将、信将、步将、骑将、猛将、大将九类，又分将器为十夫之将、百夫之将、千夫之将、万夫之将、十万人之将、天下之将六等。对高级将领则要求以身殉国、忠贞不渝的节操，能够总赅文武，操执刚柔；要善知形势、进退、虚实、险阻，不恃强，不怙势，不轻敌，不傲才，率先垂范，体恤部卒。治军则强调重法制，明赏罚，严训练，肃号令，建立有纪律、有战斗力的军队。用兵则倡言"先计而后动，知胜而始战"，战欲奇，谋欲密；反对轻敌致祸、幸险邀功等。并主张国君赋予将领以机断行事之权。

知　人

　　夫知人之性，莫难察焉。美恶既殊，情貌不一。有温良而为诈者，有外恭而内欺者，有外勇而内怯者，有尽力而不忠者。然知人之道有七焉：

一曰间之以是非，而观其志；二曰穷之以词辩，而观其变；三曰咨之以计谋，而观其识；四曰告之以祸难，而观其勇；五曰醉之以酒，而观其性；六曰临之以利，而观其廉；七曰期之以事，而观其信。

择　材

夫师之行也，有好斗乐战独取强敌者，聚为一徒[①]，名曰报国之士；有气冠三军才力勇捷者，聚为一徒，名曰突阵[②]之士；有轻足善步走如奔马者，聚为一徒，名曰搴旗之士；有骑射若飞发无不中者，聚为一徒，名曰争锋之士；有射必中中必死者，聚为一徒，名曰飞驰之士；有善发强弩远而必中者，聚为一徒，名曰摧锋之士。此六军之善士，各因其能而用之也。

【注释】

①一徒：意指一队。

②突阵：意指冲锋队。

谨　候

夫败军丧师，未有不因轻敌而致祸者。故师出以律[①]，失律则凶。律有十五焉：一曰虑，间谍[②]明也；二曰诘，谇候[③]谨也；三曰勇，敌众不挠也；四曰廉，见利思义也；五曰平，赏罚均也；六曰忍，善含耻也；七曰宽，能容众也；八曰信，重然诺也；九曰敬，礼贤人也；十曰明，不纳谗也；十一曰谨，不违礼也；十二曰仁，善养士卒也；十三曰忠，以身殉国也；十四曰分，知止足也；十五曰谋，自料知他[④]也。

【注释】

①律：军律。

②间谍：伺察敌人之间隙以反报其主，即今之细作。

③谇候：问候。

④自料知他：知己知彼。

《晏子春秋》精华

【著录】

《晏子春秋》一书，是记述春秋末期齐国名相晏婴言行的一部著作。

《晏子春秋》的成书年代及作者，大致有如下几种说法：一说为晏婴本人所作。《隋书·经籍志》："《晏子春秋》七卷，齐大夫晏婴撰。"一说为墨家后学所著，主此说者以唐代柳宗元为代表。一说为六朝后人所伪造。还有影响较大的一说是吴则虞先生的说法。他在《晏子春秋集释·序言》中说"《晏子春秋》的成书，极有可能就是淳于越之类的齐人，在齐国编写的，"而成书年代，"大约应当在秦统一六国后的一段时间之内。"

从《晏子春秋》的内容来看，像薄赋、省刑、宽政、节用等主张，民本、民诛等思想，明显具有战国中期以后的时代特点；从语言风格来看，该书文字朴实无华，流畅自然，绝少战国后期那种铺陈扬厉、挥挥洒洒的风格。所以成书年代以定为战国中期以后末期之前为宜。该书章节内容语句多有重复，断定该书不可能出自一人之手。

《晏子春秋》以"重民""民本"思想为核心，提出了一系列的进步主张：主张薄赋敛，罢徭役，以减轻人民的负担；主张减轻刑罚，反对杀戮无辜；主张举贤任能，反对信用谗佞；主张廉洁节俭，并身体力行；主张以礼治国，以礼治民。

《晏子春秋》较常见的注本有：孙星衍《晏子春秋音义》，文廷式《晏子春秋校本》，叶昌炽《晏子春秋校本》，苏舆《晏子春秋校注本》；近人刘师培《晏子春秋斠补定本》，张纯一《晏子春秋校注》，吴则虞《晏子春秋集释》。其中，影响较大的是《晏子春秋校注》和《晏子春秋集释》。

内篇谏上录四章

景公饮酒酣愿诸大夫无为礼晏子谏

景公①饮酒酣，曰："今日愿与诸大夫为乐饮，请无为礼。"晏子蹴然改容曰："君之言过矣！群臣固欲君之无礼也。力多足以胜其长，勇多足以弑君，而礼不使也。禽兽以力为政，强者犯弱，故日易主，今君去礼，则是禽兽也。群臣以力为政，强者犯弱而日易主，君将安立矣？凡人之所以贵于禽兽者，以有礼也。故《诗》曰：'人而无礼，胡不遄死。'礼不可无也。"公湎而不听。

少间，公出，晏子不起；公入，不起；交举则先饮。公怒，色变，抑手疾视曰："向者夫子之教寡人无礼之不可也，寡人出入不起，交举则先饮，礼也？"晏子避席，再拜稽首而请曰："婴敢与君言而忘之乎？臣以致无礼之实也。君若欲无礼，此是已！"公曰："若是，孤之罪也。夫子就席，寡人闻命矣。"觞三行，遂罢酒。

盖是后也，饬法修礼以治国政，而百姓肃也。

景公爱嬖妾随其所欲晏子谏

翟王子羡②臣于景公，以重驾③，公观之而不说也。嬖人婴子④欲观之，公曰："及晏子寝病也。"居囿中台上以观之，婴子说之，因为之请曰："厚禄之！"公许诺。

晏子起病而见公，公曰："翟王子羡之驾，寡人甚说之，请使之示乎？"晏子曰："驾御之事，臣无职焉。"公曰："寡人一乐之，是欲禄之以万钟，其足乎？"对曰："昔卫士东野⑤之驾也，公说之，婴子不说，公因不说，遂不观。今翟王子羡之驾也，公不说，婴子说，公因悦之；为请，公许之，则是妇人为制也。且不乐治人，而乐治马，不厚禄贤人，而厚禄御夫。昔者先君桓公之地狭于今，修法治，广政教，以霸诸侯。今君，一诸侯无能亲也，岁凶年饥，道途死者相望也。君不此忧耻，而惟图耳目之乐，不修先君之功烈，而惟饰驾御之伎，则公不顾民而亡国甚矣。且《诗》曰：'载骖载驷，君子所届'。夫驾八固非制也，今又重此，其为非制也，不滋甚乎！

且君苟美乐之，国必众为之，田猎则不便，道行致远则不可，然而用马数倍，此非御下之道也。淫于耳目，不当民务，此圣王之所禁也。君苟美乐之，诸侯必或效我，君无厚德善政以被诸侯，而易之以僻，此非所以子民、彰名、致远、亲邻国之道也。且贤良废灭，孤寡不振，而听嬖妾以禄御夫以蓄怨，与民为仇之道也。《诗》曰：'哲夫成城，哲妇倾城。'今君不免成城之求，而惟倾城之务，国之亡日至矣。君其图之！"

公曰："善。"遂不复观，乃罢归翟王子羡，而疏嬖人婴子。

景公欲废适子阳生而立荼晏子谏

淳于⑥人纳女于景公，生孺子荼，景公爱之。诸臣谋欲废公子阳生⑦而立荼，公以告晏子。晏子曰："不可。夫以贱匹贵，国之害也；置大立少，乱之本也。夫阳生长而国人戴之，君其勿易！夫服位有等，故贱不陵贵；立子有礼，故孽不乱宗。愿君教荼以礼，而勿陷于邪，导之以义，而勿湛于利。长少行其道，宗孽得其伦。夫阳生敢毋使荼餍粱肉之味，玩金石之声，而有患乎？废长立少，不可以教下；尊孽卑宗，不可以利所爱。长少无等，宗孽无别，是设贼树奸之本也。君其图之！古之明君，非不知繁乐也，以为乐淫则哀，非不知立爱也，以义失则忧。是故制乐以节，立子以道。若夫恃谗谀以事君者，不足以责信。今君用谗人之谋，听乱夫人言也，废长立少，臣恐后人之有因君之过以资其邪，废少而立长以成其利者。君其图之！"

公不听。景公没，田氏杀君荼，立阳生；杀阳生，立简公⑧；杀简公而取齐国。

景公衣狐白裘不知天寒晏子谏

景公之时，雨雪三日而不霁。公被狐白之裘，坐堂侧陛⑨。晏子入见，立有间，公曰："怪哉！雨雪三日而天不寒。"晏子对曰："天不寒乎？"公笑。

晏子曰："婴闻古之贤君，饱而知人之饥，温而知人之寒，逸而知人之劳。今君不知也。"公曰："善！寡人闻命矣。"乃令出裘发粟与饥寒。令所睹于途者，无问其乡；所睹于里者，无问其家；循国计数，无言其名。士既事者兼月，疾者兼岁。

孔子闻之曰："晏子能明其所欲，景公能行其所善也。"

【注释】

①景公：齐国国君，名杵臼。公元前 547 至前 490 年在位。

②翟王子羡：翟王之子名羡。

③重驾：驾十六马。

④嬖人婴子：景公之妾。

⑤卫士东野：卫国之士，姓东野。

⑥淳于：国名，在密州安丘县东北二十里。

⑦阳生：即悼公。

⑧简公：名壬，悼公之子。

⑨坐堂侧陛：一本作坐地堂侧，或作侧阶。

内篇谏下录二章

景公猎逢蛇虎以为不祥晏子谏

景公出猎，上山见虎，下泽见蛇。归，召晏子而问之曰："今日寡人出猎，上山则见虎，下泽则见蛇，殆所谓不祥也。"

晏子对曰："国有三不祥，是不与焉。夫有贤而不知，一不祥；知而不用，二不祥；用而不任，三不祥也。所谓不祥，乃若此者。今上山见虎，虎之室也；下泽见蛇，蛇之穴也。如虎之室，如蛇之穴①，而见之，曷为不祥也！"

景公欲以人礼葬走狗晏子谏

景公走狗死，公令外共之棺，内给之祭。晏子闻之，谏。

公曰："亦细物也，特以与左右为笑耳。"

晏子曰："君过矣！夫厚籍敛不以反民，弃货财而笑左右，傲细民之忧，而崇左右之笑，则国亦无望已。且夫孤老冻馁，而死狗有祭；鳏寡不恤，而死狗有棺。行辟②若此，百姓闻之，必怨吾君；诸侯闻之，必轻吾国。怨聚于百姓，而权轻于诸侯，而乃以为细物，君其图之！"

公曰："善。"趋庖治狗，以会朝属。

【注释】

①如虎之室，如蛇之穴：如，往；意指往虎之室，往蛇之穴。

②行辟：辟，同"僻"，偏；意谓行偏若此，民必怨之。

内篇杂上录四章

晏子再治阿而见信景公任以国政

景公使晏子为东阿①宰，三年，毁闻于国。景公不说，召而免之。

晏子谢曰："婴知婴之过矣，请复治阿，三年而誉必闻于国。"景公不忍，复使治阿，三年而誉闻于国。"景公说，召而赏之，晏子辞。

景公问其故，对曰："昔者婴之治阿也，筑蹊径，急门闾之政，而淫民恶之；举俭力孝弟，罚偷窃，而惰民恶之；决狱不避贵强，贵强恶之；左右所求，法则予，非法则否，而左右恶之；事贵人体不过礼，而贵人恶之。是以三邪毁乎外，二谗毁乎内，三年而毁闻乎君也。今臣谨更之，不筑蹊径，而缓门闾之政，而淫民说；不举俭力孝弟，不罚偷窃，而惰民说；决狱阿贵强，而贵强说；左右所求言诺，而左右说；事贵人体过礼，而贵人说。是以三邪誉乎外，二谗誉乎内，三年而誉闻于君也。昔者婴之所以当诛者宜赏，今所以当赏者宜诛，是故不敢受。"

景公知晏子贤，乃任以国政，三年而齐大兴。

景公夜从晏子饮晏子称不敢与

景公饮酒，夜移于晏子，前驱款门曰："君至！"晏子被元端立于门，曰："诸侯得微有故乎？国家得微有事乎？君何为非时而夜辱？"公曰："酒醴之味，金石之声，愿与将军乐之。"晏子对曰："夫布荐席，陈馈簋者，有人，臣不敢与焉。"

公曰："移于司马穰苴②之家。"前驱款门曰："君至！"穰苴介胄操戟立于门，曰："诸侯得微有兵乎？大臣得微有叛者乎？君何为非时而夜辱？"公曰："酒醴之味，金石之声，愿与将军乐之。"穰苴对曰：

"夫布荐席,陈筲簋者,有人,臣不敢与焉。"

公曰:"移于梁丘据③之家。"前驱款门曰:"君至!"梁丘据左操瑟,右挈竽,行歌而出。公曰:"乐哉!今夕吾饮也。微彼二子者,何以治于国?微此一臣者,何以乐吾身?"

君子曰:"圣贤之君,皆有益友,无偷乐之臣。"景公弗能及,故两用之,仅得不亡。

景公贤鲁昭公去国而自悔晏子谓无及已

鲁昭公④弃国走齐,齐公问焉,曰:"君何年之少而弃国之蚤,奚道至于此乎?"

昭公对曰:"吾少之时,人多爱我者,吾体不能亲;人多谏我者,吾志不能用。是则内无拂而外无辅,辅拂无一人,谄谀我者甚众。譬之犹秋蓬也,孤其根而美枝叶,秋风一至,根且拔矣。"

景公辩其言,以语晏子,曰:"使是人反其国,岂不为古之贤君乎?"

晏子对曰:"不然。夫愚者多悔,不肖者自贤,溺者不问坠,迷者不问路。溺而后问坠,迷而后问路,譬之犹临难而遽铸兵,噎而遽掘井,虽速亦无及已。"

曾子将行晏子送之而赠以善言

曾子将行,晏子送之,曰:"君子赠人以财,不若以言。吾请以言乎,以财乎?"

曾子曰:"请以言。"

晏子曰:"今夫车轮,山之直木也,良匠揉之,其圆中规,虽有槁暴,不复赢矣,故君子慎隐揉。和氏之璧,井里之困也,良工修之,则为存国之宝,故君子慎所修。今夫兰本,三年而成,湛之苦酒,则君子不近,庶人不佩;湛之糜醢,而价匹马矣。非兰本美也,所湛然也。愿子之必求所湛。婴闻之,君子居必择邻,游必就士,择居所以求士,求士所以避患也。婴闻汩常移质,习俗移性,不可不慎也。"

【注释】

①东阿:齐地名,位于今山东省东阿县。

②司马穰苴：齐国大夫，姓田，名穰苴，官至司马。

③梁丘据：齐景公之幸臣。

④鲁昭公：鲁国国君，名稠，公元前541至前510年在位。

内篇杂下录二章

景公以晏子食不足致千金而晏子固不受

晏子方食，景公使使者至。分食食之，使者不饱，晏子亦不饱。使者反，言之公。公曰："嘻！晏子之家，若是其贫也。寡人不知，是寡人之过也。"使吏致千金与市租，请以奉宾客。晏子辞。三致之，终再拜而辞曰："婴子家不贫。以君之赐，泽覆三族，延及交游，以振百姓，君之赐也厚矣！婴子家不贫也。婴闻之，夫厚取之君，而施之民，是臣代君君民也，忠臣不为也。厚取之君，而不施于民，是为筐箧之藏也，仁人不为也。进取于君，退得罪于士，身死而财迁于它人，是为宰藏也，智者不为也。夫十总①之布，一豆②之食，足于中，免矣。"

景公谓晏子曰："昔吾先君桓公，以书社五百③封管仲，不辞而受，子辞之，何也？"晏子曰："婴闻之，圣人千虑，必有一失；愚人千虑，必有一得。意者管仲之失，而婴之得者耶！故再拜而不敢受命。"

梁丘据自患不及晏子晏子勉据常为常行

梁丘据谓晏子曰："吾至死不及夫子矣！"晏子曰："婴闻之，为者常成，行者常至。婴非有异于人也，常为而不置，常行而不休者，故难及也。"

【注释】

①十总：《说文》："布之八十缕为一总"。

②一豆：合四升。

③书社五百，《太平御览》作"三百"，一社为二十五家。

子部

《商子》精华

【著录】

《商子》一书，又称《商君书》，系战国中期的著名政治改革家、军事家和思想家商鞅撰。《汉书·艺文志》著录《商君》二十九篇，《诸葛亮集》始称之为《商君书》。《隋书》和《旧唐书》"经籍志"，以及《新唐书·艺文志》都说《商君书》或谓《商子》，五卷。宋郑樵《通志》及晁公武《郡斋读书志》仍称《商君书》，且都说："五卷，亡三篇"，即尚存二十六篇。稍晚的陈振孙《直斋书录解题》又称其为《商子》，并说："今二十八篇，又亡一篇"，即实有二十七篇。表明该书在唐宋时可能有不同传本。今本《商子》二十六篇，两篇有目无文，故实为二十四篇。为传世的法家名著。

商鞅（约前390～前338），姬姓，公孙氏，名鞅，卫国人，故称公孙鞅或卫鞅。自幼善刑名之学。初为魏相公叔痤家臣。痤死，因不见容于魏惠王，而西奔于秦，被秦孝公任为左庶长，旋又升为大良造。自公元前359年开始，帮助秦国两次变法，为秦的富强及此后秦之统一全国奠定了基础。以功封予商（今陕西商县）十五邑，故号为商君，又称商鞅。公元前338年，秦孝公死，惠文王立，贵族保守势力诬其谋反，被车裂而死。所著除政论《商子》之外，还有兵书《公孙鞅》二十七篇。据说还参加了农家书《神农》二十篇之写作，可惜这两种书皆久已失传。

《商子》一书所阐释的内容为以法治国，主张"强者必治，治者必强；富者必治，治者必富；强者必富，富者必强"，以及"强必王"。强调重刑轻赏和农战政策，变革旧的土地制度和赋役制度，废除分封制和奴隶主贵族特权，推行郡县制和加强专制主义中央集权封建统治，摒弃《诗》《书》等儒书儒术。这些政治主张，在秦国变法实践中以及秦统一全国后，都大体得到贯彻执行，对于我国历史的发展起到一定的积极作用。

农　战

凡人主之所以劝民者，官爵也。国之所以兴者，农战①也。今民求官爵，皆不以农战，而以巧言虚道，此谓劳民。劳民者，其国必无力。无力者，其国必削②。

善为国者，其教民也，皆作壹③而得官爵，是故不官无爵。国去言则民朴，民朴则不淫④。民见上利之从壹空⑤出也，则作壹；作壹则民不偷营⑥；民不偷营，则多力；多力则国强。今境内之民皆曰："农战可避，而官爵可得也。"是故豪杰皆可变业，务学《诗》《书》，随从外权⑦，上可以得显，下可以求官爵；要靡⑧事商贾，为技艺，皆以避农战。具备，国之危也。民以此为教者，其国必削。

善为国者，仓廪虽满，不偷于农。国大民众，不淫于言。则民朴壹；民朴壹，则官爵不可巧而取也；不可巧取，则奸不生；奸不生，则主不惑。今境内之民及处官爵者，见朝廷之可以巧言辩说取官爵也。故官爵不可得而常也。是故进则曲主⑨，退则虑私，所以实其私，然则下卖权矣。夫曲主虑私，非国利也，而为之者，以其爵禄也。下卖权，非忠臣也，而为之者，以末货⑩也。然则下官之冀迁者，皆曰："多货，则上官可得而欲也。"曰："我不以货事上而求迁者，则如以狸⑪饵鼠尔，必不冀矣。若以情事上而求迁者，则如引诸绝绳⑫而求乘枉木也，愈不冀之矣。二者不可以得迁，则我焉得无下动众，取货以事上，而以求迁乎？"百姓曰："我疾农，先实公仓，收余以食亲⑬，为上忘生而战，以尊主安国也。仓虚，主卑，家贫。然则不如索官。"亲戚交游合，则更虑矣。豪杰务学《诗》《书》，随从外权；要靡事商贾，为技艺，皆以避农战。民以此为教，则粟焉得无少，而兵焉得无弱也！

善为国者，官法明，故不任智虑；上作壹，故民不偷营⑭，则国力抟⑮。国力抟者强，国好言谈者削。故曰：农战之民千人，而有《诗》《书》

辩慧者一人焉，千人者皆怠于农战矣；农战之民百人，而有技艺者一人焉，百人者皆怠于农战矣。国待农战而安，主待农战而尊。夫民之不农战也，上好言而官失之也。常官则国治，一务则国富。国富而治，王之道也。故曰：王道作外[16]，身作壹而已矣。

今上论材能知慧而任之，则知慧之人希主好恶[17]，使官制物[18]，以适主心。是以官无常国[19]，乱而不一，辩说之人而无法也。如此，则民务焉得无多？而地焉得无荒？诗、书、礼、乐、善、修、仁、廉、辩、慧，国有十者，上无使守战。国以十者治，敌至必削，不至必贫。国去此十者，敌不敢至，虽至必却；兴兵而伐，必取；按兵不伐，必富。国好力者以难攻，以难攻者必兴；好辩者以易攻，以易攻者必危。故圣人明君者，非能尽其万物也，知万物之要也。故其治国也，察要而已矣。

今为国者多无要。朝廷之言治也，纷纷焉务相易[20]也。是以其君晶[21]于说，其官乱于言，其民惰而不农。故其境内之民，皆化而好辩乐学，事商贾，为技艺，避农战，如此则不远矣。国有事，则学民恶法，商民善化，技艺之民不用，故其国易破也。夫农者寡而游食者众，故其国贫危。今夫螟、螣、蚼、蠋[22]春生秋死，一出而民数年不食。今一人耕而百人食之，此其为蛆、螣、蚼、蠋亦大矣。虽有诗、书，乡一束，家一员[23]，独无益于治也，非所以反之术也，故先王反之于农战。故曰：百人农，一人居者王；十人农，一人居者强；半农半居者危。故治国者欲民之累也，国不农，则与诸侯争权，不能自持也，则众力不足也！故诸侯挠[24]其弱，乘其衰，土地侵削而不振，则无及已。

圣人知治国之要，故令民归心于农。归心于农，则民朴而可正也，纷纷则易使也，信可以守战也。一则小诈而重居[25]，一则可以赏罚进也，一则可以外用也。夫民之亲上死制[26]也，以其旦暮从事于农。夫民之不可用也，见言谈游士事君之可以尊身也，商贾之可以富家也，技艺之足以距口[27]也。民见此三者之便且利也，则必避农战，避农战，则民轻其居；轻其居，则必不为上守战也。凡治国者，患民之散而不可抟也，是以圣人作壹，抟之也。国作一岁者，十岁强；作一十岁者，百岁强；作一百岁者，千岁强，千岁强者王。君修赏罚以辅壹教，是以其教有所常而政有成也。

王者得治民之至要，故不待赏赐而民亲上，不待爵禄而民从事，不待刑罚而民致死。国危主忧，说者成伍，无益于安危也。夫国危主忧也者，强敌大国也。人君不能服强敌、破大国也！则修守备，便地形，抟民力，以待外事，然后患可以去，而王可致也。是以明君修政作壹，去无用，止浮学，事淫民[28]，壹之农，然后国家可富，而民力可抟也。

今世主皆忧其国之危而兵之弱也，而强听说者。说者成伍，烦言饰辞，而章无用[29]。主好其辩，不求其实，说者得意，道路曲辩，辈辈成群。民见其可以取王公大人也，而皆学之。夫人聚党与，说议于国，纷纷焉，小民乐之，大人说之。故其民农者寡，而游食者众。众则农者殆，农者殆[30]则土地荒。学者成俗，则民舍农，从事于谈说，高言伪议，舍农游食，而以言相高也。故民离上，而不臣者成群，此贫国弱兵之教也！夫国庸[31]民以言，则民不畜于农。故惟明君知好言之不可以强兵辟土也，惟圣人之治国作壹，抟之于农而已矣。

【注释】

①农战：即以农为战，把发展农业生产列为富国强兵、完成国家统一的基本战略。有时也把"农"与"战"对举，则指振兴农业和开展封建兼并战争。

②削：削弱，侵削其疆土。

③作壹：工作专务于一项，此处指专务于农战。

④淫：淫荡奢侈。

⑤空：孔窍，途径。

⑥偷营：偷，懒惰；营，惑。

⑦从外权：从，追随，追逐；外权，指秦国之外的其他诸侯国势力。

⑧要靡：要，么的假借字，么即小；靡，细微。要靡，在此指渺小平凡的人。

⑨曲主：曲，曲意逢迎；主，君主，国君。

⑩末货：末，争逐；货，指货利，商业和手工业利润。

⑪狸：即猫。

⑫绝绳：已断之绳，或将断之绳。

⑬食亲：食，吃，引申为供养、赡养；亲，指父母、老人。

⑭俭营：俭，为"偷"之误写；偷营，意指俭懒，迷惑。

⑮抟：古与"专"字通用，此处可释为集中统一。

⑯作外：作，应为"非"字。非外，谓没有别的；或可释为"不由外来"。

⑰希主好恶：意指"瞅着国君的好恶"。

⑱制物：断事。

⑲官无常国：此句疑为"国无常官"之误，谓国内元老旧臣不得久居其位。但"官无常国"，也可释为官员不安心事奉一国，而经常由这国投奔那国。

⑳纷纷焉务相易：纷纷，杂乱的样子。相易，谓互相改易，甲说这样，乙偏要说那样。

㉑晶：迷惑不明。

㉒螟、螣、蚼、蠋：螣即螽，飞蝗；螟，一种专吃苗心的害虫；蝑未生翅的幼蝗，即蝗蝻；蠋，一种专吃禾叶与桑叶的大青虫。

㉓员：即卷，书卷之卷。

㉔挠：屈，侵侮。

㉕小诈而重居：小，为"少"字之误写。少诈，谓没有什么欺诈行为。重居，留恋原来的住处，不愿迁徙。

㉖死制：制，国家法令或国君的命令。死制，即为国家的法令或君主的命令而献出生命。

㉗距口：距，为"糊"字的误写。糊口，即勉强维持生活。

㉘事淫民：事，释为治理，惩治。惩治淫荡奢侈之民。

㉙章无用：章，为"卒"字的误写。卒，终于。

㉚殆：古与怠通用，怠惰。

㉛庸：释为用。

说　　民

　　辩慧，乱之赞也；礼乐，淫佚之征也；慈仁，过之母也；任誉，奸之鼠也。乱有赞则行，淫佚有征则用，过有母则生，奸有鼠则不止。八者有群，民胜其政；国无八者，政胜其民。民胜其政，国弱；政胜其民，兵强。故国有八者，上无以使守战，必削至亡；国无八者，上有以使守战，必兴至王。

　　用善则民亲其亲，任奸则民亲其制。合而复①者善也，别而窥②者奸也。章善③则过匿，任奸则罪诛。过匿则民胜法，罪诛则法胜民。民胜法，国乱；

法胜民，兵强。故曰：以良民治，必乱至削；以奸民治，必治至强。

国以难攻，起一取十，国以易攻，起十亡百。国好力曰以难攻，国好言曰以易攻。民易为言，难为用。国法作民之所难，兵用民之所易。而以力攻者，起一得十。国法作民之所易，兵用民之所难。而以言攻者，出十亡百。

罚重爵尊，赏轻刑威。爵尊，上爱民；刑威，民死上。故兴国行罚则民利，用赏则上重。法详则刑繁，法简则刑省。民治则乱，乱而治之，又乱。故治之于其治则治，治之于其乱则乱。民之情也治，其事也乱。故行刑重其轻者，轻者不生，则重者无从至矣，此谓治之于其治也；行刑重其重者，轻其轻者，轻者不止，则重者无从止矣，此谓治之于其乱也。故重轻④则刑去，事成国强；重重而轻轻，则刑至而事生，国削。

民勇，则赏之以其所欲；民怯，则杀之以其所恶。故怯民使之以刑，则勇；勇民使之以赏，则死。怯民勇，勇民死，国无敌者，必王。民贫则弱，国富则淫，淫则有虱，有虱则弱。故贫者益之以刑则富，富者损之以赏则贫。治国之举，贵令贫者富，富者贫。贫者富，国强，富者贫，三官⑤无虱。国久强而无虱者必王。

刑生力，力生强，强生威，威生德，德生于刑。故刑多则赏重，赏少则刑重。民之有欲有恶也，欲有六淫⑥，恶有四难⑦。从⑧六淫，国弱；行四难，兵强。故王者刑于九⑨而赏出一。刑于九则六淫止，赏出一则四难行。六淫止则国无奸，四难行则兵无敌。民之所欲万，而利之所出一。民非一则无以致欲，故作一。作一则力抟，力抟则强。强而用，重强。故能生力，能杀力，曰：攻敌之国，必强。塞私道以穷其志，启一门以致其欲，使民必先行其所要⑩，然后致其所欲，故力多。力多而不用则志穷，志穷则有私，有私则有弱，故能生力不能杀力。曰：自攻之国，必削。故曰：王者国不蓄力，家不积粟。国不蓄力，下用也；家不积粟，上藏也。

国治，断家王，断官强，断君弱。重轻，刑去。常官则治，省刑要保⑪，赏不可倍⑫也。有奸必告之，则民断于心。上令而民知所以应，器成于家，而行于官，则事断于家。故王者刑赏断于民心，器用决于家。治明则同，治暗则异。同则行，异则止。行则治，止则乱。治则家断，乱则君断。治国者贵下断。故以十里断者弱，以五里断者强。家断则有余，故曰治者王。官断则不足，故夜治者强。君断则乱，故宿治者削。故有道之国，治不听君，民不从官。

【注释】

①合而复：合，情合，意气相投；复，假借为覆，掩盖，意指替别人掩饰罪恶。

②别而窥：谓窥伺，监视；别，谓彼此情意不合，互相隔膜怨恨。

③章善：章，通"彰"，表彰，显扬。善，善行，道义，此处指碍于私人情谊，不肯揭发对方的恶行。

④重轻：指加重刑于犯轻罪者，使民众连轻罪都不敢犯，故下文说最终可以"去刑"。以下"重重而轻轻"，句式与此相同。

⑤三官：指农民、商人、官吏三者，说见本书《去强》篇和《弱民》篇。此处之"官"字可释为职业。

⑥六淫：指沉溺于耳欲、目欲、口欲、鼻欲、身欲、心欲。六欲超过一定的限度便成为六淫，淫则作奸犯法。

⑦四难：指人们所不愿做，而又难于做到的四种事情。此处当指务农、力战、出钱、告奸四件事。

⑧从：假借为放纵之纵。

⑨九：表示多数，并非八九之"九"。

⑩要：要，当为恶字的误写。

⑪要保：要，当读为约。要保，即互相约束监督、互相担保，当指什伍连坐制度。

⑫倍：背的假借字，此处意谓背离、违背。

画　策

昔者昊英之世①，以伐木杀兽，民众少而木兽多。黄帝之世，不菢不卵②，官无供备之民，死不得用椁。事不同，皆王者，时异也。神农之世，公③耕而食，妇织而衣，刑政不用而治，甲兵不起而王。神农既没，以强胜弱，以众暴寡，故黄帝作为君臣上下之仪，父子兄弟之礼，夫妇妃④匹之合；内行刀锯，外用甲兵。故时变也。由此观之，神农非高于黄帝也，然其名尊者，以适于时也。故以战去战，虽战可也；以杀去杀，虽杀可也；以刑去刑，虽重刑可也。

昔之能制天下者，必先制其民者也；能胜强敌者，必先胜其民者也。故胜民之本在制民，若冶于金、陶于土也。本不坚，则民如飞鸟禽兽，其孰能制之？民本，法也。故善治者塞民以法，而名地作矣⑤。

名尊地广，以至王者，何故？战胜者也⑥。名卑地削，以至于亡者，何故？战罢者也。不胜而王，不败而亡者，自古及今，未尝有也。民勇者战胜，民不勇者战败。能一民于战者，民勇；不能一民于战者，民不勇。圣王见勇至之于兵⑦也，故兴国⑧而责之于兵。入其国，观其治，兵用者强，因以知民之见用⑨者也。民之见战也，如饿狼之见肉，则民用矣。凡战者民之所恶也，能使民乐战者王。强国之民，父遗其子，兄遗其弟，妻遗其夫，皆曰："不得，无返！"又曰："失法离令，若死，我死。乡治之，行间无所逃，迁徙无所入。"行间之治，连以五，辩之以章，束之以令，拙无所处，以此无所生。是以三军之众，从令如流，死而不旋踵。

国之乱也，非其法乱也，非法不用也。国皆有潜法⑩，而无使法必行之法。国皆有禁奸邪、刑盗贼之法，而无使奸邪、盗贼必得之法。为奸邪、盗贼者死刑，而奸邪、盗贼不止者，不必得。必得而尚有奸邪、盗贼者，刑轻也。刑轻者不得诛也，必得者刑者众也。故善治者，刑不善而不赏善，故不刑而民善。不刑而民得善，刑重也。刑重者，民不敢犯，故无刑也，而民莫敢为非，是一国皆善也。故不赏善而民善。赏善之不可也，犹赏不盗。故善治者，使跖⑪可忠信，而况伯夷⑫乎？不能治者，使伯夷可疑，而况跖乎？势不能为奸，虽跖可信也；势得为奸，虽伯夷可疑也。

国或重治，或重乱。明主在上，所举必贤，则法可在贤。法可在贤，则法在下，不肖不敢为非，是谓重治。不明主在上，所举必不肖，国无明法，不肖者敢为非，是谓重乱。兵或重强，或重弱。民固欲战，又不得不战，是谓重强。民固不欲战，又得无战，是谓重弱。

明主不滥富贵其臣。所谓富者，非粟米珠玉也？所谓贵者，非爵位官职也？废法作私，爵禄之，富贵。凡人主德行非出人也，知非出人也，勇力非过人也。然民虽有圣知，弗敢我谋，勇力弗敢我杀，虽众不敢胜其主。

虽民至亿万之数，悬重赏而民不敢争，行罚而民不敢怨者，法也。国乱者，民多私义[13]；兵弱者，民多私勇[14]，则削国之所以取爵禄者多途。亡国之所以贱爵轻禄，不作而食，不战而荣，无爵而尊，无禄而富，无官而长，此之谓奸民。所谓"治主无忠臣，慈父无孝子"，欲无善言，皆以法相司[15]也，命相正[16]也。不能独为非，而莫与人为非。所谓富者入多而出寡。衣服有制，饮食有节，则出寡矣；女事尽于内，男事尽于外，则入多矣。

所谓明者，无所不见，则群臣不敢为奸，百姓不敢为非，是以人主处匡床之上，听丝竹之声，而天下治。所谓明者，使众不得不为。所谓强者，天下胜。天下胜，是故合力。是以勇强不敢为暴，圣知不敢为诈，而虚用[17]。兼天下之众，莫敢不为其所好，而避其所恶。所谓强者，使勇力不得不为己用。其志足，天下益之；不足，天下说[18]之。恃天下者，天下去之；自恃者，得天下。得天下者，先自得者也。能胜强敌者，先自胜者也。

圣人知必然之理，必为之时势，故为必治之政，战必勇之民，行必听之令。是以兵出而无敌，令行而天下朝。黄鹄之飞，一举千里，有必飞之备也；虎、豹、熊、罴鸷[19]而无敌，有必胜之理也。圣人见本然之政，知必然之理，故其制民也，如以高下制水，如以燥湿制火。故曰：仁者能仁于人，而不能使人仁；义者能爱于人，而不能使人相爱。是以知仁义之不足以治天下也。圣人有必信之性，又有使天下不得不信之法。所谓义者，为人臣忠，为人子孝。少长有礼，男女有别，非其义也。饿不苟食，死不苟生。此乃有法之常也。圣王者不贵义而贵法，法必明，令必行，则已矣。

【注释】

①昊英：我国古代传说中的帝君名。

②不麑不卵：麑，鹿仔，此处作动词用；卵，禽类所产之蛋，此处也作动词作用。全句意指：不捕幼鹿，不掏鸟蛋。

③公：一作男。

④妃：据《礼记·曲礼》孔疏：妃，乃为婚配之配。

⑤名地作：名，名声，此处指霸主名声；地，地盘；作，可释为"生"；一说"作"为"足"，音近而误。全句意指：取霸主之名，割膏腴之地，都得到满足。

⑥以至王者,何故？战胜者也：有一种版本在此三句之后有"战胜者王也"五字，于意较明，也符合论证行文的风格。

⑦见勇至之于兵：此句意不能通。有一种版本作"见王之致于兵"，另一种版本作"见勇之出于战"，皆可读通。

⑧兴国：兴，为"举"字的误写。举国，即全国。

⑨兵用者强，因以知民之见用：此句有误，兵，应作"民"。又"因以知民之见用"，别本作"奚以知民之见用？"

⑩潜法：潜，释为藏。潜法谓所藏之法。但有种版本无"潜"字。

⑪跖：战国时期一起义领导人之名，古书诬称"盗跖"，柳下惠之兄。

⑫伯夷：殷人孤竹国国君的长子，子姓，字公信，与其弟互让君位继承权。周灭殷，兄弟以为羞耻，义不吃周朝之食，逃入首阳山绝食而死，被古代统治阶级誉为品德高尚的人。

⑬私义：私人的道义，指儒家提倡的学说等。

⑭私勇：指游侠为私人报仇等行为。

⑮法相司：司，应读为伺，即监视。法相司，谓以法互相监视。

⑯命相正：正，纠正。"命相正"，即以君命相纠正。

⑰虚用：当为"虑周"二字的误写。虑周，即谋虑周到。一说"用"字不误，"虑用"即考虑怎样为国君所用。

⑱说，古代与"悦"字通，同音假借。

⑲鸷：意为凶猛。

《韩非子》精华

【著录】

韩非,生于公元前280年,卒于公元前233年,是战国末期韩国思想家,法家主要代表人物。出身于韩国贵族,和李斯同师荀子。他眼见韩国日趋衰弱,曾数次向韩王上书,建议变法图治,未被采纳。于是,便写了数十篇文章,十余万字,来阐释他的政治主张。他的文章传到秦国,秦王嬴政读《孤愤》《五蠹》等篇,极为赞赏,叹说:"嗟乎,寡人得见此人,与之游,死不恨矣。"(《史记·韩非列传》)当李斯告知作者是韩非时,秦王嬴政就发兵攻韩,于公元前233年,韩王派韩非为使入秦。秦王很高兴,这引起李斯等人的嫉妒,向秦王进谗,韩非被秦王下狱,在狱中自杀。

韩非是先秦法家的集大成者。先秦法家各有所主,商鞅主法,申不害主术,慎到主势。韩非总结先秦法家各派的思想学说,提出以法为主,法、术、势三位一体的法制理论。所谓法,就是把国家的法令制成条文,由官府公布,使人民知道并遵守。顺令者赏,违禁者罚,这就叫做法。所谓术,就是办法、策略,也就是君主驾驭臣民的手段。法是公开的,术是秘密的。所谓势,就是君主的地位和权力。总之,韩非主张加强君主的地位和权力,用权术手段统治臣民,所有的人一律依法行事。韩非的思想学说和政治主张,为建立专制主义的中央集权的封建政权提供了理论根据。

韩非具有进化论历史观,他把人类社会从起源到他所处的时代区分为上古、中古、近古、当今四个时期,并提出"不期修古,不法常可,论世之事,因为之备"和"世异则事异""事异则备变"(《韩非子·五蠹》)等进步观点,尖锐地批判了儒家复古守旧的历史观。

《韩非子》是韩非死后由其门人搜集他的著作及他人论述其学说的文章编成的。《汉书·艺文志》著录五十五篇，篇数与今本一致。本书注本，清人王先慎的《韩非子集解》和今人陈奇猷的《韩非子集释》，汇辑资料较为丰富。

南　面

人主之过，在己任在臣矣，又必反与其所不任者备之，此其说必与其所任者为仇，而主反制于其所不任者。今所与备人者，且曩之所备也。人主不能明法，而以制大臣之威，无道得小人之信矣。人主释法，而以臣备臣，则相爱者比周而相誉，相憎者朋党而相非。非誉交争，则主惑乱矣。人臣者，非名誉请谒无以进取，非背法专制无以为威，非假于忠信无以不禁。三者，昏主坏法之资也。人主使人臣虽有智能，不得背法而专制；虽有贤行，不得逾功而先劳；虽有忠信，不得释法而不禁。此之谓明法。

人主有诱于事者，有壅于言者，二者不可不察也。人臣易言事者，少索资，以事诬主。主诱而不察，因而多之，则是臣反以事制主也。如是者谓之诱；诱于事者困于患。其进言少，其退费多，虽有功，其进言不信。夫不信者有罪，事有功者必赏，则群臣莫敢饰言以憎主。主道者，使人臣前言不复于后，后言不复于前，事虽有功，必伏其罪，谓之任下。

人臣为主设事而恐其非也，则先出说设言曰："议是事者，妒事者也。"人主藏是言，不更听群臣，群臣畏是言，不敢议事。二势者用，则忠臣不听，而誉臣独任。如是者，谓之壅于言，壅于言者，制于臣矣。主道者，使人臣知有言之责，又有不言之责。言无端末，辩无参验者，此言之责也；以不言避责，持重位者，此不言之责也。人主使人臣言者必知其端，以责其实，不言者必问其取舍，以为之责，则人臣莫敢妄言矣，又不敢默然矣，言、默则皆有责也。

人主欲为事，不通其端末，而以明其欲，有为之意者，其为不得利，必以害反。知此者，任理去欲。举事有道，计其入多，其出少者，可为也。

惑主不然，计其入，不计其出，出虽倍其入，不知其害，则是名得而实亡。如是者，功小而害大矣。凡功者，其入多，其出少，乃可谓功。今大费无罪而少得为功，则人臣出大费而成小功，小功成而主亦有害。

不知治者，必曰："无变古，毋易常。"变与不变，圣人不听，正治而已。然则古之无变，常之毋易，在常古之可与不可。伊尹毋变殷，太公毋变周，则汤、武不王矣。管仲毋变齐，郭偃①毋变晋，则桓、文不霸矣。凡人难变古者，惮易民之安也。夫不变古者，袭乱之迹；适民心者，恣奸之行也。民愚而不知乱，上懦而不能更，是治之失也。人主者，明能知治，严必行之，故虽拂于民，必立其治。说在商君之内外而铁殳、重盾而豫戒也。故郭偃之始治也，文公有官卒；管仲始治也，桓公有武车，戒民之备也。是以愚戆窳惰之民，苦小费而忘大利也。

子
部

【注释】

①郭偃：即狐偃，春秋晋文公之舅。文公为公子时，出亡在外，偃从之十九年，后文公定王室，霸诸侯，皆偃之力。

说林上　录十三则

汤以伐桀，而恐天下言己为贪也，因乃让天下于务光。而恐务光之受之也，乃使人说务光曰："汤杀君而欲传恶声于子，故让天下于子。"务光因自投于河。

晋人伐邢①，齐桓公将救之。鲍叔曰："太早。邢不亡，晋不敝；晋不敝，齐不重。且夫持危之功，不如存亡之德大。君不如晚救之以敝晋，齐实利。待邢亡，而复存之，其名实美。"桓公乃弗救。

智伯索地于魏宣子，魏宣子弗予。任章曰："何故不予？"宣子曰："无故请地，故弗予。"任章曰："无故索地，邻国必恐。彼重欲无厌，天下必惧。君予之地，智伯必骄而轻敌，邻邦必惧而相亲。以相亲之兵待轻敌之国，则智伯之命不长矣。《周书》曰：'将欲败之，必姑辅之；将欲取之，必姑与之。'君不如与之，以骄智伯。且君何惜以天下图智氏，而独以吾国为智氏质乎？"君曰："善。"乃与之万户之邑。智伯大悦，因索地于赵，弗与，因围晋阳。韩、魏反之外，赵氏应之内，智氏自亡。

秦康公筑台三年，荆人起兵，将欲以兵攻齐。任妄曰："饥召兵，疾召兵，劳召兵，乱召兵。君筑台三年，今荆人起兵，将攻齐，臣恐其攻齐为声，而以袭秦为实也，不如备之。"戍东边，荆人辍行。

管仲、隰朋从于桓公而伐孤竹②，春往冬反，迷惑失道。管仲曰："老马之智可用也。"乃放老马而随之，遂得道。行山中，无水，隰朋曰："蚁冬居山之阳，夏居山之阴，蚁壤一寸而仞有水。"乃掘地，遂得水。以管仲之圣，而隰朋之智，至其所不知，不难师于老马与蚁。今人不知以其愚心而师圣人之智，不亦过乎？

乐羊为魏将而攻中山③，其子在中山。中山之君烹其子而遗之羹，乐羊坐于幕下而啜之，尽一杯。文侯谓堵师赞曰："乐羊以我故而食其子之肉。"答曰："其子而食之，且谁不食！"乐羊罢中山，文侯赏其功，而疑其心。

孟孙猎，得麑，使秦西巴载之，持归。其母随之而啼，秦西巴弗忍而与之。孟孙归，至而求麑。答曰："余弗忍而与其母。"孟孙大怒，逐之。居三月，复召以为其子傅。其御曰："曩将罪之，今召以为子傅，何也？"孟孙曰："夫不忍麑，又且忍吾子乎？"故曰："巧诈不如拙诚。"乐羊以有功见疑，秦西巴以有罪益信。

纣为象箸，而箕子怖，以为象箸必不盛羹于土簋，则必犀玉之杯；玉杯、象箸必不盛菽藿，则必旄象豹胎；旄象豹胎必不衣短褐而舍茅茨之下，则必锦衣九重，高台广室也。称此为求，则天下不足矣。圣人见微以知萌，见端以知末。故见象箸而怖，知天下之不足也。

子部

纣为长夜之饮，欢以失日，问其左右，尽不知也。乃使人问箕子，箕子谓其徒曰：“为天下主，而一国皆失日，天下其危矣！一国皆不知，而我独知之，吾其危矣！”辞以醉而不知。

隰斯弥见田成子，田成子与登台。四望，三面皆畅，南望，隰子家之树蔽之。田成子亦不言。隰子归，使人伐之。斧离数创，隰子止之。其相室曰：“何变之数也？”隰子曰：“古者有谚曰：‘知渊中之鱼者不祥。’夫田子将有大事，而我示之知微，我必危矣。不伐树未有罪也，知人之所不言，其罪大矣。”乃不伐也。

杨子过于宋，东之逆旅，有妾二人，其恶者贵，美者贱。杨子问其故，逆旅之父答曰：“美者自美，吾不知其美也；恶者自恶，吾不知其恶也。”杨子谓弟子曰：“行贤而去自贤之心，焉往而不美？”

鲁丹三说中山之君而不受也，因散五十金事其左右，复见，未语，而君与之食。鲁丹出，而不反舍，遂去中山。其御曰：“及见乃始善我，何故去之？”鲁丹曰：“夫以人言善我，必以人言罪我。”未出境，而公子恶之曰：“为赵来间中山。”君因索而罪之。

田伯鼎好士而存其君，白公好士而乱荆，其好士则同，其所以为则异。公孙友自刖而尊百里，竖刁自宫而谄桓公，其自刑则同，其所以自刑之为则异。慧子曰：“狂者东走，逐者亦东走，其东走则同，其所以东走之为则异。故曰：同事之人，不可不审察也。”

【注释】

①邢：古国名，位于今河北邢台。

②孤竹：古国名，位于今河北卢龙东南部。

③中山：古国名，位于今河北省定州一带。

说林下　录四则

鳝似蛇，蚕似蠋，人见蛇则惊骇，见蠋则毛起。渔持鳝，妇人拾蚕，利之所在，皆为贲、诸①。

晋中行文子出亡，过于县邑。从者曰："此啬夫，公之故人。公奚不休舍，且待后车？"文子曰："吾尝好音，此人遗我鸣琴；吾好佩，此人遗我玉环，是振我过者也。以求容于我者，吾恐其以我求容于人也。"乃去之。果收文子后车二乘，而献之其君矣。

荆王伐吴，吴使沮卫、蹶融②犒于荆师。荆将军曰："缚之，杀以衅鼓。"问之曰："女来，卜乎？"答曰："卜。""卜吉乎？"曰："吉。"荆人曰："今荆将以女衅鼓，其何也？"答曰："是故其所以吉也。吴使臣来也，固视将军。将军怒，将深沟高垒；将军不怒，将懈怠。今也将军杀臣，则吴必警守矣。且国之卜，非为一臣卜。夫杀一臣而存一国，其不言吉，何也？且死者无知，则以臣衅鼓，无益也；死者有知也，臣将当战之时，臣使鼓不鸣。"荆人因不杀也。

荆王弟在秦，秦不出也。中射之士曰："资臣百金，臣能出之。"因载百金之晋，见叔向，曰："荆王弟在秦，秦不出也，请以百金委叔向。"叔向受金而以见之晋平公，曰："可以城壶丘③矣。"平公曰："何也？"对曰："荆王弟在秦，秦不出也，是秦恶荆也，必不敢禁我城壶丘。若禁之，我曰：'为我出荆王之弟，吾不城也。'彼如出之，可以德荆；彼不出，是卒恶也，必不敢禁我城壶丘矣。"公曰："善。"乃城壶丘。谓秦公曰："为我出荆王之弟，吾不城也。"秦因出之。荆王大说，以炼金百镒遗晋。

【注释】

①贲、诸：即孟贲、专诸，均为古之勇士。

②沮卫、蹶融：皆人名，吴使者。

③壶丘：地名，故城位于今河南新蔡县东南部。

难 二 录二则

齐桓公之时，晋客至，有司请礼。桓公曰："告仲父①。"若是者三。而优笑曰："易哉，为君！一曰仲父，二曰仲父。"桓公曰："吾闻君人者劳于索人，佚于使人。吾得仲父已难矣，得仲父之后，何为不易乎哉？"

或曰：桓公之所应优，非君人者之言也。桓公以君人为劳于索人，何索人为劳哉？伊尹②自以为宰干汤，百里奚③自以为虏干穆公。虏，所辱也；宰，所羞也。蒙羞辱而接君上，贤者之忧世急也。然而君人者，无逆贤而已矣，索贤不为人主难。且官职所以任贤也，爵禄所以赏功也。设官职，陈爵禄，而士自至，君人者，奚劳哉？使人又非所佚也。人主虽使人，必以度量准之，以刑名参之；以事遇于法则行，不遇于法则止；功当其言则赏，不当则诛。以刑名收臣，以度量准下，此不可释也，君人者焉佚哉？索人不劳，使人不佚，而桓公曰"劳于索人，佚于使人"者，不然。

且桓公得管仲又不难。管仲不死其君而归桓公，鲍叔轻官让能而任之，桓公得管仲又不难，明矣。已得管仲之后，奚遽易哉？管仲非周公旦。周公旦假为天子七年，成王壮，授之以政，非为天下计也，为其职也。夫不难夺子而行天下者，必不背死君而事其仇；背死君而事其仇者，必不难夺子而行天下；不难夺子而行天下者，必不难夺其君国矣。管仲，公子纠之臣也，谋杀桓公而不能，其君死而臣桓公。管仲之取舍，非周公旦，未可知也。若使管仲大贤也，且为汤、武。汤、武，桀、纣之臣也；桀、纣作乱，汤、武夺之。今桓公以易居其上，是以桀、纣之行居汤、武之上，桓公危矣。若使管仲不肖人也，且为田常。田常，简公之臣也，而弑其君。今桓公以易居其上，是以简公之易居田常之上也，桓公又危矣。管仲非周公旦，亦以明矣，然为汤、武与田常，未可知也。为汤、武，有桀、纣之危；为田常，有简公之乱也。已得仲父之后，桓公奚遽易哉？若使桓公之任管仲，必知不欺己也，是知不欺主之臣也。然虽知不欺主之臣，今桓公以任管仲之专，惜竖刁、易牙④，虫流出尸而不葬，桓公不知臣欺主与不欺主已明矣，而任臣如彼其专也！故曰：桓公暗主。

李兑⑤治中山，苦陉⑥令上计而入多。李兑曰："语言辩，听之说，不度于义，谓之窕言。无山林泽谷之利，而入多者，谓之窕货。君子不听窕言，不爱窕货，子姑免矣！"

或曰：李子设辞曰："夫语言辩，听之说，不度于义者，谓之窕言。"辩在言者，说在听者，言非听者也，则辩非说者也。所谓不度于义，非谓听者，必谓所听也。听者，非小人则君子也。小人无义，必不能度之义也；君子度之义，必不肯说也。夫曰"言语辩，听之说，不度于义"者，必不诚之言也。

入多之谓窕货也，未可远行也。李子之奸弗早禁，使至于计，是遂过也。无术以知而入多。入多者，穰也，虽倍入，将奈何？举事慎阴阳之和，种树节四时之适，无早晚之失、寒温之灾，则入多。不以小功妨大务，不以私欲害人事，丈夫尽于耕农，妇人力于织纴，则入多。务于畜养之理，察于土地之宜，六畜遂，五谷殖，则入多。明于权计，审于地形、舟车、机械之利，用力少，致功大，则入多。利商市关梁之行，能以所有致所无，客商归之，外货留之，俭于财用，节于衣食，宫室器械，周于资用，不事玩好，则入多。入多，皆人为也。若天事风雨时，寒温适，土地不加大，而有丰年之功，则入多。人事、天功二物者皆入多，非山林泽谷之利也。夫"无山林泽谷之利入多，因谓之窕货"者，无术之言也。

【注释】

①仲父：齐桓公称管仲曰仲父。仲为字，父，尊称之辞。

②伊尹：商初大臣。传说奴隶出身，后来任以国政。帮助汤灭夏桀。汤去世后，历佐卜丙、仲甲二王，后被太甲杀死。

③百里奚：春秋时秦穆公之贤相。

④竖刁、易牙：齐桓公幸臣。

⑤李兑：战国时齐人。

⑥苦陉：古地名，位于今河北无极县东北部。

难　三　录二则

叶公子高①问政于仲尼，仲尼曰："政在悦近而来远。"哀公问政于仲尼，仲尼曰："政在选贤。"齐景公问政于仲尼，仲尼曰："政在节财。"

三公出，子贡问曰："三公问夫子政，一也，夫子对之不同，何也？"仲尼曰："叶都大而国小，民有背心，故曰'政在悦近而来远'。鲁哀公有大臣三人，外障距诸侯四邻之士，内比周而以愚其君，使宗庙不扫除，社稷不血食者，必是三臣也，故曰'政在选贤'。齐景公筑雍门，为路寝②，一朝而以三百乘之家赐者三，故曰'政在节财'。"

或曰：仲尼之对，亡国之言也。恐民有倍心者，而说之"悦近而来远"，则是教民怀惠。惠之为政，无功者受赏，而有罪者免，此法之所以败也。法败而政乱，以乱政治败民，未见其可也。且民有倍心者，君上之明有所不及也。不咎叶公之明，而使之"悦近而来远"，是舍吾势之所能禁，而使与天下行惠以争民，非能持势者也。夫尧之贤，六王之冠也，舜一从而咸包，而尧无天下矣。有人无术以禁下，恃为舜而不失其民，不亦无术乎？明君见小奸于微，故民无大谋；行小诛于细，故民无大乱。此谓"图难者于其所易"也，"为大者于其所细"也。今有功者必赏，赏者不德君，力之所致也；有罪者必诛，诛者不怨上，罪之所生也。民知诛赏皆起于身也，故疾功利于业，而不受赐于君。"太上，下知有之。"此言太上之下民无说也，安取怀惠之民？上君之民无利害，说以"悦近来远"，亦可舍已！

哀公有臣外障距、内比周以愚其君，而说之以"选贤"，此非功伐之论也，选其心之所谓贤者也。使哀公知三子外障距、内比周也，则三子不一日立矣。哀公不知选贤，选其心之所谓贤，故三子得任事。燕王哙贤子之③而非孙卿④，故身死为戮；夫差⑤智太宰嚭而愚子胥，故灭于越。鲁君不必知贤，而说以"选贤"，是使哀公有夫差、燕哙之患也。明君不自举臣，臣相进也；不自贤功，功相徇也。论之于任，试之于事，课之于功，故群臣公正而无私，不隐贤，不进不肖，然则人主奚劳于选贤？

景公以百乘之家赐，而说以"节财"，是使景公无术以享厚乐，而独俭于上，未免于贫也。有君以千里养其口腹，则虽桀、纣不侈焉。齐国方三千里，而桓公以其半自养，是侈于桀、纣也，然而能为五霸冠者，知侈俭之地也。为君不能禁下而自禁者，谓之劫；不能饰下而自饰者，谓之乱；不能节下而自节者，谓之贫。明君使人无私，以诈而食者禁；力尽于事，归利于上者必闻，闻者必赏；污秽为私者必知，知者必诛。然故忠臣尽忠于公，民士竭力于家，百官精克于上，侈倍景公，非国之患也。然则说之以"节财"，非其急者也。

夫对三公一言，而三公可以无患，"知下"之谓也。知下明则禁于微，禁于微则奸无积，奸无积则无比周，无比周则公私分，公私分则朋党散，朋党散则无外障距、内比周之患。知下明则见精沐，见精沐则诛赏明，诛赏明则国不贫。故曰：一对而三公无患，"知下"之谓也。

郑子产晨出，过东匠之间，闻妇人之哭也，抚其御之手而听之。有间，遣吏执而问之，则手绞其夫者也。异日，其御问曰："夫子何以知之？"子产曰："其声惧。凡人于其亲爱也，始病而忧，临死而惧，已死而哀。今哭已死，不哀而惧，是以知其有奸也。"

或曰：子产之治，不亦多事乎！奸必待耳目之所及而后知之，则郑国之得奸者寡矣。不任典成之吏，不察参伍之政，不明度量，恃尽聪明、劳智虑而以知奸，不亦无术乎？且夫物众而智寡，寡不胜众；智不足以遍知物，故因物以治物。下众而上寡，寡不胜众者，言君不足以遍知臣也，故因人以知人。是以形体不劳而事治，智虑不用而奸得。故宋人语曰："一雀过羿，羿必得之，则羿诬矣。以天下为之罗，则雀不失矣。"夫知奸亦有大罗，不失其一而已矣。不修其理，而以己之胸察为之弓矢，则子产诬矣。老子曰："以智治国，国之贼也。"其子产之谓钦！

【注释】

①叶公子高：春秋时楚叶县令沈诸梁，字子高，僭称公。

②路寝：宽大之寝室。

③子之：燕王哙之相。

④孙卿：即荀况，战国时赵人。

⑤"夫差"句：吴败越，越王请和，夫差许之。伍子胥谏，不听，太宰嚭等谮之，被诛。后吴卒灭于越。

诡　使

圣人之所以为治道者三：一曰利，二曰威，三曰名。夫利者，所以得民也；威者，所以行令也；名者，上下之所同道也。非此三者，虽有，不急矣。今利非无有也，而民不化上；威非不存也，而下不听从；官非无法也，而治不当名。三者非不存也，而世一治一乱者，何也？夫上之所贵，与其所以为治相反也。

夫立名号，所以为尊也；今有贱名轻实者，世谓之高。设爵位，所以为贱贵基也；而简上不求见者，世谓之贤。威利，所以行令也；而无利轻威者，世谓之重。法令，所以为治也；而不从法令，为私善者，世谓之忠。官爵，所以劝民也；而好名义、不进仕者，世谓之烈士。刑罚，所以擅威也；而轻法不避刑戮死亡之罪者，世谓之勇夫。民之急名也，甚其求利也。如此，则士之饥饿乏绝者，焉得无岩居苦身以争名于天下哉？故世之所以不治者，非下之罪，上失其道也。常贵其所以乱，而贱其所以治，是故下之所欲，常与上之所以为治相诡也。

今下而听其上，上之所急也。而敦悫纯信，用心怯者，则谓之窭；守法固，听令审，则谓之愚；敬上畏罪，则谓之怯；言时节，行中适，则谓之不肖；无二心私学，听吏从孝者，则谓之陋。

难致，谓之正。难予，谓之廉。难禁，谓之齐。有令不听从，谓之勇。无利于上，谓之愿。少欲、宽惠、行德，谓之仁。重厚自尊，谓之长者。私学成群，谓之师徒。闲静安居，谓之有思。损人逐利，谓之疾。险躁佻反覆，谓之智。先为人而后自为，类名号，言泛爱天下，谓之圣。言大本，称而不可用，行而乖于世者，谓之大人。贱爵禄，不挠上者，谓之杰。下渐行如此，入则乱民，出则不便也。上宜禁其欲，灭其迹；而不止也，又从而尊之，是教下乱上以为治也。

凡上之所以治者，刑罚也；今有私行义者尊[①]。社稷之所以立者，安静也；而躁险逸谀者任。四封之内所以听从者，信与德也；而陂知倾覆者使。令之所以行，威之所以立者，恭俭听上也；而岸居非世者显。仓廪之所以实者，耕农之本务也；而綦组、锦绣、刻画为末作者富。名之所以成，城池[②]之所以广者，战士也；今死士之孤，饥饿乞于道，而优笑酒徒之属，乘车衣丝。赏禄，所以尽民力、易下死也；今战胜攻取之士劳而赏不沾，而卜筮、视手理、狐蛊为顺辞于前者日赐。上握度量，所以擅生杀之柄也；今守度奉量之士欲以忠婴上而不得见，巧言利辞行奸轨以幸偷世者数御。据法直言，名刑相当，循绳墨，诛奸人，所以为上治也，而愈疏远；谄施顺意从欲以危世者，近习。悉租税，专民力，所以备难充仓府也；而士卒之逃事伏匿、附托有威之门以避徭赋，而上不得者万数。夫陈善田地宅，所以厉战士卒也；而断头裂腹播骨乎原野者，无宅容身，身死田夺；而女妹有色，大臣左右无功者，择宅而受，择田而食。赏利一从上出，所以擅制下也；而战[3]介之士不得职，而闲居之士尊显。

上以此为教，名安得无卑？位安得无危？夫卑名危位者，必下之不从法令，有二心，务私学，反逆世者也；而不禁其行，不破其群，以散其党，又从而尊之，用事者过也。上之所以立廉耻者，所以厉下也。今士大夫不羞污泥丑辱而宦，女妹私义之门不待次而宦。赏赐，所以为重也；而战斗有功之士贫贱，而便辟优徒超级。名号诚信，所以通威也，而主掩障。近习女谒并行，百官主爵迁人，用事者过矣。大臣官人，与下先谋比周，虽不法行，威利在下，则主卑而大臣重矣。

夫立法令者，以废私也，法令行而私道废矣。私者，所以乱法也。而士有二心私学，岩居穴处，托伏深虑，大者非世，细者惑下；上不禁，又从而尊之以名，化之以实，是无功而显，无劳而富也。如此，则士之有二心私学者，焉得无深虑，勉知诈，诽谤法令，以求索与世相反者耶？凡乱上反世者，常士有二心私学者也。故《本言》[4]曰："所以治者，法也；所以乱者，私也。法立，则莫得为私矣。"故曰："道私者乱，道法者治。"上无其道，则智者有私词，贤者有私意。上有私惠，下有私欲，圣智成群，造言作辞，以非法措于上。上不禁塞，又从而尊之，是教下不听上、不从法也。是以贤者显名而居，奸人赖赏而富。贤者显名而居，奸人赖赏而富，是以上不胜下也。

【注释】

①今有私行义者尊：行字当为衍文。

②池：当作地。

③战：当作耿。

④《本言》：古书名，已佚。

六　反　录四则

今家人之治产也，相忍以饥寒，相强以苦劳，虽犯军旅之难、饥馑之患，温衣美食者，必是家也；相怜以衣食，相惠以佚乐，天饥岁荒，嫁妻卖子者，必是家也。故法之为道，前苦而长利；仁之为道，偷乐而后穷。圣人权其轻重，出其大利，故用法之相忍，而弃仁人之相怜也。

学者之言，皆曰轻刑，此乱亡之术也。凡赏罚之必者，劝禁也。赏厚，则所欲之得也疾；罚重，则所恶之禁也急。夫欲利者必恶害，害者，利之反也。反于所欲，焉得无恶？欲治者必恶乱，乱者，治之反也。是故欲治甚者，其赏必厚矣；其恶乱甚者，其罚必重矣。今取于轻刑者，其恶乱不甚也，其欲治又不甚也。此非特无术也，又乃无行。是故决贤、不肖、愚、知之策，在赏罚之轻重。且夫重刑者，非为罪人也。明主之法，揆也。治贼，非治所揆也，治所揆也者，是治死人也；刑盗，非治所刑也，治所刑也者，是治胥靡也。故曰：重一奸之罪，而止境内之邪，此所以为治也。重罚者，盗贼也；而悼惧者，良民也。欲治者奚疑于重刑！若夫厚赏者，非独赏功也，又劝一国。受赏者甘利，未赏者慕业，是报一人之功，而劝境内之众也，欲治者何疑于厚赏！

今不知治者皆曰："重刑伤民，轻刑可以止奸，何必于重哉？"此不察于治者也。夫以重止者，未必以轻止也，以轻止者，必以重止矣。是以上设重刑者，而奸尽止，奸尽止则此奚伤于民也？所谓重刑者，奸之所利者细，而上之所加焉者大也；民不以小利蒙大罪，故奸必止者也。所谓轻刑者，奸之所利者大，上之所加焉者小也；民慕其利而傲其罪，故奸不止也。

故先圣有谚曰："不蹶于山，而蹶于垤①。"山者大，故人顺之；垤微小，故人易之也。今轻刑罚，民必易之。犯而不诛，是驱国而弃之也；犯而诛之，是为民设陷也。是故轻罪者，民之垤也。是以轻罪之为民道也，非乱国也，则设民陷也，此则可谓伤民矣！

今学者皆道书策之颂语，不察当世之实事。曰："上不爱民，赋敛常重，则用不足而下恐上，故天下大乱。"此以为足其财用而加爱焉，虽轻刑罚，可以治也。此言不然矣。凡人之取重罚，固已足之之后也；虽财用足而后厚爱之，然而轻刑，犹之乱也。夫当家之爱子，货财足用。货财足用则轻用，轻用则侈泰；亲爱之则不忍，不忍则骄恣。侈泰则家贫，骄恣则行暴。此虽财用足而爱厚，轻利之患也。凡人之生也，财用足则隳于用力，上治懦则肆于为非。财用足而力作者，神农也；上治懦而行修者，曾、史也。夫民之不及神农、曾、史，亦已明矣。

老聃有言曰："知足不辱，知止不殆。"夫以殆辱之故，而不求于足之外者，老聃也。今以为足民而可以治，是以民为皆如老聃也。故桀贵在天子而不足于尊，富有四海之内而不足于宝。君人者虽足民，不能足使为天子，而桀未必以为天子为足也；则虽足民，何可以为治也？故明主之治国也，适其时事以致财物，论其赋税以均贫富，厚其爵禄以尽贤能，重其刑罚以禁奸邪。使民以力得富，以事致贵，以过受罪，以功致赏，而不念慈惠之赐。此帝王之政也。

人皆寐，则盲者不知；皆嘿，则喑者不知。觉而使之视，问而使之对，则喑盲者穷矣。不听其言也，则无术者不知；不任其身也，则不肖者不知。听其言而求其当，任其身而责其功，则无术不肖者穷矣。夫欲得力士而听其自言，虽庸人与乌获②不可别也；授之以鼎俎，则罢健效矣。故官职者，能士之"鼎俎"也，任之以事，而愚智分矣。故无术者得于不用，不肖者得于不任。言不用而自文以为辩，身不任而自饰以为高。世主眩其辩，滥其高，而尊贵之，是不须视而定明也，不待对而定辩也，喑盲者不得矣。明主听其言必责其用，观其行必求其功，然则虚旧之学不谈，矜诬之行不饰矣。

【注释】

①垤：极低之小山。

⑦乌获：古之力士。

《尸子》精华

【著录】

　　《尸子》一书，系战国时尸佼所著。尸佼（约前390～约前330），战国时晋人，一说鲁人。秦相商鞅门客，变法中参与"谋事画计，立法理民"（刘向《别录》）。主张实行法制，"令民自正，令事自定"，认为"赏罚随名，民莫不敬"（《群书治要》第三十六卷），要求确立并根据法律制度来进行统治。商鞅被害后，逃亡入蜀。《汉书·艺文志》杂家类著录《尸子》二十篇，已佚。唐代魏徵所撰《群书治要》中第三十六卷辑录了《贵言》《明堂》《广泽》《劝学》等十三篇。

广　泽

　　自井中视星，所见不过数星；自丘上以望，则见其始出也，又见其入。非明益也，势使然也。夫私心，井中也；公心，丘上也。故智载于私则所知少，载于公则所知多矣。何以知其然？夫吴越之国，以臣妾为殉，中国闻而非之，怒则以亲戚殉一言①。夫智在公则爱吴越之臣妾，在私则忘其亲戚，非智损也，怒掩之也，好亦然矣。语曰："莫知其子之恶，非智损也，爱掩之也。"是故论贵贱、辨是非者，必且自公心言之，自公心听之，而后可知也。匹夫爱其宅，不爱其邻；诸侯爱其国，不爱其敌；天子兼天下而爱之，爱之大也。

【注释】

　　①亲戚殉一言：意指因一言激怒，而至兴兵动众，祸及亲戚，视吴越以臣妾为殉，尤为不仁。

《墨子》精华

【著录】

　　墨子（约公元前468～约前376），鲁国人，名翟，春秋、战国之际的思想家。出身微贱，生活俭朴。青年时期，曾"学儒者之业，受孔子之术"，是一位孔门弟子。但后来因"以为其礼烦扰而不说，厚葬靡财而贫民，服伤生而害事"（《淮南子·要略》。）于是，便背离儒学，另立新说，收徒讲学，身体力行，形成一个独立的墨家学派，成为战国时期与儒学并称的两大显学。其思想学说，集中反映在《墨子》一书中。

　　《墨子》是墨家著述的汇编，其中主要是墨子的言行辑录，还有墨家后学的作品。《汉书·艺文志》著录《墨子》七十五篇，今存五十三篇。全书可分为以下四个部分：其一，由《亲士》到《非儒》三十一篇，集中阐释墨子的主要思想学说。墨子思想学说的根本出发点，是谋求制止战争，安定社会，有利民生；其中心内容是书中提出的十大主张，在《尚贤》《尚同》《兼爱》《非攻》《节用》《节葬》《非乐》《非命》《天志》《明鬼》十篇中有较充分的阐释。其二，包括《经》上、下，《经说》上、下，《大取》《小取》六篇。这部分，后人称为《墨辩》，又称作《墨经》，主要讲述思想方法，即墨家的逻辑学，其中有关认识论和自然科学的内容，具有唯物主义的因素，而对数学、力学、光学等方面的记载，在我国自然科学发展史上占有重要地位。其三，从《耕柱》到《公输》五篇，记述墨子的言行，其中有墨子同时人的辩论，游说诸侯王公的言论，也有应答、教导弟子的谈话。这些内容，阐发了墨子的思想学说，同时也表现了墨子肯于献身的斗争精神。其四，《备城门》以下十一篇，记述机械制造和守城之术，是我国古代机械工艺和军事科学的珍贵史料。由于墨家非攻,所以重视防御,这些篇章也是墨子学说的重要组成部分。墨家思想很多方面与儒家针锋相对,是一个与儒家对立的学派。

《墨子》的注本以清孙诒让的《墨子闲诂》最通行。该书总结前人的校注成果,加上孙氏自己的研究心得,对书中难解和讹误之处,疏通考辨,多有订正。近人张纯一著《墨子集解》,广校诸本,博采众说,"辨古字声形之转变,稽故书记载之异同,正讹补脱。"(张纯一:《墨子集解叙》)也颇有参考价值。

法　仪

子墨子曰:天下从事者,不可以无法仪;无法仪而其事能成者,无有也。虽至士之为将相者,皆有法;虽至百工从事者,亦皆有法。

百工为方以矩,为圆以规,为直以绳,为正以悬,无巧工不巧工,皆以此五者为法。巧者能中之,不巧者虽不能中,放①依以从事,犹逾己。故百工从事,皆有法所度。今大者治天下,其次治大国,而无法所度,此不若百工辨也。

然则奚以为治法而可?当皆法其父母,奚若?天下之为父母者众,而仁者寡。若皆法其父母,此法不仁也。法不仁,不可以为法。当皆法其学,奚若?天下之为学者众,而仁者寡。若皆法其学,此法不仁也。法不仁,不可以为法。当皆法其君,奚若?天下之为君者众,而仁者寡。若皆法其君,此法不仁也。法不仁,不可以为法。故父母、学、君三者,莫可以为治法而可。

然则奚以为治法而可?故曰:莫若法天。天之行广而无私,其施厚而不德,其明久而不衰,故圣王法之。既以天为法,动作有为,必度于天。天之所欲则为之,天所不欲则止。然而天何欲何恶者也?天必欲人之相爱相利,而不欲人之相恶相贼也。奚以知天之欲人之相爱相利,而不欲人之相恶相贼也?以其兼而爱之,兼而利之也。奚以知天兼而爱之,兼而利之也?以其兼而有之,兼而食之也。

今天下无大小国,皆天之邑也;人无幼长贵贱,皆天之臣也。此以莫不刍牛羊豢犬猪，洁为酒醴粢盛②，以敬事天。此不为兼而有之，兼而食之邪？天苟兼而有食之，夫奚说以不欲人之相爱相利也？

故曰：爱人利人者，天必福之；恶人贼人者，天必祸之。曰：杀不辜者，得不祥焉。夫奚说人为其相杀而天与祸乎？是以知天欲人相爱相利，而不欲人相恶相贼也。

昔之圣王禹、汤、文、武，兼爱天下之百姓，率以尊天事鬼，其利人多，故天福之，使立为天子，天下诸侯，皆宾事之。暴王桀、纣、幽、厉，兼恶天下之百姓，率以诟天侮鬼，其贼人多，故天祸之；使遂失其国家，身死为戮于天下，后世子孙毁之，至今不息。故为不善以得祸者，桀、纣、幽、厉是也；爱人利人以得福者，禹、汤、文、武是也。爱人利人以得福者，有矣！恶人贼人以得祸者，亦有矣！

【注释】

①放：同"仿"。

②粢盛：祭品。

非攻上

今有一人，入人园圃①，窃其桃李，众闻则非之，上为政者，得则罚之，此何也？以亏人自利也。至攘人犬豕鸡豚者，其不义又甚入人园圃窃桃李，是何故也？以亏人愈多，其不仁兹甚，罪益厚。至入人栏厩，取人牛马者，其不仁义，又甚攘人犬豕鸡豚，此何故也？以其亏人愈多。苟亏人愈多，其不仁兹甚，罪益厚。至杀不辜人也，扡②其衣裘，取戈剑者，其不义又甚入人栏厩取人牛马，此何故也？以其亏人愈多。苟亏人愈多，其不仁兹甚矣，罪益厚。当此，天下之君子，皆知而非之，谓之不义。今至大为不义攻国③，则弗知非，从而誉之，谓之义，此可谓知义与不义之别乎？

杀一人，谓之不义，必有一死罪矣。若以此说往，杀十人，十重不义，必有十死罪矣；杀百人，百重不义，必有百死罪矣。当此，天下之君子，皆知而非之，谓之不义；今至大为不义攻国，则弗知非，从而誉之，谓之义，情不知其不义也，故书其言，以遗后世；若知其不义也，夫奚说书其不义，以遗后世哉?

今有人于此,少见黑曰黑,多见黑曰白,则以此人为不知白黑之辩矣。少尝苦曰苦,多尝苦曰甘,则必以此人为不知甘苦之辩矣。今小为非,则知而非之;大为非攻国,则不知非,从而誉之,谓之义,此可谓知义与不义之辩乎? 是以知天下之君子也,辩义与不义之乱也。

【注释】

①园圃:《说文》:"园所以树果,种菜曰圃。"

②扡:顺着纹理劈析。

③今至大为不义攻国:据后文云"大为不义攻国"。

天志上

子墨子言曰:今天下之士君子,知小而不知大。何以知之? 以其处家者知之。若处家得罪于家长,犹有邻家所避逃之。然且亲戚、兄弟所知识,共相儆戒,皆曰:不可不戒矣! 不可不慎矣! 恶有处家而得罪于家长,而可为也? 非独处家者为然,虽处国亦然。处国得罪于国君,犹有邻国所避逃之。然且亲戚、兄弟所知识,共相儆戒,皆曰:不可不戒矣! 不可不慎矣! 谁亦有处国得罪于国君,而可为也? 此有所避逃之者也,相儆戒犹若此其厚,况无所避逃之者,相儆戒岂不愈厚,然后可哉? 且语言有之曰:日焉而晏,日焉而得罪,将恶避逃之? 曰:无所避逃之。夫天不可为林谷幽门无人①,明必见之。然而天下之士君子之于天也,忽然不知以相儆戒,此我所以知天下士君子知小而不知大也。

然则天亦何欲何恶? 天欲义而恶不义。然则率天下之百姓,以从事于义,则我乃为天之所欲也。我为天之所欲,天亦为我所欲。然则我何欲何恶? 我欲福禄而恶祸祟。若我不为天之所欲,而为天之所不欲,然则我率天下之百姓,以从事于祸祟中也。

然则何以知天之欲义而恶不义? 曰:天下有义则生,无义则死;有义则富,无义则贫;有义则治,无义则乱。然则,天欲其生而恶其死,欲其富而恶其贫,欲其治而恶其乱,此我所以知天欲义而恶不义也。

且夫义者，政也。无从下之政上，必从上之政下。是故庶人竭力从事，未得次己而为政[②]，有士政之；士竭力从事，未得次已而为政，有将军、大夫政之；将军、大夫竭力从事，未得次己而为政，有三公、诸侯政之；三公、诸侯竭力听治，未得恣己而为政，有天子政之；天子未得恣已而为政，有天政之。天子为政于三公、诸侯、士、将军、大夫、庶人，天下之士君子固明知；天之为政于天子，天下百姓，未得之明知也。故昔三代圣王禹、汤、文、武，欲以天之为政于天子，明说天下之百姓，故莫不刍牛羊，豢犬彘，洁为粢盛酒醴，以祭祀上帝鬼神，而求祈福于天。我未尝闻天下之所求祈福于天子者也，我所以知天之为政于天子者也。

故天子者，天下之穷贵也，天下之穷富也。故欲富且贵者，当天意而不可不顺。顺天意者，兼相爱，交相利，必得赏；反天意者，别相恶，交相贼，必得罚。然则是谁顺天意而得赏者？谁反天意而得罚者？子墨子言曰：昔三代之圣王禹、汤、文、武，此顺天意而得赏者也；昔三代之暴王桀、纣、幽、厉，此反天意而得罚者也。

然则禹、汤、文、武，其得赏何以也？子墨子言曰：其事：上尊天，中事鬼神，下爱人，故天意曰：此之我所爱，兼而爱之；我所利，兼而利之。爱人者，此为博焉；利人者，此为厚焉。故使贵为天子，富有天下，业万世子孙，传称其善，方施天下，至今称之，谓之圣王。然则桀、纣、幽、厉，得其罚何以也？子墨子言曰：其事：上诟天，中诬鬼神，下贼人。故天意曰：此之我所爱，别而恶之；我所利，交而贼之。恶人者，此为之博也；贼人者，此为之厚也。故使不得终其寿，不殁其世。至今毁之，谓之暴王。

然则何以知天之爱天下之百姓？以其兼而明之。何以知其兼而明之？以其兼而有之。何以知其兼而有之？以其兼而食焉。何以知其兼而食焉？曰：四海之内，粒食之民，莫不刍牛羊，豢犬彘，洁为粢盛酒醴，以祭祀于上帝、鬼神。天有邑人，何用弗爱也？且吾言杀一不辜者，必有一不祥。杀不辜者谁也？则人也。予之不祥者谁也？则天也。若以天为不爱天下之百姓，则何故以人与人相杀，而天予之不祥？此我所以知天之爱天下之百姓也。

顺天意者，义政也；反天意者，力政也。然义政将奈何哉？子墨子言曰：处大国，不攻小国；处大家，不篡小家；强者不劫弱；贵者不傲贱；

多诈者不欺愚。此必上利于天，中利于鬼神，下利于人。三利，无所不利。故举天下美名加之，谓之圣王。力政者则与此异，言非此③，行反此，犹幸④驰也。处大国，攻小国；处大家，篡小家；强者劫弱，贵者傲贱，多诈欺愚。此上不利于天，中不利于鬼神，下不利于人。三不利，无所利，故举天下恶名加之，谓之暴王。

子墨子言曰：我有天志，譬若轮人之有规，匠人之有矩。轮匠执其规矩，以度天下之方圆，曰：中者是也，不中者非也。今天下之士君子之书，不可胜载，言语不可尽计。上说诸侯，下说列士，其于仁义，则大相远也。何以知之？曰：我得天下之明法以度之。

【注释】

①幽门无人：门，当为涧。

②未得次己而为政：次，当作恣。

③言非此：非，犹背离。

④幸：一本作借。

《太玄经》精华

子部

【著录】

《太玄经》一书，又称《扬子太玄经》，简称《太玄》《玄经》，系西汉扬雄所撰。《新唐书·艺文志》作十二卷，《文献通考》则作十卷。今人所见到的是晋范望为之作注的十卷本。

《太玄经》仿《周易》体裁而作，全书分为一玄、三方、九州、二十七部、八十一家、七百二十九赞，以模仿《周易》的两仪、四象、八卦、六十四重卦和三百八十四爻。其赞辞相当于《周易》的爻辞，《周易》有《彖传》《象传》等十翼作补充说明，《太玄经》又作《玄冲》《玄攡》等十篇作为补充。

"玄"意为玄奥，语出自《老子》的"玄之又玄"。《太玄经》就是以"玄"为中心，糅合儒、道、阴阳三家思想，使之成为儒、道、阴阳家的混合体。扬雄运用阴阳五行思想及当时的天文历法知识，以占卜的形式描绘了一个世界图式，并提出了"夫作者贵有循而体自然"和"质干在乎自然，华藻在乎人事"等观点。《太玄经》中含有一些辩证法的观点，它对祸福、动静、寒暑、因革等对立统一关系及相互转化的情况均作了详细的阐释。他认为事物都按九个阶段发展。在每一首"九赞"中，扬雄都力求写出事物由萌芽、发展、旺盛到衰弱以至消亡的演变过程。

东汉的宋衷和三国吴人陆绩曾为该书作注，到了晋代，范望又删合宋、陆二家之说，重新为该书作注，今本所见的赞文注解均为范望新作。

由于《太玄经》仿《周易》而作，因此它是了解《周易》的一部重要的参考书，尤其该书中一些合理的辩证法观点，具有重要的价值。

玄 摛①

玄者，幽摛万类而不见形者也。资陶虚无而生乎规，润②神明而定摹，通同古今以开类，摛措阴阳而发气。一判一合，天地备矣。天日回行，刚柔接矣。还复其所，终始定矣。一生一死，性命莹矣。

仰以观乎象，俯以视乎情。察性知命，原始见终，三仪同科，厚薄相劀③，圜则杌棿④，方则啬亝，嘘则流体，唫则凝形。是故阖天谓之宇，辟宇谓之宙。

日月往来，一寒一暑。律则成物，历则编时。律历交道，圣人以谋。

昼以好之，夜以丑之。一昼一夜，阴阳分索。夜道极阴，昼道极阳。牝牡群贞，以摛吉凶。则君臣、父子、夫妇之道辨矣。

是故日动而东，天动而西，天日错行，阴阳更巡，死生相樛⑤，万物乃缠。故玄聘取天下之合而连之者也，缀之以其类，占之以其觚，晓天下之瞶瞶，莹天下之晦晦者，其唯玄乎！

夫玄，晦其位而冥其畛，深其阜而眇其根，攘其功而幽其所以然也。故玄卓然示人远矣，旷然廓人大矣，渊然引人深矣，渺然绝人眇矣。嘿⑥而该之者玄也，挥而散之者人也。摛其门，辟其户，叩其键，然后乃应，况其否者乎！

人之所好而不足者善也，人之所丑而有余者恶也。君子日强其所不足，而拂其所有余，则玄之道几矣。

仰而视之在乎上，俯而窥之在乎下，企而望之在乎前，弃而忘之在乎后，欲违则不能，默而得其所者，玄也。

故玄者用之至也。见而知之者智也，视而爱之者仁也，断而决之者勇也，兼制而博用者公也，能以偶物者通也，无所系禅⑧者圣也，时与不时者命也，虚形万物所道之谓道也。因循无革，天下之理得之谓德也，理生昆群兼爱之谓仁也，列敌度宜之谓义也，秉道德仁义而施之之谓业也，莹天功明万物之谓阳也，幽无形深不测之谓阴也。阳知阳而不知阴，阴知阴而不知阳。知阴知阳、知止知行、知晦知明者，其唯玄乎！

县之者权也，平之者衡也。浊者使清，险者使平。离乎情者必著乎伪，离乎伪者必著乎情，情伪相荡而君子小人之道较然见矣。玄者以衡量者也，高者下之，卑者举之，饶者取之，罄者与之，明者定之，疑者提之。

规之者思也，立之者事也，说之者辩也，成之者信也。

夫天宙然示人神矣，夫地佗然示人明矣。天地奠位，神明通气，有一有二有三。位各殊辈，回行九区，终始连属，上下无隅。察龙虎之文，观鸟龟之理。运诸桼政⑨，系之泰始⑩极焉，以通璇玑之统，正玉衡⑪之平。圜方⑫之相研，刚柔⑬之相干，盛则入衰，穷则更生，有实有虚，流止无常。

夫天地设，故贵贱序；四时行，故父子继。律历陈，故君臣理。常变错，故百事析。质文形，故有无明。吉凶见，故善否著。虚实荡，故万物缠。

阳不极则阴不萌，阴不极则阳不牙⑭。极寒生热，极热生寒。信道致诎，诎道致信，其动也日造其所无而好其所新，其静也日减其所为而损其所成。故推之以刻⑮，参之心曟⑯，反覆其序，轸转其道也，以见不见之形，抽不抽之绪与万类相连也。

其上也县天，下也沦渊，纤也入薉⑰，广也包轸。其道游冥而挹盈，存存而亡亡，微微而章章，始始而终终。

近玄者玄亦近之，远玄者玄亦远之。譬若天苍苍然，在于东南、南面、西面、北面，仰而无不在焉。及其俯则不见也，天岂去人哉？人自去也。

冬至及夜半以后者，近玄之象也，进而未极，往而未至，虚而未满，故谓之近玄。夏至及日中以后者，远玄之象也，进极而退，往穷而还，已满而损，故谓之远玄。日一南而万物死，日一北而万物生。斗⑱一北而万物虚，斗一南而万物盈。日之南也，右行而左还。斗之南也，左行而右还。或左或右，或死或生，神灵合谋，天地乃并，天神而地灵。

【注释】

①稴：舒张。

②润：相关付。

③劘：意指言磋磨。

④杌棿：不安。

⑤摎：绞结。

⑥嘿：与默同。

⑦系禅：意指系维。

⑧桼政：即七政。《书》："在璇玑、玉衡，以齐七政。"注："七政者，

日月五星也，其运行各有限度，如国家之政，故谓之七政。”

⑨泰始：太初。

⑩璇玑、玉衡：二者皆测天之器。《书》：“在璇玑，玉衡，以齐七政。”注：“玑为转运，衡为横箫，运玑使动。玑径八尺，圆周二尺五寸而强。衡长八尺，孔径一寸，自下端望之，以占星辰吉凶之象。”

⑪圜方：天地。

⑫刚柔：阴阳二气。

⑬牙：与芽通，萌芽。

⑭刻：刻漏。锲漏箭以候晷为刻，故古称晷度曰刻。

⑮晷：古之时计。《正字通》：“晷者，历数所自出，其法望高处为体，立长短二竿为用，二竿与高齐等。度三物两间修短，若勾股而求之，寒暑短长，了然自见。”

⑯薉：污秽。

⑰斗：星斗。《诗》：“维北有斗。”

玄 䀐

玄之赞辞，或以气，或以类，或以事之䀐卒[①]，谨问其姓而事其家，观其所遭遇。劘之于事，详之于数。逢神而天之，触地而田之，则玄之情也得矣。故首者天性也，冲对其正也，错绯[②]也，测所以知其情。穑张之，莹明之。数为品式，文为藻饰，拟拟也，图象也。告其所由往也。

维天肇降生民，使其貌动、口言、目视、耳听、心思，有法则成，无法则不成，诚有不畏，拟拟之经。垂褙[③]为衣，襞[④]幅为裳，衣裳之示，以示天下，拟拟之三八。比札为甲，冠矜为戟，被甲何戟，以威不恪，拟拟之四九。尊尊为君，卑卑为臣，君臣之制，上下以际，拟拟之二七。鬼神耗荒，想之无方，无冬无夏，祭之无度，故圣人著之以祀典，拟拟之一六。时天时，力地力，维酒维食，爰作稼穑，拟拟之五五。

古者宝龟而货贝，后世君子易之以金币，国家以通，万民以赖，拟拟之思。建侯开国，涣爵般秩，以引百禄，拟拟之福。越陨不令，维用五刑[⑤]，拟拟之祸。秉圭戴璧，胪凑群辟，拟拟之八十一首。棘木为杼，削木为轴，杼轴既施，民得以燠，捄拟之经纬。口割匏竹，革木土金，击石弹丝，以和天下，捄拟之八风⑥。阴阳相错，男女不相射，人人物物，各由厥汇，捄拟之虚赢。日月相斜，星辰不相触，音律差列，奇耦异气，父子殊面，兄弟不孪⑦，帝王莫同，捄拟之岁。喷以牙者童其角，口以翼者两其足，无角无翼，材以道德，捄拟之九日平分。存见知隐，由迩拟远，推阴阳之荒，考神明之隐，捄拟之晷刻。一明一幽，跌刚跌柔，知阴者逆，知阳者流，捄拟之昼夜。上索下索，遵天之度，往述来述，遵天之术，无或改造，遵天之丑，捄拟之天元。天地神胞法易，久而不已，当往者终，当来者始，捄拟之罔直蒙酋冥。

故拟水于川，水得其驯；拟行于德，行得其中；拟言于法，言得其正。言正则无择，行中则无爽，水顺则无败。无败故可久也，无爽故可观也，无择故可听也。可听者圣人之极也，可观者圣人之德也，可久者天地之道也。是以昔者群圣人之作事也，上拟诸天，下拟诸地，中拟诸人。天地作函，日月固明。五行该丑，五岳⑧宗山，四渎⑨长川，五经⑩括矩。天违、地违、人违，而天下之大事悖矣。

【注释】

①骫卒：骫，弯曲，曲折。骫卒，谓事之不同。

②绗：错杂。

③裑：衣衽。

④襞：剪裁。

⑤五刑：刑法分轻重五等。

⑥八风：八方之风。

⑦不孪：孪，一乳两子。不孪，谓兄弟不并生。

⑧五岳：指中岳嵩山，东岳泰山，西岳华山，南岳衡山，北岳恒山。

⑨四渎：江、淮、河、济为四渎。渎，谓独流入海。

⑩五经：《易》《书》《诗》《春秋》《礼》为五经。

《於陵子》精华

子部

【著录】

　　《於陵子》一书，旧本题周代齐之陈仲子撰。汉代光禄大夫刘向曾上《於陵子》十五篇，校除杂乱三篇，刊定为十二篇，后来失传。今所见《於陵子》一卷，十二篇，经后世学者考证，乃明人姚士麟伪撰，前有元人邓文原、明人姚士麟、沈士龙、胡震亨所作题词，末有明人赵开美所作后序。清人王士禛《居易录》说："（明）万历间学士多撰伪书以欺世，如《天禄阁外史》之类，人多知之。今类书中所刻唐韩鄂《岁华纪丽》乃海盐胡震亨（孝辕）所造；《於陵子》，其友姚士麟（叔祥）作也。"《四库全书总目提要》著录说："前有元邓文原题词，称前代《艺文志》及《崇文总目》所无，惟石廷尉熙明家藏，又称得之道流，其说自相矛盾。又有王鏊一引一跋，《鏊集》均无其文，其伪可验，惟沈士龙一跋引扬雄《方言》所载齐语，及《竹书纪年》、《战国策》、《列女传》所载沃丁杀伊尹，齐楚战重邱，及楚王聘仲子为相事，证为古书，其说颇巧。然撷此四书以作伪，而又据此四书以证非伪，此正朱子所谓采《天问》作《淮南子》，又采《淮南子》注《天问》者也。士龙与士麟友善，是概同作伪者耳。末有徐元文跋，词尤芜鄙，又近时书贾所增，以冒称传是楼旧本者矣。"此书虽确是伪书，但对了解於陵子生平事迹及其言论、思想有重要参考价值。

　　《於陵子》一书，共十二篇，三千一百多言：一曰畏人，二曰贫居，三曰辞录，四曰遗盖，五曰人问，六曰先人，七曰辩穷，八曰大盗，九曰梦葵，十曰巷之人，十一曰未信，十二曰灌园。

本书重要版本有《秘册汇函》本、《廿二子全书》本、《子书百家》本、《百子全书》本、《子书四十八种》等。

遗　　盖

於陵子①休于青丘②之门，去而遗其盖③。天将雨，识者获而驰反之於陵子。於陵子曰："我固忘盖，子胡诬我盖也？"识者曰："何言乎诬先生盖也？适先生遗之青丘之门，方天雨，不忍先生亡盖，因驰而反焉，何言乎诬先生盖也？"於陵子笑曰："子隘矣。夫帝唐一旦谢九五④而天下不有也。吾既遗之矣，恶得有之以重于天下哉！"行遂不顾。

天大雨，识者曰："雨既降矣，吾将与先生胥而庇之。"於陵子曰："齐君与吾同姓，不以贱而庇其贵；齐卿与吾伯仲，不以贫而庇其富。今一雨之患，不加于贫贱，而半盖之庇，卒重于富贵，非吾不庇于人之意也。请子庇子之盖，我庇我之意而已。"

【注释】

①於陵子：即陈仲子。齐人，居於陵，自称於陵子。身织屦，妻辟纑，以易衣食。楚王欲以为相，遂逃去，为人灌园。

②青丘：齐地名。

③盖：雨具，即雨伞。

④九五：指君位。《周易·乾卦》："九五，飞龙在天，利见大人。"乾卦九五，为人君之象，因此这样说。

未　　信

於陵子之妻，齐大夫之子也，去华靡而降处饥寒，白首未厌，而心由未信于於陵子。他日，於陵子不食且三易旦，积雪距门，突①微生烟，楚王使使持黄金百镒，聘於陵子为相。於陵子辞而谢其使者，因入占其妻曰："楚天且相我。今日匹夫，明日结驷连骑，食方丈于前②。可乎？"妻曰："前夫子不为齐大夫，后夫子不为楚相，此固妾厚信以生平也，事毋亦有非然者耶？妾谓夫子织屦以为食，非与物亡治也；左琴右书，非与事亡接也。饮水笑歌，乐亦在其中矣。何辱于楚相哉？且结驷连骑，所安不过容膝；食方丈于前，所甘不过一肉。今以容膝之安，一肉之味，怀楚国之忧，可乎？窃恐乱世多害，不保夫子朝夕也。"於陵子笑曰："子诚我妻也，业已却之矣。"遂信其妻，相与逃去，辟③楚之重命。

【注释】

①突：即烟囱。

②"食方丈"句：谓肴馔之盛大。《孟子》："食前方丈。"

③辟：逃避。

《子华子》精华

【著录】

　　《子华子》一书，旧题晋国人程本撰。程本之名见于《孔子家语》，子华子之名见于《列子》，本非一人。《吕氏春秋》引子华子之名，共有三次，汉代高诱以为古体道人，是秦以前原有《子华子》一书。但宋以前史志和诸家书目皆未著录。今传本为宋朝南渡后所刊行。宋代晁公武《郡斋读书志》、陈振孙《直斋书录解题》均有著录，俱以为宋人托名之作。自宋代之后，历代学者都旁征博引，指出此书是伪书，但对于何人作伪，却说法不一。晁公武以其书多用王安石《字说》，指为宋元丰以后举子所为；《周氏涉笔》则据其《神气》一篇，指为宋党禁未开之时，不得志者所为；陈振孙指出此书当出近世能言之流所为；清代《四库全书总目提要》疑为北宋熙宁、绍兴年间能为之士所为。总之，皆疑其为伪托之书。

　　今所见《子华子》上书共有上、下二卷，共十篇，其目为：《阳城胥渠问》第一，《孔子赠》第二，《北宫子仕》第三，《虎会问》第四，《晏子》第五，《晏子问党》第六，《执中》第七，《大道》第八，《北宫意问》第九，《神气》第十。此书多采掇汉代黄老之言，而参以术数之说，其论黄帝铸鼎一条，以为古人之寓言，足正方士之谬；其论唐尧士阶一条，谓圣人不徒贵俭，而贵有礼，尤足砭墨家之偏。此书基本上属于杂家或儒家之作，其文虽稍涉蔓衍，但纵横博辨，不失为子部重要著作。《诸子汇函》收有明人归有光辑评《子华子》，《二十家子书》收有明人谢汝韶注《子华子》，《诸子褒异》收有明人郎兆玉评《子华子》，均可供研究本书参考。

阳城胥渠问 录二则

子华子[①]曰：夫道一也。我与道而为三矣，而我之百骸九窍，毛发膏泽，脏腑肝膈，吹嘘汲引，滋液吐纳，无非道也。自此以往，大挠甲子[②]所不能纪也。是故道立于一，而万物之变也，百事之化也，散而为万殊，渊沦[③]而无涯。古之知道者，务全其生；务全其生者，不亡其所有也；不亡其所有者，道之守也；道之守者，神之舍也。是故全生者为上，亏生者次之，死次之，迫斯为下矣。

所谓全生者，六欲[④]皆得其宜也。所谓亏生者，六欲分得其宜也。夫亏生则于其所尊者薄矣，其亏弥甚，则其尊弥薄。所谓死者，无有所知而复其未生也？所谓迫生者，六欲莫得其宜也，皆获其所甚恶者也。辱莫大于不义，不义者迫生也，故曰：迫生不如死。人之常情，耳闻而目见也。耳闻所甚恶，不如无闻；目见所甚不欲，不如无见。是以迅雷则掩耳，恐故也。所贵乎嗜粱肉者，非腐鼠[⑤]之谓也？所贵乎饮醪醴者，非败酒之谓也。所贵乎尊生者，非迫生之谓也。夫迫生之人，鞠穷而归，故曰：迫斯为下矣。

公仲承问于程子曰："人有常言，黄帝之治天下也，百神出而受职于明堂之庭。帝乃采铜于首山[⑥]，作大炉焉，铸神鼎于山上。鼎成，群龙下迎，乘彼白云，至于帝乡。群小臣不得上升，攀龙之胡，力颤而绝，帝之弓裹坠焉。于是百姓奉之以长号，故名之曰乌号之弓，而藏其衣冠于桥陵，信有之乎？"

程子曰："否。甚矣世之好谲怪也！圣人与人同类也。类同则形同，形同则气同，气同则知识同矣。类异而形异，形异则气异，气异则知识异矣。人之所以相君长者，类也；相使者，形也；相管摄者，气也；相维持者，知识也。人之异于龙，龙之异于鼎，鼎之异于云，言之辩也，恶足以相感召而宾使之耶？其不然也必矣，世之好谲怪也。

"吾闻之，太古之圣人，所以范世训俗者，有直言者，有曲言者。直言者，直以情贡也。曲言者，假以指喻也。言之致曲，则其传也久。传久而伪，则知者正之。伪甚而袄乱，则知者止之。

"夫黄帝之治天下也，其精微之感荡，上浮而下沉，故为百福之宗。为百福之所宗，则是百神受职于庭也。帝乃采铜者，炼刚质也。登彼首山，就高明也。作为大炉，鼓阳化也。神鼎，熟物之器也，上水而下火，二气升降以相济，中和之实也。群龙者，众阳气也。云者，龙属也。帝乡者，灵台之关，而心术之变也。帝之所谓类也、形也、气也、知识也。虽与人同尔，然而每成而每上也。每成而每上，则其精微之所彻达，神明之所之适，其去人也远矣，群小臣知识之所不及者也。攀龙之胡，有见于下也。不得上升，无见于上也。有见于下，无见于上者，士也。上下无见者，民也。弓裘衣冠者，帝所以善世制俗之具也，民无见也，怀其所以治我者而已矣。故帝之逝也，号以决其慕，藏以奉其传。此假以指喻之言也，而人且亟传之以相诋欺。甚矣世之好谲怪也！千世之后，必有人主好高而慕大，以久生轻举而为羡慕者，其左右狡诈希宠之臣，又从而逢之，是将甘心于黄帝之所造者矣。

"夫人之大常，生而少壮，转而为衰老，转而为死亡，圣凡之所共也，上知之所弗幸免焉者也。且自故记之所传，若存而若亡。大庭、中黄、赫胥、尊卢⑦以来，所谓圣人者不一族，吾诚恐大圜⑧之上，峣榭联累，虽处什伯，不足以处也。而复何所主宰，臣何所使。而其昏昏默默，以至于今也，是不然之甚者也。然而世之人，知者歆羡，愚者矜僻。甚矣世之好谲怪也！

"夫周之九鼎，禹所以图神奸⑨也。黄帝之铸一，禹之铸九，其造为者同，而所以之适焉者顿异，是可以决疑矣。且世之传疑也，不唯其传。昔宋有丁氏，家故无井，而出溉汲焉。常一日而一人居外，惩其如是也。鸠工而穿井于庭，家相与语曰：'今吾之穿井，得一人矣。'有闻而传之者曰：'丁氏穿井而得一人也。'国人更相道之。语彻于宋君，宋君召其人而质之，丁氏对曰：'自臣穿井，家获一人之力，非得一人于井也。'是故黄帝之铸神鼎，是井中人之譬也。知者正之，是宋君召其人而质之之譬也。千世之后，必有人主好高而慕大，以久生轻举而为羡慕者，其左右狡诈希宠之臣，又从而逢之，是将甘心于黄帝之所造者矣。此吾所以反之复之而不能已者也，小子志之。"

【注释】

①子华子：春秋晋人。博学善持论，聚徒著书，自号程子，名称闻于诸侯。当时晋国赵简子为政，想招他为官，不肯，来到齐国，为晏氏门客，更称子华子。

后年老归晋，不复仕。

②大挠甲子：大挠，黄帝之臣，始作甲子，干支相配，其变六十，因甲子在首，统言之为甲子。

③渊沦：水波深广之状。

④六欲：六根所生之欲。六根，佛家语，佛经以眼、耳、鼻、舌、身、意为六根。

⑤腐鼠：指轻贱之物。

⑥首山：位于今河南襄城县南部。

⑦大庭、中黄、赫胥、尊卢：皆古帝王之号。

⑧大圜：指天。

⑨神奸：指神鬼。《左传》："传鼎象物，百物而为之备，使民知神奸。"

子 部